《中华人民共和国法官法》条文理解与适用

马世忠　主编
最高人民法院政治部　编著

人 民 法 院 出 版 社

图书在版编目(CIP)数据

《中华人民共和国法官法》条文理解与适用 / 马世忠主编;最高人民法院政治部编著. --北京:人民法院出版社,2020. 3

ISBN 978 - 7 - 5109 - 2794 - 2

Ⅰ. ①中… Ⅱ. ①马… ②最… Ⅲ. ①法官法 - 法律解释 - 中国 ②法官法 - 法律适用 - 中国 Ⅳ. ①D926. 205

中国版本图书馆 CIP 数据核字(2020)第 034832 号

《中华人民共和国法官法》条文理解与适用

马世忠 主编

最高人民法院政治部 编著

责任编辑 李安尼 巩 雪
出版发行 人民法院出版社
地　　址 北京市东城区东交民巷 27 号(100745)
电　　话 (010)67550667(责任编辑) 67550558(发行部查询)
65223677(读者服务部)
客 服 QQ 2092078039
网　　址 http://www. courtbook. com. cn
E - mail courtpress@ sohu. com
印　　刷 三河市国英印务有限公司
经　　销 新华书店

开　　本 787 毫米 × 1092 毫米 1/16
字　　数 345 千字
印　　张 23. 75
版　　次 2020 年 3 月第 1 版 2020 年 3 月第 1 次印刷
书　　号 ISBN 978 - 7 - 5109 - 2794 - 2
定　　价 75. 00 元

《中华人民共和国法官法》条文理解与适用编委会

撰稿人名单

（以姓氏笔画为序）

王庆刚　王　炜　尹志超　尹振国　刘　宇　刘　峥　刘方勇
刘科学　向　华　肖云飞　张　音　张　磊　侍东波　姚宝华
胡继先　袁春湘　郭　玺　郭敬娜　高晓丹　鄂海珊　韩　冬
楚伏曦　裴王建

序 言

2019年4月23日，新修订《法官法》经第十三届全国人民代表大会常务委员会第十次会议表决通过，并于2019年10月1日起正式施行。原《法官法》于1995年颁布施行，是规范审判权行使主体、构建我国法官制度的专门法律，是完善法官职业保障、加强法官队伍管理的基本依据。2001年和2017年，全国人民代表大会常务委员会先后进行过个别条文的修正。随着依法治国方略逐步推进，司法体制改革不断深化，人民法院工作出现了许多新情况新问题，对法院队伍建设和法官管理体制提出了新的更高要求。

2015年6月，经中央批准，《法官法》修改新增列入立法规划，最高人民法院高度重视《法官法》修改研究工作，专门成立了《法官法》修改研究小组，分类别、分层次开展一系列专题调研，组织翻译14个国家和地区的法官管理和法院组织方面资料，并广泛征求中央组织部、中央政法委、中央编办等各方面意见和建议。2017年12月，《法官法（修订草案）》由最高人民法院提请第十二届全国人民代表大会常务委员会第三十次会议审议，后分别于2018年12月和2019年4月提请全国人民代表大会常务委员会进行第二次和第三次审议。《法官法》的修订完成，是我国法官制度发展历程中的一个里程碑，标志着我国法官队伍职业化建设取得了新的重大进展，为今后继续深入推进高素质法官队伍建设及审判体系和审判能力现代化提供了强有力的制度保障。

此次修订立足审判工作规律及法官职业特点，充分吸收本轮司法体制改革成果，对法官管理制度进行了全面完善，重点内容有：优化了总体框架结构，17章53条变为8章69条，体系更加合理；明确了法院人员分类管理、法官员额制、法官单独职务序列等内容；进一步细化了法官职责，完善了法官的学历学位、法律工作年限、法律职业资格等任职条件；健全了法官的选任机制，设立法官遴选委员会，明确从律师、专家学者中公开选拔法官机制，规定法官逐级遴选制度；加强对法官的监督管理，建立法官惩戒机制；全面加强了法官的职业保障。

全面贯彻落实新修订的《法官法》，是全面巩固司法体制改革成果、把全面深化改革推向前进的重大任务，也是推动建立更加公正高效权威社会主义司法制度的必然要求。贯彻落实新修订的《法官法》，对于完善法官选任机制，保障法官依法履职，维护法官合法权益，加强法官队伍革命化正规化专业化职业化建设，具有十分重要的意义。

为全面贯彻落实新修订《法官法》，统一全国法院对法律的理解和认识，我们组织编写了《〈中华人民共和国法官法〉条文理解与适用》，从条文主旨、背景解读、条文释义、实践指导、相关规定等多个角度，全面阐释了新修订《法官法》的立法精神和条文内涵。《〈中华人民共和国法官法〉条文理解与适用》的出版，为广大法院干警更好地理解《法官法》提供了权威读本，是各级法院贯彻落实《法官法》的重要参考。

全面贯彻落实新修订《法官法》，要全面学懂弄通新内容。新修订内容涉及广大法院干警的职业发展及切身利益，与修订前发生了较大变化。各级法院要组织认真学习新规定，领会新精神，制定宣传计划，细化学习方案，有步骤、分批次开展学习培训活动。要采取专题讲座、集中辅导等多种形式，切实抓好法院领导干部的学习，努力提高广大干警对新修订《法官法》的理解和适用水平，努力在全国法院形成学习新修订《法官法》的热潮。此次《法官法》修订，条文修订多、涉及范围广、修改力度大，有些改革还在试点过程中，对一些实践不充分、尚未形成广泛共识的问题，只作原则性规定或者暂不作规定，因此要在学习过程中注意把握特点，结合配套改革文件深入学习领会。

全面贯彻落实新修订《法官法》，要广泛宣传新法精神。坚持全面与重点相结合的原则，向社会各界进行宣传引导，形成拥护司法改革、支持法院工作的良好氛围。要积极主动回应广大干警关切，把改革精神讲清楚、政策讲透彻、规定讲明白。要结合新媒体渠道，采取多种形式进行深入宣传，耐心细致地做好思想引导和政策解读工作，确保各项工作平稳有序推进。

最高人民法院党组成员、政治部主任　马世忠

2020 年 2 月

目 录

《中华人民共和国法官法》条文理解与适用

第一章　总　则

第一条　为了全面推进高素质法官队伍建设，加强对法官的管理和监督，维护法官合法权益，保障人民法院依法独立行使审判权，保障法官依法履行职责，保障司法公正，根据宪法，制定本法。

第十一条　法官享有下列权利：

（一）履行法官职责应当具有的职权和工作条件；

（二）非因法定事由、非经法定程序，不被调离、免职、降职、辞退或者处分；

（三）履行法官职责应当享有的职业保障和福利待遇；

（四）人身、财产和住所安全受法律保护；

（五）提出申诉或者控告；

（六）法律规定的其他权利。

第三章　法官的条件和遴选

第十二条　担任法官必须具备下列条件：

（一）具有中华人民共和国国籍；

（二）拥护中华人民共和国宪法，拥护中国共产党领导和社会主义制度；

（三）具有良好的政治、业务素质和道德品行；

（四）具有正常履行职责的身体条件；

（五）具备普通高等学校法学类本科学历并获得学士及以上学位；或者普通高等学校非法学类本科及以上学历并获得法律硕士、法学硕士及以上学位；或者普通高等学校非法学类本科及以上学历，获得其他相应学位，并具有法律专业知识；

（六）从事法律工作满五年。其中获得法律硕士、法学硕士学位，或者获得法学博士学位的，从事法律工作的年限可以分别放宽至四年、三年；

（七）初任法官应当通过国家统一法律职业资格考试取得法律职业资格。

适用前款第五项规定的学历条件确有困难的地方，经最高人民法院审核确定，在一定期限内，可以将担任法官的学历条件放宽为高等学校本科毕业。

第十三条　下列人员不得担任法官：

（一）因犯罪受过刑事处罚的；

（二）被开除公职的；

（三）被吊销律师、公证员执业证书或者被仲裁委员会除名的；

（四）有法律规定的其他情形的。

第十七条 初任法官一般到基层人民法院任职。上级人民法院法官一般逐级遴选；最高人民法院和高级人民法院法官可以从下两级人民法院遴选。参加上级人民法院遴选的法官应当在下级人民法院担任法官一定年限，并具有遴选职位相关工作经历。

第四章 法官的任免

第十八条 法官的任免，依照宪法和法律规定的任免权限和程序办理。

最高人民法院院长由全国人民代表大会选举和罢免，副院长、审判委员会委员、庭长、副庭长和审判员，由院长提请全国人民代表大会常务委员会

任免。

最高人民法院巡回法庭庭长、副庭长，由院长提请全国人民代表大会常务委员会任免。

地方各级人民法院院长由本级人民代表大会选举和罢免，副院长、审判委员会委员、庭长、副庭长和审判员，由院长提请本级人民代表大会常务委员会任免。

在省、自治区内按地区设立的和在直辖市内设立的中级人民法院的院长，由省、自治区、直辖市人民代表大会常务委员会根据主任会议的提名决定任免，副院长、审判委员会委员、庭长、副庭长和审判员，由高级人民法院院长提请省、自治区、直辖市人民代表大会常务委员会任免。

新疆生产建设兵团各级人民法院、专门人民法院的院长、副院长、审判委员会委员、庭长、副庭长和审判员，依照全国人民代表大会常务委员会的有关规定任免。

第十九条　法官在依照法定程序产生后，在就职时应当公开进行宪法宣誓。

第二十条　法官有下列情形之一的，应当依法提请免除其法官职务：

（一）丧失中华人民共和国国籍的；

（二）调出所任职人民法院的；

（三）职务变动不需要保留法官职务的，或者本人申请免除法官职务经批准的；

（四）经考核不能胜任法官职务的；

（五）因健康原因长期不能履行职务的；

（六）退休的；

（七）辞职或者依法应当予以辞退的；

（八）因违纪违法不宜继续任职的。

第二十一条　发现违反本法规定的条件任命法官的，任命机关应当撤销该项任命；上级人民法院发现下级人民法院法官的任命违反本法规定的条件的，应当建议下级人民法院依法提请任命机关撤销该项任命。

第二十二条 法官不得兼任人民代表大会常务委员会的组成人员，不得兼任行政机关、监察机关、检察机关的职务，不得兼任企业或者其他营利性组织、事业单位的职务，不得兼任律师、仲裁员和公证员。

第二十三条 法官之间有夫妻关系、直系血亲关系、三代以内旁系血亲以及近姻亲关系的，不得同时担任下列职务：

（一）同一人民法院的院长、副院长、审判委员会委员、庭长、副庭长；

（二）同一人民法院的院长、副院长和审判员；

（三）同一审判庭的庭长、副庭长、审判员；

（四）上下相邻两级人民法院的院长、副院长。

第二十四条　法官的配偶、父母、子女有下列情形之一的，法官应当实行任职回避：

（一）担任该法官所任职人民法院辖区内律师事务所的合伙人或者设立人的；

（二）在该法官所任职人民法院辖区内以律师身份担任诉讼代理人、辩护人，或者为诉讼案件当事人提供其他有偿法律服务的。

第五章 法官的管理

第二十五条 法官实行员额制管理。法官员额根据案件数量、经济社会发展情况、人口数量和人民法院审级等因素确定，在省、自治区、直辖市内实行总量控制、动态管理，优先考虑基层人民法院和案件数量多的人民法院办案需要。

法官员额出现空缺的，应当按照程序及时补充。

最高人民法院法官员额由最高人民法院商有关部门确定。

第二十六条 法官实行单独职务序列管理。

法官等级分为十二级，依次为首席大法官、一级大法官、二级大法官、一级高级法官、二级高级法官、三级高级法官、四级高级法官、一级法官、二级法官、三级法官、四级法官、五级法官。

第四十六条 法官有下列行为之一的，应当给予处分；构成犯罪的，依法追究刑事责任：

（一）贪污受贿、徇私舞弊、枉法裁判的；

（二）隐瞒、伪造、变造、故意损毁证据、案件材料的；

（三）泄露国家秘密、审判工作秘密、商业秘密或者个人隐私的；

（四）故意违反法律法规办理案件的；

（五）因重大过失导致裁判结果错误并造成严重后果的；

（六）拖延办案，贻误工作的；

（七）利用职权为自己或者他人谋取私利的；

（八）接受当事人及其代理人利益输送，或者违反有关规定会见当事人及其代理人的；

（九）违反有关规定从事或者参与营利性活动，在企业或者其他营利性组织中兼任职务的；

（十）有其他违纪违法行为的。

法官的处分按照有关规定办理。

第七章 法官的职业保障

关于《中华人民共和国法官法（修订草案）》的说明

——2017 年 12 月 22 日在第十二届全国人民代表大会
常务委员会第三十一次会议上

最高人民法院院长　周　强

委员长、各位副委员长、秘书长、各位委员：

我代表最高人民法院，作关于《中华人民共和国法官法（修订草案）》（以下简称《草案》）的说明。

一、修改法官法的重要意义

法官法是规范审判权行使主体、构建我国法官制度的专门法律，是完善法官队伍管理、提高法官职业保障的基本依据。现行《法官法》于 1995 年 2 月 28 日经第八届全国人民代表大会常务委员会第十二次会议通过，并于2001 年和2017 年进行了修改。这部法律明确规定了法官的义务权利、选任管理、培训考核、任职回避、工资福利、辞职辞退等制度，对于提高法官队伍素质、推进建立法官制度、加强法官职业化建设发挥了十分重要的作用。随着依法治国方略逐步推进，司法体制改革不断深化，人民法院工作出现了许多新情况新问题，对法院队伍建设和法官管理体制提出了新的更高要求。实践表明，法官法关于法官的权利义务、任职条件、选任机制、职业保障等很多内容，已经不能完全适应新形势新任务的发展需要，修改完善法官法是十分必要的。

第一，修改法官法是贯彻落实党中央重大决策部署，深化司法体制改革的重要任务。党的十八大以来，以习近平同志为核心的党中央对深化司法体制改革，保障司法公正作出一系列决策部署，司法体制改革取得重大成果。修改法官法，对全面落实司法责任制等重大改革任务，巩固司法体制改革成果，进一步提高审判质量效率和司法公信力，具有重要意义。

第二，修改法官法是适应司法审判工作新的发展变化，推进法官正规化、专业化、职业化建设的客观需要。现行《法官法》于1995年颁布施行，二十多年来，人民法院的审判工作和司法环境发生巨大变化，建立在法官法基础上的法官队伍在职业素养、管理模式、职业保障等方面已经难以适应司法审判工作新要求。修改法官法，对保障法官依法履行职责，适应新形势新要求，全面加强法官队伍建设，落实“五个过硬”总要求，具有重要意义。

第三，修改法官法是完善中国特色社会主义法律体系的重要任务。法官是依法行使国家审判权的国家公职人员，法官法是中国特色社会主义法律体系的重要组成部分。随着《刑事诉讼法》《民事诉讼法》《行政诉讼法》《人民法院组织法》《检察院组织法》等法律不断完善，修改《法官法》，进一步明确法官的义务权利、任职条件、选任机制、管理体制和职业保障，对维护法律之间的和谐统一，具有重要意义。

二、修改法官法的指导思想以及工作过程

修改《法官法》的指导思想是：全面贯彻党的十八大、十八届三中、四中、五中、六中全会和十九大精神，以习近平新时代中国特色社会主义思想为指导，认真贯彻落实习近平总书记关于加强社会主义法治建设的一系列重要指示，牢固树立“四个意识”，围绕统筹推进“五位一体”总体布局和协调推进“四个全面”战略布局，抓紧修改完善法官法，加强法官正规化、专业化、职业化建设，保障法官依法履行职责，保障人民法院依法独立行使审判权，使修改后的法官法，符合司法规律，体现时代精神，为建设公正高效权威的社会主义司法制度提供法律保障。

最高人民法院党组高度重视《法官法》修改研究工作，2015年8月以来，最高人民法院围绕《法官法》所涉重点问题开展了深入细致的研究论证。为充分体现本轮司法改革成果，修改内容既包括总则、重要制

度，也涉及框架结构和具体规定。修改工作遵循以下基本原则：一是努力体现司法体制改革成果，使党中央重大决策部署通过法定程序成为国家意志，用法律制度巩固司法责任制改革成果。二是准确把握法官法的调整范围，妥善处理与《人民法院组织法》《公务员法》等法律的关系。三是对一些实践不够、尚未形成共识的问题，只作原则性规定或者暂不作规定。

最高人民法院在修改《法官法》过程中，主要做了以下工作：一是专门成立《法官法》修改研究小组，多次召开专题会议研究部署法官法修改工作，逐个研究修法重要问题。二是分类别、分层次开展一系列调研工作。两年来我院深入调研全国法院司法体制改革情况，并广泛听取人大代表、政协委员、专家学者和律师代表等各方意见。三是组织翻译14个国家和地区的法官法和法院组织法资料，在立足我国国情和司法现状的基础上，认真研究借鉴域外法治成果，探寻司法规律，锐意改革创新，不断推进完善中国特色社会主义司法制度。四是广泛征求中央组织部、中央编办、公安部、司法部、财政部等部门和研究机构等各方面意见和建议。五是与中央政法委、全国人大内司委、全国人大常委会法工委、最高人民检察院、国务院法制办等单位多次沟通协商，对草案规定的内容达成共识。2017年5月19日、6月15日和9月11日，最高人民法院党组分别召开会议，认真讨论了法官法修订草案。

三、法官法修订草案的主要内容

现行《法官法》共17章53条，体例上未能充分体现法官与普通公务员的差别。我们将《法官法》修改为8章73条，修改内容主要包括：一是现行《法官法》施行以来，全国人大及其常委会有关法官法的新规定；二是《人民法院组织法（修订草案）》《法官法》等8部法律修正案草案调整的内容；三是深化司法体制改革的有关成果。

（一）关于总体框架结构的调整

1. 关于法官职业伦理。《草案》在总则部分增加有关法官职业伦理的规定（《草案》第5条）。

2. 关于法官的管理。《草案》对现行法官法中零散分列的内容进行适当归并，将法官兼职禁止、任职回避、员额管理、职务序列、教育培训、辞职辞退、降职等内容均纳入法官的管理一章（《草案》第5章）。

3. 关于法官的保障。《草案》将法官的保障专门成章，整合现行法官法涉及法官保障的内容，即法官的履职保障、除法定情形外不得将法官调离审判岗位、干涉办案记录通报、人身安全保障以及工资待遇、保险福利、退休养老、申诉控告等（《草案》第7章）。

（二）关于法官职务范围

1. 关于审判员。为推进法官正规化、专业化、职业化建设，提升法官职业尊荣感，《草案》取消了审判员称谓，统称为法官（《草案》第2条）。

2. 关于助理审判员。司法改革试点中，各地法院已基本不再任命助理审判员，其部分职责也逐步由法官助理取代。因此，《草案》在法官职务中取消了助理审判员设置（《草案》第2条）。

3. 关于法官职务范围。现行法官法规定法官职务包括院长、副院长、审判委员会委员、庭长、副庭长、审判员和助理审判员7类。将法官职务从高到低阶梯化排列，不利于司法责任制的落实，也和弱化法官科层制管理方向不符，为此，草案不再以列举方式明确法官的职务范围。

（三）关于法官任职条件和资格

1. 关于法官任职的年龄条件。草案保留现行法官法年满二十三周岁的规定，理由如下：一是年满二十三周岁仅是法官任职的最低年龄条件，担任法官仍需要满足其他任职条件要求，特别是要具有五年以上法律工作经历；二是参照公务员法关于公务员任职年龄条件为年满十八周岁的规定，法官最低年龄条件并不等同于担任法官的实际年龄，因此，《草案》确定法官任职的年龄条件为年满二十三周岁较为合理。

2. 关于法官任职的学历条件。按照中央《关于完善国家统一法律职业资格制度的意见》对取得法律职业资格须具备学历条件的调整，《草案》修改了法官任职的学历条件，规定："全日制法律专业本科学历并取得相应学位，或者全日制非法律专业本科及以上学历并取得法律、法学硕士及以上学位，或者全日制非法律专业本科及以上学历并取得相应学位且具有法律知识”（《草案》第11条）。

3. 关于法官任职的法律工作年限条件。按照《法官、检察官单独职务序列改革试点方案》，法官需要任法官助理满五年（含试用期），草案修改了法官任职的法律工作年限条件，规定：“从事法律工作满五年”（《草案》第11条）。

4. 关于放宽地区的学历条件。按照中央《关于完善国家统一法律职业资格制度的意见》，结合放宽地区法官任职实际，《草案》将放宽地区担任法官的学历条件修改为高等学校本科毕业。取消现行法官法中关于学历条件放宽为高等院校法律专业专科毕业的规定，主要理由是目前法律大专学历报名和通过人数均较少。以2016年为例，法律大专学历报名人数（15 452人）占2.6%，通过人数（1031人）只占1.3%，因此，将学历条件放宽至高等学校本科毕业，既有效解决了放宽地区法官人数不足的问题，又符合加强法官正规化、专业化、职业化建设的要求。

5. 关于不得担任法官的情形。根据党的十八届四中全会决定，要建立终身禁止从事法律职业制度，对因违法违纪被吊销执业证书的律师和公证员，终身禁止从事法律职业。为此，《草案》在不得担任法官情形中，增加“曾被吊销律师、公证员执业证书的”规定（《草案》第12条）。

6. 关于院长、副院长、审判委员会委员、庭长、副庭长任职条件。为与《人民法院组织法（修订草案）》保持一致，结合人民法院工作实际，《草案》规定：“人民法院的院长应当具有法学专业知识和法律职业经历。副院长、审判委员会委员、庭长和副庭长应当从法官中产生”（《草案》第13条）。

（四）关于法官的遴选程序

1. 关于法官遴选委员会。根据中央全面深化改革领导小组审议通过的《关于司法体制改革试点若干问题的框架意见》，《草案》增加了法官遴选委员会的内容，规定：“设立最高人民法院法官遴选委员会，负责最高人民法院法官人选专业能力的审核。省、自治区、直辖市设立法官遴选委员会，负责初任法官人选专业能力的审核”。《草案》还对省级法官遴选委员会的组成及日常办事机构作出相关规定（《草案》第15条）。

2. 关于法官逐级遴选制度。根据党的十八届四中全会决定，上级人民法院的法官一般从下一级人民法院的优秀法官中遴选。据此，《草案》规定“中级以上人民法院法官，一般通过逐级遴选方式产生”，并针对中级以上法院的法官，设置不同的审判经历要求（《草案》第16条）。

（五）关于法官的任免

1. 关于法官的任免程序。《草案》保留法官任免程序的规定，并按照《人民法院组织法（修订草案）》相关条文进行修改（《草案》第17条）。

2. 关于法官免职的情形。现行法官法规定了免除法官职务的8种情形，根据公务员法相关规定，“一次年度考核不称职”属于公务员降职而非免职情形。为与公务员管理规定保持大体一致，草案删除了此种免职情形，并增设法官降职的规定，即“法官在年度考评中被确定为不称职的，应予降职”（《草案》第38条）。“法官降职，应当降低一个法官等级”（《草案》第39条）。同时，为解决部分人员入额后不办案、办案质量效率达不到标准等问题，按照中央政法委印发的《关于严格执行法官、检察官遴选标准和程序的通知》精神，草案增加一款规定：“办案质量效率连续两年不达标，无法胜任法官职务的”（《草案》第20条）。

（六）关于法官兼职禁止和任职回避

1. 关于法官兼职禁止。为贯彻落实中央从严管理干部精神，借鉴公务员法相关规定，草案增加法官不得在“营利性组织”兼职的情形。同时，为落实中央关于在法学高校和法律实务部门之间相互交流的精神，草案规定“法官经过批准可以在高等学校、科研院所兼职从事教学、研究工作”（《草案》第22条）。

2. 关于被开除公职的法官不得担任诉讼代理人或辩护人的情形。党的十八届四中全会决定指出，“被开除公职的司法人员和被吊销执业证书的律师、公证员终身禁止从事法律职业”。据此，《草案》规定：“法官被开除公职后，不得担任诉讼代理人或者辩护人，但是作为当事人的监护人或者近亲属代理诉讼或者进行辩护的除外”（《草案》第24条）。

3. 关于法官任职回避的情形。根据从严管理队伍的需要，并征求有关部门意见，《草案》规定：“法官的配偶、子女有下列情形之一的，法官应当实行任职回避：（一）担任该法官所任职法院辖区内律师事务所的合伙人或者设立人；（二）在该法官所任职法院辖区内以律师身份担任诉讼代理人、辩护人，或者为诉讼案件当事人提供其他有偿法律服务的”（《草案》第25条）。

（七）关于完善法官考评制度

1. 关于法官的考核和考评委员会。现行法官法将考核和法官考评委员会分别规定在第八章和第十六章，《草案》将考核和法官考评委员会等两章内容进行了整合（《草案》第6章）。

2. 关于年度考核结果。借鉴公务员法相关规定，《草案》将现行《法官法》规定的优秀、称职、不称职三个年度考核等次，调整为优秀、称职、基本称职和不称职四个等次（《草案》第44条）。

（八）关于完善法官奖励制度

现行《法官法》规定法官在审判工作中有显著成绩和贡献的，或者有其他突出事迹的，应当给予奖励，并列举了应给予奖励的情形。根据审判工作实际和法官职业特点，并征求各地意见，《草案》删除了“保护国家、集体和人民利益，使其免受重大损失，事迹突出的”“勇于同违法犯罪行为作斗争，事迹突出的”“保护国家秘密和审判工作秘密，有显著成绩的”等3项内容，并增加“在办理重大案件、处理突发事件和承担专项重要工作中，做出显著成绩和贡献的”作为法官奖励的情形（《草案》第47条）。

（九）关于建立法官惩戒制度

1. 关于法官处分的情形。根据审判工作实际，考虑到现行法官法中“滥用职权，侵犯自然人、法人或者其他组织的合法权益”“玩忽职守，造成错案或者给当事人造成更严重损失”两种情形在实践中操作较为困难，《草案》将上述两种情形进行整合，修改为“故意违反法律法规，或者因重大过失导致裁判结果错误并造成严重后果”的情形（《草案》第49条）。

2. 关于法官处分的种类。现行法官法中关于法官处分的种类与公务员法完全一致，但在法官实行单独职务序列后，法官职务与行政职级脱钩，不再具有级别，为此，《草案》删除“降级”的处分种类（《草案》第50条）。

3. 关于停职和延期晋升。根据中央改革文件精神，结合司法体制改革试点情况，《草案》规定“法官在受处分期间不得晋升职务，处分期间不计入职务晋升年限以及工资档次晋升年限”（《草案》第51条）。“法官违法违纪，已经被立案调查，不宜继续履行职责的，可以按照规定的程序和管理权限暂停其履行职务”（《草案》第53条）。

4. 关于法官惩戒委员会及其职责。为充分体现中央司改精神，《草案》对法官惩戒委员会进行专门规定，明确“最高人民法院和省、自治区、直辖市设立法官惩戒委员会，负责审查认定法官是否存在本法第四十九条第五项规定的违反审判职责的行为，提出构成故意违反职责、存在重大过失、存在一般过失或者没有违反职责的意见，人民法院依照有关规定作出惩戒决定，并给予相应处理”（《草案》第54条）。

（十）关于法官履职保障

党的十八届四中全会决定提出，建立健全司法人员依法履行法定职责保护机制。根据中央关于《保护司法人员依法履行法定职责的规定》，结合审判工作实际，《草案》对法官的保障进行专章规定。

1. 关于法官权益保障委员会。《草案》规定：“人民法院设立法官权益保障委员会，保障法官依法履职”（《草案》第55条）。

2. 关于法官非因法定情形，不被调离审判岗位。《草案》规定：“除下列情形外，法官不得被调离审判岗位：（一）按规定需要任职回避的；（二）按规定实行干部交流的；（三）因机构调整或者缩减编制员额需要调整工作的；（四）因违法违纪不适合在审判岗位工作的；（五）法律规定的其他情形”（《草案》第56条）。

3. 关于保障法官依法行使审判权。《草案》规定：“行政机关、社会团体和个人不得干涉法官依法办理案件，不得要求法官从事违反法定职责的活动。对干涉法官办理案件的行为，法官有权拒绝，并应当予以记录，并由有关机关根据情节轻重追究行为人的责任”（《草案》第57条）。

4. 关于法官及近亲属人身安全保障。针对近年屡见不鲜的侵害法官及近亲属人身安全事件，《草案》强化了对法官及近亲属人身权益的保护措施（《草案》第58条至第60条）。

5. 关于法官工资待遇。《草案》规定：“法官实行与其职责相适应的工资制度，按照法官等级享有国家规定的工资福利待遇，并建立与公务员工资同步增长机制”（《草案》第61条）。

《中华人民共和国法官法（修订草案）》和以上说明是否妥当，请予审议。

准确理解新修订《法官法》的立法精神和主要内容 努力推进中国特色社会主义法官制度的新发展

最高人民法院党组成员、政治部主任　马世忠

党的十八届四中全会提出，全面推进依法治国，必须建设一支高素质的法治专门队伍。“得其人而不得其法，则事必不能行；得其法而不得其人，则法必不能济。人法兼资，而天下之治成。”① 《法官法》作为我国法官制度的“总章程”，其立法质量高低，实施效果如何，直接决定着法官队伍职业化建设的成效，直接影响着审判权功能作用的发挥，直接关系到“让人民群众在每一个案件中感受到公平正义”目标的实现。2019年4月23日，第十三届全国人民代表大会常务委员会第十次会议表决通过了新修订《法官法》，并将于今年10月1日正式实施。这是我国法官制度发展历程中的一个里程碑，标志着我国法官队伍职业化建设取得了新的重大进展，为今后继续深入推进高素质法官队伍建设及审判体系和审判能力现代化提供了强有力的制度保障。

一、《法官法》修改的背景意义

与时俱进是法律制度的实践要求和应有品格。1995年2月，原《法官法》经第八届全国人民代表大会常务委员会第十二次会议表决通过，是我国历史上第一部规定法官职业群体的单行法律，由此，以法律形式确认了法官职业的特殊性，标志着中国特色社会主义法官制度的正式确立。总的来看，1995年《法官法》较为全面地规定了法官的权利义务、

① 海瑞：《海瑞集·治黎策》，陈义钟校，中华书局1962年版。

任免机制、培训考核、工资福利等制度，特别是明确要求担任法官必须具备大学专科以上学历，初任法官人选应当通过公开考试、严格考核，院长、副院长应当从法官或者其他具备法官条件的人员中择优提出人选。从此，法官开始从一般公务人员向司法官员身份转变，从不注重法律背景和文化素养的法官大众化开始向法官职业化转变，从行政化管理开始向符合司法规律的专门化管理转变。在此之后，我国《法官法》共经历了三次修订：第一次是2001年6月，第九届全国人民代表大会常务委员会第二十二次会议审议通过《法官法》修正案，规定国家对初任法官实行统一的司法考试制度。2002年1月1日，修正后的《法官法》正式施行，将法官任职的学历条件提高为“本科毕业”，并提出应具有“法律工作经历”的标准，严格法官的选任程序和条件，进一步提高了法官的“入口关”。第二次是2017年9月1日，第十二届全国人民代表大会常务委员会第二十九次会议表决通过了关于修改《法官法》等八部法律的决定，根据国家司法考试制度改革情况，对初任法官的产生条件及任职资格进行了局部调整。第三次即2019年4月完成对《法官法》的全面修改。

此次《法官法》修改，有其深刻而重大的历史背景。党的十八大以来，以习近平同志为核心的党中央全面推进依法治国战略，司法体制改革不断深化，人民法院工作也出现了许多新情况新问题。这对法院队伍建设和法官管理体制提出了新的更高要求。实践表明，原《法官法》关于法官的权利义务、任职条件、选任机制、职业保障等很多内容，已经不能完全适应新形势新任务的发展需要。

习近平总书记在2014年的中央政法工作会议讲话中指出：“司法权是对案件事实和法律的判断权和裁决权，要求司法人员具有相应的实践经历和社会阅历，具有良好的法律专业素养和司法职业操守。”这揭示出司法活动具有特殊的性质和规律，司法工作具有不同于其他公务员的职业特点和要求。总书记的重要论断，既是本轮法官制度改革的出发点，也是修订《法官法》的总纲领和总遵循。党的十八大和十八届三中、四中全会从全面推进依法治国、建设社会主义法治国家的高度，做出了进一步深化司法体制改革、完善中国特色社会主义司法制度的战略部署。新一轮司法体制改革提出了完善司法责任制、推进司法人员分类管理、加强司法人员职业保障、推动省以下地方法院检察院人财物统一管理等重大改革任务。按照中央提出的“重大改革于法有据”的要求，全国人大及其常委会大力支持司法体制改革，积极推进与改革配套的相关法律的修订完善，为司法改革提供了坚实有力的法律保障。根据中央部署要求，对原《法官法》进行全面系统的修改，既是贯彻落实中央全面推进依法治国战略的重要举措，也是及时巩固司法体制改革成果的客观需要。而且，随着公务员法、刑事诉讼法、民事诉讼法、行政诉讼法、法院组织法、检察院组织法等法律的不断完善，相应修改《法官法》，进一步明确法官的权利义务、任职条件、选任机制、管理体制和职业保障等，也有利于维护法律之间的有效衔接和协调统一，有利于加快建设更加公正高效权威的社会主义司法制度。

二、《法官法》修改的定位和原则

在我国的立法实践中，法律修改主要有三种形式，分别是修订、修改决定和修正案。总的来说，此次《法官法》修改属于法律修订，即对《法官法》进行较大范围的修改，修改内容既包括基本原则、重要制度，也涉及框架结构和具体规定。当然，在此过程中，2017 年 9 月，全国人民代表大会常务委员会根据国家司法考试制度改革情况，以修改决定的形式对《法官法》进行了局部调整，将国家司法考试变更为国家统一法律职业资格考试，仅涉及原《法官法》第 12 条第 1 款及第 51 条两个条款的修改。①

按照中央和全国人大的部署要求，《法官法》修订草案在研究起草过程中，着重遵循了以下几项重要原则：

一是坚持党的领导。《法官法》的修改是贯彻落实中央全面深化改革总体布局的具体体现。《法官法》修改过程中始终坚持党的领导，坚持中

---

① 参见第十二届全国人民代表大会常务委员会第二十九次会议决定。

国特色社会主义制度，坚持社会主义法治理念，切实按照中央关于全面推进依法治国的统一部署，找准法官制度改革的立足点和着眼点，不断改进和完善党对司法工作的领导。无论是在总则中规定“保障人民法院依法独立行使审判权”的立法目的，还是在法官的遴选、任免、管理及监督等章节中贯彻党管干部原则，都体现了坚持和加强党的领导的根本要求。

二是符合宪法精神。宪法是我国的根本大法。习近平总书记指出：“依法治国，首先是依宪治国；依法执政，关键是依宪执政。”《法官法》修改工作深入贯彻宪法精神，严格在现行宪法框架下进行，突出了宪法的地位和权威。新法在第一条立法目的中强调“根据宪法，制定本法”，在总则第3条中要求“法官必须忠实执行宪法和法律”，并将“严格遵守宪法和法律”作为法官应当履行的第一项义务，在法官的任职条件中也专门规定法官应当“拥护中华人民共和国宪法”，第19条规定“法官在依照法定程序产生后，在就职时应当公开进行宪法宣誓。”这都充分体现了对宪法原则、宪法要求及宪法精神的尊重和遵循。

三是尊重司法规律。《法官法》的修改对法官队伍建设影响深远，必须从我国的基本国情出发，必须符合我国人民法院的实际情况，必须遵循审判规律和司法职业特点，真正解决人民法院在建设法治中国进程中面临的突出问题，这是此次修法工作的基本立足点。如作为本轮司法体制改革“牛鼻子”的司法责任制改革，就是由司法权的亲历性规律决定的。过去，我国司法权运行具有明显的行政化色彩，案件办理由院庭长层层审批，导致审者不判、判者不审，既难以有效保障司法公正，也难以追究违法审判责任。实践中，司法要解决的诉讼纠纷，往往是诉讼双方各执一词、各论其理，法官必须以直接言辞为亲历的主要方式，以庭审为亲历的主要场所，亲自审查各方提交的证据材料，亲自听取各方陈述、举证、质证、辩论，才能切实避免偏听偏信，作出客观公正的裁判。[①] 因此，此次《法官法》修改严格遵循司法活动的亲历性规律，确立

① 朱孝清：《司法的亲历性》，载《中外法学》2015年第4期。

了法官的办案主体地位，在第 8 条法官的职责中明确规定法官在职权范围内对所办理的案件负责，在第 54 条规定法官对任何干涉办案的行为有权拒绝并全面如实记录和报告，充分体现了“让审理者裁判、由裁判者负责”的改革方向和核心要求。当然，任何权力的行使都必须有监督，否则就会失控而走向反面。第 1 条在立法目的中明确“加强对法官的管理和监督”，同时在第 9 条规定院长、副院长、审判委员会委员、庭长、副庭长除履行审判职责外，还应当履行与其职务相适应的职责。在第 46 条规定了法官应受惩戒的情形，其实也是从反面加强对法官履职行为的规制和约束。在《人民法院第五个五年改革纲要（2019—2023）》中又进一步完善了审判监督管理机制，明确院长、庭长权力清单和管理职责，健全履职指引和案件监管的全程留痕制度。

四是体现司法体制改革成果。习近平总书记多次强调，要坚持改革决策和立法决策相统一、相衔接，做到重大改革于法有据，改革和法治同步推进。党的十八届三中、四中全会所确立的司法改革措施，其中很多需要以立法形式，特别是需要在《法官法》中得到确认和体现。如 2014 年党的十八届四中全会要求，加快建立符合职业特点的法治工作人员管理制度，推进以法官员额制为核心的司法人员分类管理改革。截至 2017 年 6 月，以最高法院遴选产生 367 名员额法官为标志，全国法院法官员额制改革全面完成，此后各地法院又相继开展了第二批、第三批员额法官的选任，员额遴选工作逐步走向常态化、制度化和规范化。据此，新修订《法官法》第 25 条对法官实行员额制管理做出了明确规定，进一步巩固了员额制改革成果。另外，新《法官法》还对司法体制改革中涉及的法官单独职务序列、提高法官任职条件、加强法官职业保障等内容，进行了规范和固定。

五是借鉴域外经验。任何国家的法律制度都不是封闭的，不同法律制度之间相互影响、相互作用、相互借鉴是必然也是很有必要的。为此，《法官法》修订在立足我国国情和司法现状的基础上，认真研究借鉴域外法治成果，不断推进完善中国特色社会主义法律体系。2016 年，最高人民法院编辑出版了《域外法院组织和法官管理法律译编》，汇集了域外主要国家及港澳地区法院组织和法官管理方面的法律制度，为《法官法》修改提供了有益参照。如大陆法系国家一贯秉承培养法官的理念，德国就将对法官素质和能力的培养嵌入了大学教育阶段，日本、韩国也纷纷改革其法学教育制度，以实现培养优秀法官的目标。即便是公认的主要依靠从律师中遴选法官的英美法系国家，也逐渐转变理念，更加重视对法官的培养和培训。此次《法官法》修订中为更好落实法律职业人才选拔培养的专业性要求，对担任法官的学历学位条件做出了相应修改，从源头上提高了法官的门槛条件，同时在“法官的管理”这一章中，对初任法官实行统一职前培训制度以及遴选为法官后的后续培训制度提出了明确要求。

六是预留制度空间。《法官法》政策性强、涉及面广，有些改革还在试点过程中，对一些实践不充分、尚未形成广泛共识的问题，宜作原则性规定或者暂不作规定。如为确保《法官法》修订草案如期提请全国人大常委会审议，对前期曾经研究讨论的法官由省级人大常委会统一任免、大法官授予发布程序、实行法官拘留逮捕许可制度等，暂时予以搁置。此外，《法官法》修订在调整范围的把握上特别注重与《人民法院组织法》的修改做好统筹协调，特别注重与《人民法院组织法》修改确定的基本原则和方向做好衔接配合，[①] 确保了两部法律的内在一致性和协调性。

三、《法官法》修改的重点内容

基于前述修法的原则和思路，新修订的《法官法》从结构体例到具体内容都进行了重大调整，大致可归纳为八个方面：

（一）优化了总体框架结构

原《法官法》共有17章53条。本次修法对总体框架结构进行了重新设计，新《法官法》共有8章69条，修改后的结构更加简洁，体例更

① 新修订《人民法院组织法》由第十三届全国人民代表大会常务委员会第六次会议于2018年10月26日表决通过，自2019年1月1日起正式施行。

加合理，逻辑更加清晰，内容更加充实。具体体现在：

一是在总则部分增加了法官公正、中立、勤勉、廉洁等法官职业伦理的内容。公正、中立、勤勉、廉洁属于法官职业伦理的核心内容，也是法官职业的内在要求，此次修法进行了明确。司法的目的不仅是为了实施既定的法律，还要通过案件审判化解矛盾，定分止争，促进社会的和谐、稳定与发展。司法实践中，法官队伍个体情况差异较大，对案件事实的认定及对法律的适用会受到诸多内外因素的影响，甚至遇到普遍正义与个别正义相冲突的情形。这时，法官面临的可能就不只是一个将法律规范适用于具体案件的问题，更重要的是能否取得社会广泛认同的裁判结果。这个结果在实现个案正义的同时，必须最大限度地符合公众舆论的普遍理性及社会的公序良俗，并合乎特定时期的社会政策。这就需要法官遵循司法伦理，积极引入一些政策性、道德性因素的考量，有效回应民意的诉求，回归立法的本意，做好情理法的融合，促进纠纷的实质解决，最终实现法律效果和社会效果的有机统一。如 2017 年发生在河南的"电梯内劝阻吸烟案"①，二审判决认为，让正当行使劝阻吸烟权利的公民承担责任，既是对社会公共利益的损害，也与民法的立法宗旨相悖，而劝阻电梯内吸烟的行为合法、正当，符合公序良俗，是自觉维护社会公共利益的行为，应当鼓励。案件审判传递出"人民法院依法支持和保护公民正当行为"的积极信号，取得了很好的法律效果和社会效果。

二是将原《法官法》中零散分列的员额管理、职务序列、教育培训、离任限制等内容纳入法官管理一章，将法官的职责和权利、义务合并为一章，将法官的考核、奖励和惩戒合并为一章，使法律文本的整体结构更加简洁紧凑。

三是整合法官的履职保障、人身安全保障及工资福利保障等，将法

---

① 2017 年 5 月 2 日，医生杨某在小区电梯内遇到一位抽烟的老人，出于职业敏感，遂上前劝阻其不要在公共场所内吸烟。二人因此发生言语冲突，老人随后突发心脏病猝死。案件一审根据公平原则，判决杨某补偿 15 000 元。案件二审认为正当劝阻吸烟行为与死亡结果不存在法律上的因果关系，杨某不存在过错，遂判决撤销一审判决，驳回家属的诉讼请求。

官的职业保障专门成章。作出这一调整，应该说有其深刻的时代背景。近年来，人民法院的工作任务越来越重，案件审理难度越来越大，法官超负荷工作已经成为常态，法官的职业风险进一步加剧，法院干警身体和心理健康面临着巨大考验。有的法官因积劳成疾倒在了审判台上或者办案过程中，令人深感痛心。① 可以说，加强法官职业保障，关系到全国法院每一位法官的切身利益，更关乎国家法治建设和法律权威。为法官依法履职创造良好的司法环境，既是司法体制综合配套改革的内在要求，又是人民法院实现司法为民、公正司法工作目标的必要前提和重要保证。将法官职业保障专门成章，正是基于以上考虑，也是从制度上维护法官群体的职业权利。

此外，对原《法官法》中的部分内容，如法官辞退的情形、法官奖励的类别、法官处分的种类及其后果等，可以援用《公务员法》相关规定，出于简化法律文本的考虑，在新修订《法官法》中原则上就不再作重复规定。

（二）突出了法官的政治素质要求

把政治建设摆在首位，是由政法机关的政治属性决定的。习近平总书记指出，每一种法治形态背后都有一套政治理论，每一种法治模式当中都有一种政治逻辑，每一条法治道路底下都有一种政治立场。中外法治实践也充分表明，法治当中有政治，没有脱离政治的法治，更没有超越政治的法治。我们国家的政法机关首先是政治机关，人民法院当然首先也是政治机关，政治机关就必须把政治建设摆在首位。一段时期以来，有的法院想到自己是执法办案的审判机关比较多，清醒地认识到法院首先是政治机关的比较少。少数干警对坚持党对人民法院工作的绝对领导存在模糊认识，对中国特色社会主义司法制度缺乏充分自信，抵制西方“三权分立”“司法独立”等错误思潮影响不够坚定自觉。这与人民法院的政治属性是不相符的，实际上也背离了司法公正的应有之义。自 2019

① 最高人民法院院长周强同志在2018 年全国“两会”报告中指出：“面对繁重的工作任务，广大干警不辞辛劳，无私奉献，85 名法官积劳成疾或遭受暴力伤害因公牺牲，他们是共和国审判事业的忠诚卫士，他们用奉献诠释了为民情怀，用生命捍卫了公平正义。”

年6月起，党中央部署在全体党员中开展“不忘初心、牢记使命”主题教育，其根本任务就是深入学习贯彻习近平新时代中国特色社会主义思想，锤炼忠诚干净担当的政治品格，特别是主题教育明确把“思想政治受洗礼”作为“五个目标任务”之一，充分体现了中央对加强党的政治建设的高度重视。[①]

在《法官法》修订过程中，按照习近平总书记关于“要旗帜鲜明把政治建设放在首位，努力打造一支党中央放心、人民群众满意的高素质政法队伍”的要求，在立法目的中增加了“为了全面推进高素质法官队伍建设”，以更好地体现对法官队伍政治、业务等各方面素质的全面要求。同时，在法官任职条件中，增加了“拥护中国共产党领导和社会主义制度”，要求“具有良好的政治素质”；在法官培训中增加了政治培训的内容，进一步强化了对法官政治素质的要求。

（三）完善了法官单独职务序列

新修订的《法官法》明确了法院人员分类管理、法官员额制、单独职务序列、法官逐级遴选等内容。其中，法官单独职务序列改革是推进法官队伍职业化建设的关键一环，在法院人员分类管理改革中居于基础性地位。此次修法将改革试点中行之有效的改革措施上升为法律规定，明确实行法官单独职务序列管理，法官等级分为四等十二级，最高人民法院院长为首席大法官。应当清楚，建立法官单独职务序列，不是变相为法官“提职级、加工资”，而是要依托“四等十二级”法官等级制度，在实行法官员额制基础上实现法官等级与行政职级脱钩，充分体现法官职业特点，实行有别于其他公务员的人事管理制度。改革前，法官与其他公务员一样实行行政化管理，法官之间实际存在着上下级关系。这种管理体制不利于法官平等行使审判权，也不符合法官职业特点和审判工作规律。从严格意义上讲，法官等级主要代表资历深浅，并不意味着职位高低，等级不同的法官就同一起案件行使审判权时，权力平等，共同担责，不应存在“谁级别更高，谁审批把关”的现象。

---

① 参见《中共中央关于在全党开展“不忘初心、牢记使命”主题教育的意见》。

此次《法官法》修改，在法官实行单独职务序列方面，除了明确“法官等级晋升采取按期晋升和择优选升相结合的方式”外，还规定“特别优秀或者工作特殊需要的一线办案岗位法官可以特别选升”。目前，全国法院均已开展了法官等级的按期晋升工作，多数法院已开展或正在开展法官等级择优选升工作，但对于特别选升的适用情形，各地在理解和把握上还不尽一致。特别选升的适用情形主要有三种：一是可以突破任职资格的规定。如正常晋升三级高级法官，应当任四级高级法官三年以上，若适用特别选升，则可不受三年任职时间的限制。二是可以越级晋升法官等级。一般情况下，法官等级应当逐级晋升，在适用特别选升的情况下，则可越级晋升。上述两种特别选升的情形，在符合相关条件的前提下，既可适用于按期晋升的法官，也可适用于择优选升的法官。三是可以突破法官等级设置的“天花板”。一般地市的基层法院，法官等级最高设置为三级高级法官，但根据中央文件规定，个别长期在基层法院任职、工作特别优秀、为审判事业作出突出贡献的法官，可突破限制晋升至二级高级法官。

（四）进一步细化了法官职责

原《法官法》关于法官职责的规定，除将“法律规定的其他职责”作为兜底条款外，主要即为一项“依法参加合议庭审判或者独任审判案件”。为与修改后的检察官职责保持结构体例上的平衡，有必要对法官的职责也予以充实。有观点提出，按照诉与非诉的案件类型，可将法官职责分为审理刑事、民事、行政三大诉讼案件和办理引渡、司法协助、国家赔偿等非诉案件两大类。这种划分方式具有一定的可操作性。同时，从工作性质考虑，国家赔偿工作也属于人民法院的基础审判工作，与三大诉讼的性质、地位相同。而且根据《国家赔偿法》《人民法院组织法》相关规定，法院的国家赔偿委员会与合议庭、审判委员会一样，是人民法院的一级审判组织，依法审判国家赔偿案件。据此，新《法官法》确定将审理国家赔偿案件与审判三大诉讼案件列入一项职责当中，具体表述为“依法参加合议庭审判或者独任审判刑事、民事、行政诉讼以及国家赔偿等案件”，相应第二项职责修改为“依法办理引渡、司法协助等案件”，而不再区分诉与非诉的案件类型。另外考虑到人民法院执行体制改革尚未全面开展，部分改革措施也没有实质性推进，此次《法官法》修改中暂不涉及执行改革，因此在法官职责中暂未规定办理执行异议的内容。

（五）完善了法官的任职条件

以往相当长时间，各级人民法院法官基本都遵循由书记员到助理审判员再到审判员的成长路径，助理审判员由本院院长任命。近年来，面对案多人少的巨大压力，有的基层法院招录新人入院后一两年的时间就任命了助理审判员职务，不少法院的助理审判员甚至成为主要的办案力量。这种法官“速成”模式其实并不符合法官的成长规律和职业养成。根据习近平总书记关于“司法人员应具有相应的实践经历和社会阅历”的要求，此次《法官法》修改对担任法官的条件进行了重大调整，取消了助理审判员设置，其目的就是要提高法官的任职条件，延长法官的成长周期。

1. 年龄条件。法官任职年龄问题一直广受关注，修法过程中有观点认为应将法官任职年龄从年满23周岁提高到28周岁。诚然，从办案过程中的分析判断、逻辑推理以及事实认定等方面来看，一个资深法官相对于年轻法官的确更有优势。但从世界范围看，由于自身情况和司法传统等不同，各国、各地区对法官任职年龄的要求也不尽一致，大陆法系国家初任法官的任职年龄普遍低于英美法系国家。[①] 新《法官法》对法官任职年龄未作硬性规定，主要是考虑到：一方面，年满23周岁仅是法官任职的最低年龄条件，担任法官仍需要满足其他任职条件要求，特别是一般要具有5年以上法律工作经历；另一方面，参照《公务员法》，虽然一般本科毕业都会超过18周岁，但《公务员法》仍然规定了年满18周岁的任职条件。主要就是因为最低年龄条件只是一个下限，并不等同于任职的实际年龄。最终，新《法官法》鉴于社会各界对法官任职年龄问

① 参见最高人民法院政治部编：《域外法院组织和法官管理法律译编》，人民法院出版社2017年版。

题尚未达成充分共识，因而删除了法官任职年龄的最低要求。

2. 学历学位条件。按照党的十八届四中全会关于“建设高素质法治专门队伍”的要求，中央对法律职业人才选拔培养制度作出重大改革，制定印发了《中共中央办公厅、国务院办公厅关于完善国家统一法律职业资格制度的意见》，适当提高了对报考人员的学历要求。从理论上说，法官是专司裁判的专业人员，需要特有的知识、技能、思维以及伦理储备，而严格的大学准入考试、系统的法学专业教育，有利于法治思维和法治能力的训练养成，有利于从源头上保证法律职业人员的专业素养和专业能力；从实践中看，随着我国法学教育的不断发展，普通高等学校本科以上法学毕业生不断增加，提高初任法官学历条件已经具备较好基础。据此，新修订《法官法》基本按照《中共中央办公厅、国务院办公厅关于完善国家统一法律职业资格制度的意见》相关规定，提高了法官任职的学历学位条件，要求本科应为全日制高校毕业，并取得相应学位。同时，将条件放宽地区的学历条件由“高等院校法律专业专科毕业”提高为“高等学校本科毕业”，但不要求必须是全日制，即条件放宽地区的成人教育、自学考试、函授本科毕业生等仍然可以担任法官。

3. 法律工作年限条件。本轮司法体制改革明确要求，未来的法官主要从法官助理中择优选拔产生。根据《法官、检察官单独职务序列改革试点方案》等中央文件，初任法官需要任法官助理满5年（含试用期）。此次《法官法》修改及时将这一改革成果以法律形式固定下来，明确将从事法律工作满5年作为法官任职的一项基本要求。同时，在法官养成中，为了充分体现司法实践经验和更高学历层次的重要性，修订后的《法官法》继续保留了关于获得硕士、博士学位可适当缩减从事法律工作年限的做法。[①] 至于如何理解“法律工作经历”，目前主要适用全国人大

① 获得法律硕士、法学硕士学位，或者获得法学博士学位的，从事法律工作的年限可以分别放宽至四年、三年。

常委会法工委曾作出的专门解释。[①] 当然，随着法官队伍职业化的不断增强，可进一步研究将“从事法律工作”的范围限定在从事国家或地方立法、审判、检察以及律师和法学教学研究等与法官工作密切相关的范围。

4. 任职资格。原《法官法》中，将担任法官的法律资格和法官的任职条件分开加以规定，即法官的法律资格要求没有列在法官的任职条件中，而是在“法官的任免”部分予以规定。此次修法中提出，担任法官的法律资格要求应是法官任职条件的重要组成部分，将其割裂在不同的章节进行规定，不符合法官革命化正规化专业化职业化建设的内在要求，在实践中也容易产生理解认识上的分歧和争议。据此，新《法官法》将法律职业资格明确写入了法官的任职条件当中，也就是说初任法官应当通过国家统一法律职业资格考试取得法律职业资格。需要说明的是，新法第 14 条规定“人民法院的院长应当具有法学专业知识和法律职业经历。副院长、审判委员会委员应当从法官、检察官或者其他具备法官条件的人员中产生”。因而，在取得法律职业资格明确作为担任法官的条件后，除各级法院院长外，将来未任命过法官职务的人员直接担任法院副院长、审判委员会委员的，都应通过国家统一法律职业资格考试取得法律职业资格。这样，一方面，有利于提高法院队伍整体的专业化水平，另一方面，系统外干部交流到法院来也增加了难度。

（六）健全了法官的选任机制

1. 从律师、专家学者中公开选拔法官。本轮司法体制改革中，为深化立法工作者、法官、检察官招录制度改革，中央印发了《从律师和法学专家中公开选拔立法工作者、法官、检察官办法》。实践中，最高人民法院以及上海、江苏等部分地方法院也相继开展了从律师和法学专家中公开选拔法官工作，取得了较好的效果。应当说，选任范围的拓宽，法官来源的多元，既增加了法律人才间的竞争，又提升了法官队伍的质量。

---

① 全国人大常委会法工委于2006 年对原《法官法》第 9 条第 1 款第（6）项规定的“从事法律工作”进行了解释，主要包括从事国家或地方的立法工作，审判、检察工作，公安、国家安全、监狱管理、劳动教养管理工作，律师，法律教学和研究工作，党的政法委员会以及政府部门中的法制工作等。

《法官法》修改中，充分吸纳了上述《办法》的具体要求，明确规定："人民法院可以根据审判工作需要，从律师或者法学教学、研究人员等从事法律职业的人员中公开选拔法官"，同时对律师的执业年限和法学教学研究人员的职称、教学研究年限等提出了具体要求。需要指出的是，随着担任法官条件的调整，即将取得法律职业资格列入法官的任职条件，将来参加法官职位公开选拔的法学教学研究人员也应通过国家统一法律职业资格考试，取得法律职业资格。

2. 设立法官遴选委员会。法官作为个人品行良好、职业道德优秀、法律素养过硬的司法人员，非经严格、公开、公正考察遴选难以产生，也难以服众。世界各国都对法官遴选设置了非常严格的标准，且一般都设有考核法官候选人的专门机构，如日本的法官提名咨询委员会、德国联邦法院的法官选举委员等，专门负责对候选人综合素质的审查和把关，以保证法官遴选不受地方影响和干涉，并体现国家对法官选任的重视。新修订《法官法》对我国法官遴选委员会的设置、人员组成、工作机构等做出了具体规定。目前，遴选委员会只分为最高人民法院和省级两个层级。省级法官遴选委员会的职责在于负责初任法官专业能力的审核，其组成人员中法官代表不得少于三分之一。因此，除对初任法官专业能力进行把关之外，法院员额管理、逐级遴选、等级晋升等不属于省级法官遴选委员会的职权。随着法官选任的常态化，应对法官遴选委员会的各项制度机制进一步研究细化，推动法官遴选委员会逐步实现"职责定位科学、人员组成多元、考核标准专业、运行程序规范"的设计目标。

3. 规定法官逐级遴选制度。法律的生命在于经验。按照改革前的法官选任规定，法官任职条件趋同，对法律职业经验的要求偏低，部分审判经验不足、司法阅历较少的人员可以直接担任上级法院法官，未能体现出各级法院的功能差异和任职要求，在实践中也很难让下级法院的法官信服。实行法官逐级遴选，既是完善法官养成机制的内在要求，也是域外法治国家特别是大陆法系国家遴选法官的普遍做法。关于法官逐级遴选中相关工作经历年限的问题，有人认为，《最高人民法院、最高人民检察院关于建立法官检察官逐级遴选制度的意见》对遴选人选在下级法院担任法官的年限和遴选职位的工作年限均有明确要求，应予坚持。法律修订草案及二次审议稿都对法官逐级遴选设置了严格条件，既要符合担任法官的年限要求，还要具有遴选职位相应年限的工作经历。这种双重的严格限定，在实践中可能产生人选范围偏窄问题，不利于形成充分竞争的择优遴选法官机制。因此，适当放宽逐级遴选资格条件，只规定逐级遴选上级法院法官应担任下级法院法官一定年限，并具有遴选职位相关工作经历，而对于具体年限则不在立法中作出硬性要求。基于此，新《法官法》采用了原则表述的方式，规定“参加上级人民法院遴选的法官应当在下级人民法院担任法官一定年限，并具有遴选职位相关工作经历”，对上述两个方面都没有再作硬性年限规定，从而为下一步司法体制综合配套改革的顺利推进预留了更大的制度空间。

（七）全面加强了法官的职业保障

法官职业保障独立成章，是此次《法官法》修订的一个显著变化。法官的司法裁判行为是对争议涉及的权利义务进行分配的行为，关乎公民的人身、财产及自由。法官对案件的审理和裁决具有终局性和强制性，任何将权益纠纷移交法院裁决的组织和个人，都必须遵从法官的判决。根据权责利相统一的原则，法官作为定分止争的裁判者，必须通过司法责任制对其职业权力予以约束，也必须受到当事人的尊重和信赖，适当提高其政治、经济待遇，完善其职业和生活保障，能够确保法官立场更中立、心态更超脱、裁决更公正。同时由于特殊的职业属性，法官的养成需要漫长的过程，初任法官必须经过国家公务员考试和法律职业资格考试，具有相应的法律工作经历，并经过一定时间的职前培训；法官的履职行为受到严格职业伦理的限制，如法官离任两年内不得以律师身份担任诉讼代理人或辩护人，终身不得在原任职法院担任诉讼代理人或辩护人等。这种更为严格的职业约束，也要求建立与其他公务员不同的薪酬保障制度，既与法官承担的繁重工作和司法责任相适应，也有利于维护法官的职业尊荣感，强化法官的廉洁自律性和道德规范性。

一段时期以来，各地法官受到误解和无端指责的现象有所增多，法官被侮辱诽谤、威胁伤害，甚至流血牺牲的事件也时有发生。党的十八届四中全会通过的《中共中央关于全面推进依法治国若干重大问题的决定》提出，要建立健全司法人员履行法定职责保护机制。2016 年 7 月，中央印发了《保护司法人员依法履行法定职责规定》，这是新中国成立以来发布的首个全面加强司法人员依法履职保障的纲领性文件，专门对司法人员的职业保障做出了全面规定，充分体现了党中央对司法人员的关怀和厚爱。正是在这样的背景下，此次《法官法》修订在第七部分独立成章，系统规定了法官职业保障的内容，明确不得要求法官从事超出法定职责范围的事务，设立法官权益保障委员会，依法保护法官合理权益，在法官享有的权利中增加规定“非因法定事由、非经法定程序，不被调离、免职、降职、辞退或者处分”。确立了干预法官办案的记录和报告制度，要求及时澄清对法官的不实举报、诬告陷害、侮辱诽谤。还规定人民法院、公安机关必要时应当对法官及其近亲属采取人身保护、禁止特定人员接触等必要保护措施。这些规定为保障法官依法履职、提高法官职业尊严、保护法官人身安全等提供了法律依据，也为下一步加强与公安机关沟通、建立保障法官人身安全工作机制奠定了基础。除此之外，第七章还规定了法官的工资福利、抚恤优待、退休养老等生活保障制度。

（八）加强了对法官的监督管理

司法责任制改革实施后，法官的权力更大了，根据权责利相统一的原则，进一步加强对法官履职的监督显得越加迫切，也受到社会各界的广泛关注。新法修订中也积极回应了这样的要求和呼声。一是在法官应当履行的义务中增加规定，对履行职责中知悉的商业秘密和个人隐私予以保密，并相应规定了违反规定的法律责任。二是建立了法官惩戒机制。中央《保护司法人员依法履行法定职责规定》首次确立了非经法官检察官惩戒委员会审议，不受错案责任追究的原则。其后，“两高”印发的《关于建立法官、检察官惩戒制度的意见》，对法官惩戒委员会的人员组成、工作职责等提出了明确要求。根据新修订的《法官法》规定，最高人民法院和省一级设立法官惩戒委员会，负责从专业角度审查认定法官是否存在违反审判职责的行为，提出构成故意违反职责、存在重大过失、存在一般过失或者没有违反职责等审查意见。法官惩戒委员会的日常工作由相关法院的内设职能部门承担。还规定，当事法官有申请回避、进行陈述、举证辩解的权利，以及对审查意见提出异议的权利。为与国家监察体制改革相衔接，新法明确“法官惩戒委员会审议惩戒事项的具体程序，由最高人民法院商有关部门确定”。这为下一步建立健全法院审务督察机制改革预留了制度空间。三是任职回避的设置更为严格。新修订的《法官法》增加了“父母是律师”作为法官任职回避的情形，进一步扩大了法官适用任职回避的人员范围。四是为贯彻落实中央从严管理干部的精神，新修订《法官法》增加了法官不得兼任营利性组织职务的规定。同时又规定了一个例外，即法官可以在高等学校、科研院所兼职。习近平总书记在视察中国政法大学时强调要“打破高校和社会之间的体制壁垒，将实际工作部门的优质实践教学资源引进高校，加强法学教育、法学研究工作者和法治实际工作者之间的交流”。实践中，中央有关单位实施了高等学校与法律实务部门人才互聘“双千计划”，部分法院还与高等学校建立了战略合作研究项目，加强法学理论与司法实践的紧密结合。新修订《法官法》据此明确：“法官因工作需要，经单位选派或者批准，可以在高等学校、科研院所协助开展实践性教学、研究工作，并遵守国家有关规定。”

结　语

《法官法》是加强法官队伍管理、完善法官职业保障的基本依据。本轮《法官法》修订已经完成，但其所涉及的法官养成机制、法官惩戒机制、法官选任机制等还在进一步的改革探索中，在具体实施过程中还需要面对诸多难题亟待破解。今后，我们要以此次《法官法》修改为契机，在深化司法体制综合配套改革中不断完善各项法官管理制度，努力锻造一支忠诚干净担当的高素质法官队伍，为新时代人民司法事业实现新发展提供更加坚强有力的组织人才保障。

最高人民法院
关于认真学习宣传贯彻落实新修订《法官法》的通知

法〔2019〕102号

各省、自治区、直辖市高级人民法院，解放军军事法院，新疆维吾尔自治区高级人民法院生产建设兵团分院：

2019年4月23日，第十三届全国人民代表大会常务委员会第十次会议审议通过了《中华人民共和国法官法》（以下简称《法官法》），并将于2019年10月1日正式实施。为确保修订后的《法官法》全面正确实施，现将有关事项通知如下：

一、充分认识全面贯彻落实《法官法》的重要意义

《法官法》是规范审判权行使主体、构建我国法官制度的专门法律，是完善法官职业保障、加强法官队伍管理的基本依据。原《法官法》于1995年7月1日正式实施，并于2001年和2017年先后进行了局部修改。随着依法治国方略逐步推进，司法体制改革不断深化，人民法院工作出现了许多新情况新问题，对法院队伍建设和法官管理体制提出了新的更高要求，原《法官法》关于法官的权利义务、任职条件、选任机制、职业保障等内容，已经不能完全适应新形势新任务的发展需要。

此次修订的《法官法》立足审判工作规律及法官职业特点，充分吸收本轮司法体制改革成果，对法官管理制度进行了全面完善，为推进高素质法官队伍建设提供了制度保障。全面贯彻落实新修订的《法官法》，对保障法官依法履职，维护法官合法权益，进一步加强法官队

伍革命化正规化专业化职业化建设，推动建立更加公正高效权威的社会主义司法制度，具有十分重要的意义。各级人民法院要充分认识此次《法官法》修订的重大意义，切实把学习宣传和贯彻落实《法官法》作为当前及今后一个时期的重要工作抓实抓好，为该部法律的精准实施打下坚实基础。

二、切实加强《法官法》的学习宣传

各级人民法院要有计划、分批次开展形式多样的学习培训活动，首先抓好法院领导干部和广大法官的学习，做到先学一步，深学一层，全面、准确领会新修订《法官法》的立法精神和主要内容，引导法院干警正确理解条文内涵和实践要求，努力提高广大法官对新修订《法官法》的理解和适用水平，确保法律各项规定有效实施。要充分发挥社会舆论的引导作用，依托报纸、网络、微博微信等媒体，通过征文、座谈等形式，广泛宣传《法官法》修订的重大意义、主要内容及修改重点等，进一步增强社会各界对《法官法》的理解和支持，在全社会积极营造贯彻落实《法官法》的良好氛围。

三、按照中央要求继续深化司法体制综合配套改革

党的十八届三中、四中全会提出了推进司法人员分类管理、加强司法人员职业保障等四项基础性改革任务。新修订的《法官法》明确了法院人员分类管理、法官员额制、法官单独职务序列及配套工资制度改革等内容，增加了法官助理工作职责等内容，使党中央重大决策部署上升为国家意志，用法律制度巩固了司法责任制改革成果。各级人民法院要进一步加强系统集成，推动法官员额制改革整体效能充分发挥。要突出法官员额精准化管理，坚持“以案定额”，实行省内统一调配、动态调整，注重向基层和一线倾斜、向办案任务重的地区倾斜。要突出实绩导向，建立健全法官员额退出机制，对能力不胜任、办案不达标的员额法官，及时按程序退出员额。各级人民法院要积极争取当地党委和党委政法委的领导和支持，尽快开展法官单独职务序列等级晋升特别是择优选

升工作，对特别选升法官单独职务序列等级的，要突出办案导向和实绩要求，择优从严提出合适人选。要结合本院实际研究制定分类明晰、权重科学、导向鲜明的绩效考核实施方案，完善绩效奖金发放办法，积极落实员额法官配套待遇等政策，进一步释放改革红利。要根据最高人民法院部署，结合公务员职务与职级并行改革，进一步完善法官助理序列管理制度。

四、严格把握员额法官的选任条件和机制

新修订的《法官法》提高了法官任职的学历门槛，延长了法律工作年限要求，删除了现行《法官法》中法官任职年龄的规定，明确将取得法律职业资格作为初任法官的任职条件，并对从律师、法学专家中公开选拔法官以及法官逐级遴选制度进行了明确规定。这是从推进高素质法官队伍建设出发对法官选任制度做出的重大调整。各级人民法院要切实顺应取消助理审判员设置及提高法官选任条件的新形势新要求，从现在起到新法实施的过渡期内，严禁突击选任法官，严禁把不符合新修订《法官法》条件的人员选入法官队伍中来。对于本轮司法改革中形成的未入额法官问题，可以适当灵活掌握，逐步在本级法院消化，但也要按照建设高素质法官队伍的要求，确保选任的法官能够胜任审判工作。各高级人民法院要充分协调发挥省级法官遴选委员会的功能作用，加强对入额人选的专业能力实质把关。要积极配合建立法律职业人员统一职前培训制度，按照“统一标准、分系统实施”原则，严把法律职业的培训关，切实提高法律职业人员的能力水平。要贯彻落实初任法官一般到基层法院任职的规定，在新法实施前的过渡期内，如果上级法院需要开展法官遴选的，应当按照新法的立法精神组织实施。

五、进一步加强对法官队伍的监督和管理

司法责任制改革实施后，法官的权力更大、责任更重，司法廉洁问题广受关注。新修订的《法官法》进一步细化了法官的职责，明确法官在职权范围内对所办理的案件负责，并对法官兼职、任职回避、离任后

的从业限制以及法官惩戒制度等提出了新的要求，进一步加强了对法官的监督和管理。各级人民法院要全面落实司法责任制改革要求，在确立员额法官、合议庭办案主体地位的同时，要合理确定院庭长办案数量，防止片面强调办案量冲击院庭长管理职责有效履行，确保院庭长有时间、有精力落实管党治党主体责任。要进一步加强对法官业外活动的监督约束，以更坚决的态度、更务实的举措全面清理和规范法官兼职行为，对确因工作需要到高等学校、科研院所协助开展实践性教学研究的法官，要择优选派，严格审批，确保法官业外行为依法合规。法官任职回避情形增加后，各级人民法院要严格把握实行任职回避的人员范围，对符合任职回避情形的人员及时调整工作岗位，在选拔任用干部时不得将任职回避情形的人员作为审判执行岗位法官拟任人选。要配合相关部门加强对离任法官的跟踪管理，对离任法官违反从业限制规定的，及时向有关部门提出处理建议。各高级人民法院要尽快协调成立法官惩戒委员会，充分协调发挥法官惩戒委员会的作用。

六、全面加强和完善法官职业保障

新修订的《法官法》整合法官履职保障、人身安全保障、干涉办案记录通报以及工资福利待遇等内容，将法官职业保障专门成章，对法官的职业保障问题作了集中系统的规定。各级人民法院要认真贯彻落实中央《保护司法人员依法履行职责规定》，保障法官依法履行职责。要充分发挥法官权益保障委员会功能作用，进一步加强关爱干警身心健康工作。要督促加强法院安全保障设施建设，将维护审判秩序、维护法官人身安全的措施落实到位，增强广大法官依法履职安全感。要合理调控法官工作强度，动态调配审判力量，均衡分案，对于任务过重、加班过多、结案量远超人均办案量的法官，可优先安排参加疗养、培训等活动。要加强与有关部门的沟通协调，推进法院安保联动机制建设，完善法官权益保障机制，为法官依法履职创造良好环境。要全面落实法院工资制度改革要求，确保法官享受到国家规定的津贴、补贴、奖金、保险等工资福利待遇。

各级人民法院在学习、宣传、贯彻实施新修订《法官法》的过程中，对遇到的新问题、新情况，要认真研究并提出具体意见，由高级人民法院汇总后，及时向最高人民法院报告。

最高人民法院
2019 年 5 月 5 日

《中华人民共和国法官法》条文理解与适用

第一章　总　则

第一条　为了全面推进高素质法官队伍建设，加强对法官的管理和监督，维护法官合法权益，保障人民法院依法独立行使审判权，保障法官依法履行职责，保障司法公正，根据宪法，制定本法。

【条文主旨】

本条是关于《法官法》立法目的和立法依据的规定。

【背景解读】

1995年2月，经第八届全国人民代表大会常务委员会第十二次会议表决通过的原《法官法》，是我国历史上第一部规定法官职业群体的单行法律，正式确立了中国特色社会主义法官制度。从此，法官开始在原有的公务员身份上逐步增添了司法官员的色彩，从不注重法律背景和学历条件的法官大众化向法官职业化转变，从行政化管理开始向符合司法规律的专门化管理转变。当然这样的转变也不是一帆风顺的。我国《法官法》经历了三次修改：第一次是2001年6月，根据第九届全国人民代表大会常务委员会第二十二次会议《关于修改〈中华人民共和国法官法〉的决定》进行修正，规定国家对初任法官实行统一的司法考试制度。2002年1月1日，修正后的《法官法》正式施行，将法官任职的学历条件提高为本科毕业，并提出应具有法律工作经历的标准，严格法官的选任程序和条件，进一步提高了法官的“入口关”。第二次是2017年9月1日，根据第十二届全国人民代表大会常务委员会第二十九次会议《关于修改〈中华人民共和国法官法〉等八部法律的决定》进行修正。根据国家司法考试制度改革情况，对初任法官的产生条件及任职资格进行了局部调整。第三次即2019年4月23日，第十三届全国人民代表大会常务委员会完成对《法官法》的全面修订。此次《法官法》的修订，体现了我国立法实践的与时俱进。党的十八大以来，以习近平同志为核心的党中央全面推进依法治国战略，司法体制改革不断深化，人民法院工作也出现了许多新情况新问题。按照中央提出的“重大改革于法有据”的要求，全国人大及其常委会大力支持司法体制改革，积极推进与改革配套的相关法律的修订完善，为司法改革提供了坚实有力的法律保障。对原《法官法》进行全面系统的修订，既是贯彻落实中央全面推进依法治国战略的重要举措，也是及时巩固司法体制改革成果的客观需要。

对于《法官法》的立法目的，经历过两次修改。2001年修正案，除了做语序上的调整，仅将“实现对法官的科学管理”修改为“加强对法官的管理”，扩展了管理涵盖的范围。此次修改则重点对强调司法机关的政治属性、司法责任制、法官职业保障等新时代要求和司法体制改革成果予以回应和固化，增加了“为了全面推进高素质法官队伍建设”“对法官的监督”“维护法官合法权益”等内容。

在立法根据方面，从1995年《法官法》到此次新修订《法官法》，始终在第一条立法目的中强调“根据宪法，制定本法”，并且严格在现行宪法框架下进行具体条文的修改。在法官义务、法官任职条件的条款规定中要求“法官必须忠实执行宪法和法律”“严格遵守宪法和法律”“拥护中华人民共和国宪法”“法官在依照法定程序产生后，在就职时应当公开进行宪法宣誓”，这些都充分体现了对宪法原则、宪法要求和宪法精神的尊重和遵循。

【条文释义】

本条关于立法目的，主要应从以下六个方面加以理解：

一、全面推进高素质法官队伍建设

根据宪法和法律，我国人民法院通过审判刑事案件、民事案件、行政案件以及法律规定的其他案件，惩罚犯罪，保障无罪的人不受刑事追究，解决民事、行政纠纷，保护个人和组织的合法权益，监督行政机关依法行使职权，维护国家安全和社会秩序，维护社会公平正义，维护国家法制统一、尊严和权威，保障中国特色社会主义建设的顺利进行。人民法院的审判活动是由法官具体承担的，高素质的法官队伍是人民法院依法独立行使审判权，正确贯彻实施法律，实现司法公正的重要保障。

法官的素质包括政治素质和业务素质。人民法院是政治机关，首先必须把政治建设放在首位。法官作为法治的实施者，实现良法善治，首要的是具备良好的政治素质。按照习近平总书记关于“要旗帜鲜明把政治建设放在首位，努力打造一支党中央放心、人民群众满意的高素质政法队伍”的要求，在立法目的中增加“全面推进高素质法官队伍建设”，在法官任职条件中增加“拥护中国共产党领导和社会主义制度”，要求“具有良好的政治素质”，以及在法官培训中增加了政治培训的内容，都体现了对强化法官政治素质的要求。良好的政治素质是法官自觉遵守宪法和法律，依法行使审判权，公正廉洁的重要保障。没有良好的政治素质，就很难防止法官滥用职权、玩忽职守，很难防止司法腐败。要持续抓好中国特色社会主义理论体系的学习，教育引导广大干警进一步坚定道路自信、理论自信、制度自信、文化自信，牢固树立科学的世界观和方法论，提高运用马克思主义立场观点方法分析解决实际问题的能力。要深化社会主义法治理念教育，加强政法领域意识形态重大理论和实践问题研究引导，坚决抵制西方错误观点侵蚀，坚持党对人民法院工作的绝对领导，坚定不移走中国特色社会主义法治道路。

“司法权是对案件事实和法律的判断权和裁决权，要求司法人员具有相应的实践经历和社会阅历，具有良好的法律专业素养和司法职业操守。”① 正是基于对司法权亲历性要求和判断权属性的认知，本轮司法体制改革确立了法官的办案主体地位，将实施司法责任制作为司法体制改革的“牛鼻子”，要求“让审理者裁判、由裁判者负责”。由于司法人员应当具备较为丰富的实践经验和社会阅历，在司法改革的方案设计中，在审判团队构建中，新增了“法官助理”的角色，同时延长了法官的成长周期，以较为严格的条件遴选出员额法官，同时实行法官逐级遴选制度，体现法官职业选任的独特模式，以保证上级法院法官的素质和经验普遍优于下级法院的法官，加之审级制度和法院功能配置的跟进改革，更大程度上确定审判工作的质量和效率。法官理应具备良好的法律专业素养和司法职业操守，这是对司法官员能力作风的核心要求。之所以法官要实行员额制改革，就是要强化法官队伍的职业化属性，要求法官不仅具备专业知识、实践技能，还应具有更高的职业良知和廉洁要求。近些年来，各级人民法院多措并举，推进正规化、专业化、职业化的司法队伍建设，法官队伍在整体上的政治、业务水平有了很大提高。尤其是党的十八届四中全会以来，推行以法官员额制为核心的司法人员分类管理改革、法官单独职务序列改革，进一步提升了法官队伍的整体素质。但是全面推进依法治国战略，对法官的素质提出了更高的要求。这首先要从法官的选任关入手，健全法官选任机制；同时还要有科学的管理制度、完备的职业保障和合理的淘汰机制。

二、加强对法官的管理和监督

任何权力的行使都必须有监督，否则就会失控而走向反面。法官是依法行使国家审判权的审判人员，为了保证国家审判权的正确行使，必须对法官进行必要的管理和监督。司法责任制改革实施后，法官的权力更大了，根据权责利相统一原则，必须进一步加强对法官履职的监督管

① 习近平总书记在 2014 年的中央政法工作会议上的讲话。

理。此次《法官法》修订，充分落实了司法责任制的要求，在本条立法目的中增加了“加强对法官的监督”，在第10条法官义务条款中增加规定对履行职责中知悉的商业秘密和个人隐私予以保密，并相应规定了违反规定的法律责任；建立法官惩戒机制，严格任职回避和法官兼职管理。这些规定确立了相对完备的法官监督、管理制度，使得对法官的各项管理、监督工作有法可依，是加强对法官管理、监督的重要法律保障。审判活动具有特殊的性质和规律，对法官的管理、监督必须反映其本身的工作性质和特点，遵循司法规律《人民法院第五个五年改革纲要（2019—2023）》逐步完善了新的审判权运行机制下审判监督管理机制，明确院长、庭长权力清单和管理、监督职责，健全院长、庭长履行管理监督职责指引和案件监管的全程留痕制度。完善对信访申诉、长期未结、二审改判、发回重审、指令再审、抗诉再审案件的审判监督机制。通过信息化办案平台自动识别、审判组织主动提交、院长和庭长履行职责发现、专门审判管理机构案件质量评查、人民法院主动接受当事人监督和社会监督等途径，推动建立全面覆盖、科学规范、符合规律的审判监督管理制度体系。

三、维护法官合法权益

近些年来，人民法院的工作任务日益繁重，案件审理难度逐年加大，法官超负荷工作已经成为常态，法官的职业风险进一步加剧，法院干警身体和心理健康面临着巨大考验。加强法官职业保障，维护法官合法权益，关系全国法院每一位法官的切身利益，更关乎国家法治建设和法律权威。根据权责利相统一的原则，法官作为定分止争的裁判者，必须通过司法责任制对其职业权力予以约束，也必须受到当事人的尊重和信赖，适当提高他们的政治、经济待遇，完善他们的职业和生活保障，能够确保法官立场更中立、心态更超脱、裁判更公正。同时由于特殊的职业属性，法官的养成需要漫长的过程，初任法官必须经过国家公务员考试和法律职业资格考试，具有相应的法律工作经历，并经过一定时间的职前培训；法官的履职行为受到严格职业伦理的限制，如法官离任两年内不得以律师身份担任诉讼代理人或辩护人，终身不得在原任职法院担任诉讼代理人或辩护人等。这种更为严格的职业约束，也要求建立与其他公务员不同的薪酬保障制度，既与法官承担的繁重工作和司法责任相适应，也有利于维护法官的职业尊荣感，强化法官的廉洁自律性和道德规范性。这是完善法官职业保障的理论依据。

为此，本条立法目的增加“维护法官合法权益”。具体而言，法官的合法权益包括：（1）依法履行审判职责受法律保护，应当享有相应的工作条件、职业保障和福利待遇；（2）法官有权对案件事实认定和法律适用独立发表意见，不受行政机关、社会团体和个人的干涉；（3）非因法定事由，非经法定程序，法官依法履职行为不受追究；（4）有权提出申诉或者控告；（5）人身、财产和住所安全受法律保护。为法官依法履职创造良好的司法环境，这既是司法体制综合配套改革的内在要求，又是人民法院实现司法为民、公正司法工作目标的必要前提和重要保证。

四、保障人民法院依法独立行使审判权

我国宪法规定人民法院是国家的审判机关，即我国的审判权属于人民法院，其他任何机关不得行使。保障人民法院依法独立行使审判权包括两层含义。

（一）人民法院独立行使审判权，任何行政机关、社会团体和个人不得干涉

2015 年 3 月，中央政法委正式颁布《领导干部干预司法活动、插手具体案件处理的记录、通报和责任追究规定》和《司法机关内部人员过问案件的记录和责任追究规定》两个规定，从内外两个层面构建了防止干预司法的制度体系。这里的干涉是指非法干预和干扰，不能将其与合法的监督相混淆。根据我国《宪法》规定，各级人民法院向同级人民代表大会及其常务委员会负责，受其监督；人民检察院作为国家法律监督机关，对人民法院执行国家法律的情况有监督的权力；人民群众和其他社会组织，对人民法院的工作也有监督权、批评建议权。

（二）人民法院必须依法行使审判权

独立性并非任意性，人民法院的审判活动必须严格依照宪法和人民法院组织法，以及与案件相关的实体法和相应的程序法的规定进行。也就是说，法院的独立审判权依法取得，并依法获得保障；同时，对独立审判权进行监督，也必须依照法律规定，同样不可任意为之。需要明确的是，我国的审判独立与西方国家的司法独立有着本质的区别。在我国，审判权依法独立行使是指人民法院作为一个整体独立行使，而不是指法官个人独立行使。根据我国《宪法》规定，人民行使国家权力的机关是全国人民代表大会和地方各级人民代表大会，审判机关在独立行使职权的过程中，必须对本级人民代表大会负责，受它监督。由此可见，我国的审判独立，是国家权力的统一性和国家机关分工负责的产物，而不仅仅是权力分立的结果。我们必须清醒认识到，对任何理论或者观点的理解和检验，都必须在我国《宪法》的框架下进行。我国《宪法》对法院独立行使审判权的规定，并不能推导出法院独立或者司法独立的结论。

党的十八大以来，中共中央推出多项重大改革举措，确保人民法院依法独立公正行使审判权。一是设立最高人民法院巡回法庭和跨行政区划人民法院，打破诉讼“主客场”现象，杜绝地方因素对司法公正的影响。二是完善司法人员履职保障机制。中共中央办公厅、国务院办公厅印发的《保护司法人员依法履行法定职责规定》第4条规定：“法官、检察官依法履行法定职责受法律保护。非因法定事由，非经法定程序，不得将法官、检察官调离、免职、辞退或者作出降级、撤职等处分。”三是健全司法责任制，建立法官惩戒制度，在省一级设立法官惩戒委员会。法官非因故意违反法律、法规或者有重大过失导致错案并造成严重后果的，不承担错案责任。法官履行法定职责的行为，非经法官惩戒委员会审议不受错案责任追究。四是建立法官单独职务序列和薪酬制度，推动实现法官等级与行政职级脱钩，确保法官薪酬高于普通公务员一定比例，并据此完善法官退休、培训等一系列配套制度。

五、保障法官依法履行职责

法官是人民法院审判权的具体行使者。为法官依法履行职责，开展审判活动提供必要的条件，是法官正确、及时履行职责的前提，也是人民法院审判工作得以顺利进行的前提。因此，作为法官职业保障法的《法官法》，保障法官有条件依法履行职责当然应为其立法目的之一。党的十八届四中全会通过的《中共中央关于全面推进依法治国若干重大问题的决定》提出，要建立健全司法人员履行法定职责保护机制。2016 年 7 月，中办、国办联合印发了《保护司法人员依法履行法定职责规定》，这是新中国成立以来发布的首个全面加强司法人员依法履职保障的纲领性文件，专门对司法人员的职业保障做出全面规定，充分体现了党中央对司法人员的关怀和厚爱。《法官法》第 7 章“法官的职业保障”对维护法官合法权益的具体措施作了专章规定。如，明确规定法官的职业尊严和人身安全受法律保护，任何单位和个人不得对法官及其近亲属打击报复。明确不得要求法官从事超出法定职责范围的事务，设立法官权益保障委员会，依法保护法官合理权益，在法官享有的权利中增加规定“非因法定事由、非经法定程序，不被调离、免职、降职、辞退或者处分”。确立了干预法官办案的记录和报告制度，要求及时澄清对法官的不实举报、诬告陷害、侮辱诽谤。此外，还规定人民法院、公安机关必要时应当对法官及其近亲属采取人身保护、禁止特定人员接触等必要保护措施。这些规定为保障法官依法履职、提高法官职业尊严、保护法官人身安全等提供了法律依据，也为下一步加强与公安机关沟通、建立保障法官人身安全工作机制奠定了基础。除此之外，第 7 章还规定了法官的工资福利、抚恤优待、退休养老等制度。

六、保障司法公正

司法权是守护国家法律的一项重要权力，是社会公平正义的最后一道防线。“司法公正对社会公正具有重要引领作用，司法不公对社会公正具有致命破坏作用。”[①] 公正的司法可以及时有效地化解纠纷，消弭社会矛盾，引导人民群众尊重和服从司法裁判，发挥教育人民群众信法守法的作用，从而维护社会稳定和发展。司法不公甚于司法腐败，不仅不能维护社会稳定，而且会造成矛盾激化，影响人民群众对国家政权的信任和支持，严重危害社会公正与和谐稳定。司法公正的主体是以法官、检察官为主的司法人员，司法公正的对象包括各类案件的当事人以及其他诉讼参与人。司法公正一般可以分为实体公正和程序公正。实体公正，是指司法机关就诉讼当事人的实体权利和义务关系所作的裁判或处理是公正的，故又称为结果公正；程序公正，是指在诉讼活动过程中诉讼当事人所受到的对待和得到的权利主张机会是公正的，包括审判过程的公开性、法官不得单独接触当事人、法官必须居中裁判等内容。实体公正很难确立一个外在评判标准，具有不确定性，而与此相比，程序公正则具有较强的确定性和可操作性。在近现代司法制度设计中，往往通过严密的程序设计，以期用程序公正来保障实体公正的实现。可以说，实体公正是司法活动的基本目标追求，是司法活动期望的终极理想；程序公正同样也是司法活动的基本价值取向，是实体公正得以实现的重要保障。从这一意义上讲，司法公正不仅要实现，而且要以看得见的方式实现。徒法不足以自行。建设一支忠诚干净担当的高素质法官队伍，无疑是保障司法公正的重要环节。法官将书面的法律与现实的案件有机结合起来，使法律走入千家万户的生活而真正发挥效用，法官的使命就是贯彻执行法律，裁判矛盾纠纷，维护社会稳定，实现社会正义。也就是说，司法公正的实现就是法官的公正。面对任何诉讼，法官是不得拒绝裁判的，法官必须在司法过程中进行精心的法律选择、解释、裁量、援引，才可能达致实质正义。法官的一切行为都与他们自身的法律素养、品性修为、道德良心、社会关系、生活环境等因素密不可分。由此可见，我们必须严格法官的选任标准，加强对法官的管理和监督，维护法官合法权益，保障人民法院依法独立行

① 引自党的十八届四中全会通过的《中共中央关于全面推进依法治国若干重大问题的决定》。

使审判权，保障法官依法履行职责，从而让其能够真正胜任维护社会公平正义之大任。归言之，就是要实现司法公正，让人民群众在每一个司法案件中感受到公平正义。

第二条 法官是依法行使国家审判权的审判人员，包括最高人民法院、地方各级人民法院和军事法院等专门人民法院的院长、副院长、审判委员会委员、庭长、副庭长和审判员。

【条文主旨】

本条是关于法官定义和范围的规定。

【条文释义】

一、关于法官的定义和范围

我国《宪法》第128条规定："中华人民共和国人民法院是国家的审判机关。"第131条规定："人民法院依照法律规定独立行使审判权，不受行政机关、社会团体和个人的干涉。"《人民法院组织法》第2条第1款规定："人民法院是国家的审判机关。"第4条规定："人民法院依照法律规定独立行使审判权，不受行政机关、社会团体和个人的干涉。"第29条第1款规定："人民法院审理案件，由合议庭或者法官一人独任审理。"第40条规定："人民法院的审判人员由院长、副院长、审判委员会委员和审判员等人员组成。"按照《宪法》及法律规定，为了保证司法权的独立行使，国家设立了法院，人民法院是依法行使国家审判权的唯一主体。审判是指人民法院依照法定程序对案件进行审理，查明事实并适用法律作出裁定或判决的活动。司法审判的作用并不仅仅是解决纠纷，而更应该被看作是到目前为止最为有效的社会治理方式，是公平、正义的代名词。"司法是一项需要专业技能的工作，不仅对于解决法律问题来说是如此，对于揭示事实的活动来说也是如此。”① 要通过审判权的行使，实现公平正义，这就要求有一批高素质、职业化的审判队伍来妥善查明事实、正确适用法律、实现司法公正。这支队伍就是法官。“法官”是司法官员的简称，与普通公务人员不同的是，司法官员都是熟悉法律法规的专业人员。人民法院的组成人员中有法官，也有司法辅助人员和司法行政人员，从职能分工、专业素养、从业资历等因素考虑，并不是法院所有人员都可以审判案件，只有法官有权依法行使审判权，对案件进行审理和裁判。按照新修订《法官法》第 2 条的规定，法官所指代的人员范围是院长、副院长、审判委员会委员、庭长、副庭长和审判员，除此之外的人员均不是法官。

2018 年修订的《人民法院组织法》同时使用“审判人员”“法官”和“审判员”的称谓，这三个概念不是完全重合的。《人民法院组织法》第 40 条规定：“人民法院的审判人员由院长、副院长、审判委员会委员和审判员等人员组成。”将《人民法院组织法》第 40 条与《法官法》第 2 条对比一下，从字面上看，法官的范围是最大的，包括院长、副院长、审判委员会委员、庭长、副庭长和审判员共五类人员，从字面上对比，“审判人员”的范围比起“法官”范围，少了庭长、副庭长，而“审判员”的范围是最小的，是法官的一种、是审判人员的一种。但这样的对比仅仅是字面上的对比，《人民法院组织法》第 40 条虽然没有将庭长、副庭长列入“审判人员”的范畴，但根据本轮司改精神及司法实际情况，庭长、副庭长都应从员额法官中产生，因此庭长、副庭长也是审判人员，即从本质上讲法官和审判人员的概念是一致的，而审判员则是法官的一种，也即审判人员的一种。

法官员额制改革后，出现了新的概念“员额法官”，在原来的法官群体中，通过统一考试和考核，使一批符合相应条件、具有相应资历及能力水平的优秀审判员、助理审判员进入员额，成为“员额法官”。一部分已被任命为审判员或助理审判员的人员，由于不在审判一线工作或不符

① ［美］米尔伊安·R·达玛什卡：《司法和国家权力的多种面孔——比较视野中的法律程序》，郑戈译，中国政法大学出版社 2004 年版，第 45 页。

合进人员额的其他条件，而被排除在员额法官队伍之外，致使法官队伍的规模进一步缩小。法官数量的进一步缩小，说明随着我国法治事业不断发展，对法官的要求在不断提高。在我国要想成为一名法官除了具备国籍、身体健康等基本条件外，还要具有渊博的法律专业知识和成熟的法律专业技能。在现实的司法过程中，法官一般要求是通过国家统一法律职业资格考试取得法律职业资格的人员，而且对专业知识的要求程度也会随着法院级别的不同而有所不同。此外，要想担任法官职务，还必须要从事法律工作满一定的年限。由此可见，法官作为国家的审判人员，作为维护司法权威的根本，其任职资格具有越来越严格的限制。

二、关于院长

院长是法官的一种，从其统领整个法院审判工作的角度来看，院长是人民法院的“首席法官”。我国特定的法治环境决定了人民法院院长拥有多重角色和职权。首先，人民法院是政治机关，因而法院院长具有政治上的角色，那就是必须坚持党的领导，也就是说法院院长要担负“政治家”的角色。其次，对于法院内部的行政事务，院长也要履行计划、组织、指挥、协调和控制等管理职能，这就要求法院院长要承担“管理家”的角色。本条在定义法官范围时，对“院长”进行明确列举，旨在重点突出法院院长的“法律家”角色。法院院长不同于行政部门长官之处是法院院长应当具有专业的法律知识，专业性是法院院长最基本的素质之一，专业的法律知识是其从事法律工作的根本，也是其维护权威性的基础。本轮司法改革取消了案件层级审批，但是院长在审判监督和管理方面仍担负很大责任，按照《人民法院组织法》和《法官法》规定，院长具有审判案件、审判管理、主持审委会等职能，这些工作都对法律专业技能有很高的要求，只有具有丰富的法律知识涵养、有司法理论和实践经验的院长才能更好地解决审判工作中的重大疑难复杂法律问题，更好履行与审判有关的职责。

三、关于副院长、审判委员会委员、庭长、副庭长和审判员

法官包括的人员范围是院长、副院长、审判委员会委员、庭长、副

庭长和审判员。分为两种：一是担任领导职务的法官，包括院长、副院长、审判委员会委员、庭长、副庭长；二是不担任领导职务的法官，即审判员。按照本轮司法改革的精神，担任领导职务的法官也要承担审理案件的职责，而且要侧重审理重大疑难复杂或新类型案件。各级人民法院副院长、审判委员会委员、庭长、副庭长和审判员应当根据分管的审判工作，结合专业背景和个人专长办理案件，重点审理重大、疑难、复杂、新类型和在法律适用方面具有普遍指导意义的案件。

四、关于助理审判员

1979 年《人民法院组织法》第 37 条第 1 款规定："各级人民法院根据需要可以设助理审判员，由司法行政机关任免。"1983 年《人民法院组织法》第 37 条第 2 款规定："助理审判员协助审判员进行工作。助理审判员由本院院长提出，经审判委员会通过，可以临时代行审判员职务。"由此可知，助理审判员是指协助审判员进行审判工作的人员，由各级人民法院根据审判工作的需要进行任免。助理审判员不是法院内部人员的行政职级，而是可以完整地、独立地行使审判权的审判职位，具有对应的法官级别"助理审判员"的主要职责是协助审判员开展审判工作，但可以独立对案件进行审判，当助理审判员独立行使审判权须由本院院长提出，经审判委员会通过。按照《最高人民法院关于助理审判员可否作为合议庭成员并担任审判长问题的批复》规定，助理审判员不仅可以担任合议庭组成人员，还可以由院长或庭长指定担任合议庭的审判长。

法官员额制全面推行后，助理审判员不再独立审理案件，各级人民法院也不再任命助理审判员。改革之前已经任命的助理审判员，有的通过参加统一的考核和考试进入员额，成为"员额法官"，并依照法定程序任命为审判员；有的则转为法官助理，办理审判辅助事务等。需要注意的是，因为原《法官法》明确规定助理审判员是法官，所以，新修订《法官法》实行后，已经具备法官身份的助理审判员，符合员额法官条件的，可以在任职法院入额。

【实践指导】

一、关于法官之称谓

法制建设之初，相对于权威性，法院工作更强调民主性，因此，“法官”一词未出现在法律条文中。《宪法》中未见关于“法官”这一词的表述，在提及法院的审判人员范围时，《宪法》以列举方式提到“院长”“副院长”“审判员”“审判委员会委员”。1979年《人民法院组织法》采用“法官”这一称谓，按照该法规定，人民法院的审判人员包括院长、副院长、庭长、副庭长和审判员、助理审判员，其中助理审判员可以代行审判员的职责。1995年第八届全国人民代表大会常务委员会第十二次会议通过了《法官法》，该法不仅正式将法院审判人员称为“法官”，而且对法官的含义和范围作了界定，该法第2条规定：“法官是依法行使国家审判权的审判人员，包括最高人民法院、地方各级人民法院和军事法院等专门人民法院的院长、副院长、审判委员会委员、庭长、副庭长、审判员和助理审判员。”

为推进法官专业化、职业化建设，提升法官职业尊荣感，《法官法（草案）》取消了“审判员”称谓，统称为法官。按照通常解释，审判员和法官是通称，院长、副院长、庭长和副庭长，只是在法院人事制度中的行政级别称谓，在行使审判权时仍然属于审判员。法官员额制改革后，有一部分人员原先被任命为审判员，这次改革中未成为员额法官也未被免去审判员职务，从职责上讲，这部分人员虽然保留了“审判员”的头衔，但一般不在办案岗位上工作，不以法官身份审理案件。人民代表大会常务委员会在发布任免决定时，并未采用“法官”或“员额法官”之称谓，而是依然采用“审判员”，在裁判文书中，审判人员也以“审判长”“审判员”之称谓进行署名。

二、关于院庭长办案

根据《中共中央办公厅关于加强法官检察官正规化专业化职业化建

设全面落实司法责任制的意见》规定，担任领导职务的法官、检察官每年应当办理一定数量的案件，并带头办理重大复杂敏感、新类型和在法律适用方面具有普遍指导意义的案件。其中，庭（处、科）长办案量应当不低于本部门法官、检察官平均办案量的50%；基层法院院长、检察院检察长办案量应当不低于本院法官、检察官平均办案量的5%，其他院领导办案量应当不低于分管部门法官、检察官平均办案量的30%；市地级法院院长、检察院检察长办案量应当不低于本院法官、检察官平均办案量的5%，其他院领导办案量应当不低于分管部门法官、检察官平均办案量的20%。根据《最高人民法院关于加强各级人民法院院庭长办理案件工作的意见（试行）》（法发〔2017〕10号）第1条规定，各级人民法院院庭长入额后应当办理案件，包括独任审理案件、参加合议庭作为承办法官审理案件、参加合议庭担任审判长或作为合议庭成员参与审理案件，禁止入额后不办案、委托办案、挂名办案，不得以听取汇报、书面审查、审批案件等方式代替办案。

三、关于院庭长的审判监督管理权责

根据最高人民法院关于落实司法责任制的有关文件规定，院庭长拥有审判监督管理权，包括：（1）配置审判资源，包括专业化合议庭、审判团队组建模式及其职责分工；（2）部署综合工作，包括审判工作的安排部署、审判或者调研任务的分配、调整；（3）审批程序性事项，包括法律授权的程序性事项审批、依照规定调整分案、变更审判组织成员的审批等；（4）监管审判质效，包括根据职责权限，对审判流程进行检查监督，对案件整体质效的检查、分析、评估，分析审判运行态势，提示纠正不当行为，督促案件审理进度，统筹安排整改措施，对存在的案件质量问题集中研判等；（5）监督“四类案件”，对《最高人民法院关于完善人民法院司法责任制的若干意见》（法发〔2015〕13号）第24条规定的“四类案件”进行个案监督；（6）进行业务指导，通过审理案件、参加专业法官会议或者审判委员会等方式加强业务指导；（7）作出综合评价，在法官考评委员会依托信息化平台对法官审判绩效进行客观评价基础上，对法官及其他工作人员绩效作出综合评价；（8）检查监督纪律作风，通过接待群众来访、处理举报投诉、日常监督管理，发现案件审理中可能存在的问题，提出改进措施等。院庭长在权力职责清单范围内按程序履行监督管理职责的，不属于不当过问或者干预案件。院长、庭长应当履行监督管理职责而不履行或怠于履行的，应当追究监督管理责任。

按照司法责任制精神，院庭长对“四类案件”进行重点监督。各高级人民法院应当细化“四类案件”监管范围、发现机制、启动程序和监管方式。立案部门负责对涉及群体性纠纷、可能影响社会稳定等案件进行初步识别；承办法官在案件审理过程中发现属于“四类案件”范围的，应当主动向庭长、分管副院长报告；审判长认为案件属于“四类案件”范围的，应当提醒承办法官将案件主动纳入监督管理；审判管理机构、监察部门等经审查发现案件属于“四类案件”范围的，应当及时报告院长。探索“四类案件”自动化识别、智能化监管，对于法官应当报告而未报告的，院庭长要求提交专业法官会议、审判委员会讨论而未提交的，审判管理系统自动预警并提醒院庭长予以监督。院庭长对“四类案件”可以查阅卷宗、旁听庭审、查看案件流程情况，要求独任法官、合议庭在指定期限内报告案件进展情况和评议结果、提供类案裁判文书或者检索报告。院庭长行使上述审判监督管理权时，应当在办案平台标注、全程留痕，对独任法官、合议庭拟作出的裁判结果有异议的，可以决定将案件提交专业法官会议、审判委员会进行讨论，不得强令独任法官、合议庭接受自己意见或者直接改变独任法官、合议庭意见。

第三条　法官必须忠实执行宪法和法律，维护社会公平正义，全心全意为人民服务。

【条文主旨】

本条是关于法官必需遵守的职业伦理和履职准则的规定。

【条文释义】

随着我国经济社会发展、民主法治进步和民众司法需求增长，社会各界对法官队伍寄予越来越强烈的期待。加强法官队伍建设，实行法院人员分类管理，完善法官选任制度，健全法官职业保障制度，确保依法独立公正行使司法权，是目前司法领域改革的战略任务。法官职业伦理建设是法官队伍建设的重要内容，它直接关系着法官职业的社会形象，关系着社会公众对司法的信心，为确保司法体制综合配套改革顺利深化推进，需要不断加强法官职业伦理建设。司法是国家适用、执行法律的活动，人民法院作为国家审判机关，在行使职能时必须遵照宪法和法律，法官作为人民法院中具体行使国家审判权的人员，履行审判职责时必须遵守一定的准则，包括忠实执行宪法和法律、维护社会公平正义，以及全心全意为人民服务。

一、必须忠实执行宪法和法律

宪法是国家根本法，具有最高的法律效力，是一切法律的制定依据。宪法规定了国家的根本制度和根本任务，是我们进行社会主义现代化建设的根本保障。宪法赋予了人民法院审判权，法官作为行使审判权的国家公职人员，应当牢固树立宪法意识，对宪法精神、宪法权威、宪法尊严怀有崇高信念，恪守宪法原则，履行宪法使命，维护宪法权威。党的十八届四中全会通过了《中共中央关于全面推进依法治国若干重大问题的决定》，决定建立宪法宣誓制度，凡经人民代表大会及其常务委员会选举或者决定任命的国家工作人员正式就职时公开向宪法宣誓，培养领导干部对宪法的忠诚。2015 年 7 月 1 日，第十二届全国人民代表大会常务委员会第十五次会议表决通过了《全国人民代表大会常务委员会关于实行宪法宣誓制度的决定》，明确规定各级人民代表大会及县级以上各级人民代表大会常务委员会选举或者决定任命的国家工作人员，以及各级人民政府、人民法院、人民检察院任命的国家工作人员，在就职时应当公开进行宪法宣誓。宪法宣誓制度的确立和实施，是全面推进依法治国的重要举措，是树立宪法权威、增强宪法观念的有效抓手，是增强国家审判人员责任感、使命感、紧迫感的重要核心。为激励广大法官忠于宪法、遵守宪法、维护宪法，进一步增强职业使命感、责任感和荣誉感，2017 年 7 月 3 日，最高人民法院举行首批员额法官宪法宣誓活动。初次担任或重新担任法官职务的人员，应当以公开宣告誓词的方式，对忠实执行宪法和法律，全心全意为人民服务，公正廉洁司法，自觉接受监督，作出郑重承诺。

《中共中央关于全面推进依法治国若干重大问题的决定》对全面推进依法治国作出全面战略部署。全面依法治国是国家治理的一场深刻革命，必须坚持厉行法治，推进科学立法、严格执法、公正司法、全民守法。我国法律是广大人民共同意志的体现，法律在调整人们行为时具有权威性。法律要在社会生活中得以切实执行，就必须尊重法律的权威性，使得遵守法律成为一切国家机关、社会团体和个人必须履行的义务，任何组织和个人都不得有超越宪法法律的特权，绝不允许以言代法、以权压法、逐利违法、徇私枉法。法官能否忠实执行宪法和法律，对于确立法律的权威性具有极为重要的意义。法官的职责是通过开展审判活动，将法律适用于具体案件，解决现实生活中的问题，法官依法行使审判权本身就使得国家法律得以贯彻执行。马克思在《1848 年至 1850 年的法兰西阶级斗争》中指出“法官是法律世界的国王，除了法律就没有别的上司”。我国《宪法》规定“人民法院依照法律独立行使审判权”，法官在行使审判权时，必须依据宪法和法律的规定，在宪法和法律规定的职权范围内，按照法定程序开展审判活动，不能违背宪法精神、违反法律规定，随意作出裁判。法官在审判活动中严格遵守宪法和法律，坚持秉公执法，对于当事人和其他社会成员具有重要的示范作用和教育意义。法官能否忠实执行国家宪法和法律，直接关系到宪法尊严和权威，关系到体现全体人民共同意志的法律规定能否付诸实施。法官要认真履行宪法和法律赋予的神圣职责，积极投身全面依法治国的伟大实践，积极投身司法体制改革大潮，始终坚持依法公正行使审判权。要坚持法律面前人人平等，坚持以事实为根据、以法律为准绳，认真把好案件事实关、证据关、程序关、法律关，努力做到实体公正与程序公正有机统一、法律效果与社会效果有机统一，确保每一起案件的处理都经得起法律和历史的检验。

二、维护社会公平正义

根据《人民法院组织法》第2条的规定，“维护社会公平正义”是人民法院重要任务之一。新形势下政法工作的主要任务是维护社会大局稳定、促进社会公平正义、保障人民安居乐业。公正是法治的生命线，司法审判是维护社会公平正义的最后一道防线，司法审判公正对于社会公正具有重要引领作用。“一次不公正的裁判，其恶果超过十次犯罪。”如果法官在审判案件时不严格依照法定程序办案，不以事实为根据，不以法律为准绳，则将对法治事业造成严重破坏。法官要坚守公平正义底线，通过严格公正司法，依法惩治犯罪、化解矛盾、明辨是非、惩恶扬善，大力弘扬社会主义核心价值观和法治精神。

三、全心全意为人民服务

根据宪法的规定，我国是人民民主专政的社会主义国家，国家性质决定了我国的国家政权是人民政权，一切权力包括审判权都属于人民，法官作为直接行使国家审判权的审判人员，其所行使的权力是人民赋予的，当然也必须在行使权力的过程中全心全意为人民服务。法律是人民意志的体现，维护法律的尊严，就体现了人民的意愿，维护法律的尊严才能有效地维护国家的利益，国家的利益是人民整体利益的体现，是和广大人民的长远的根本利益相一致的。法官在行使审判权时要始终坚持以人民为中心的发展思想，始终牢记司法为民的根本宗旨，始终把实现好、维护好、发展好最广大人民的根本利益作为一切工作的出发点和落脚点，高度关注人民群众多元司法需求，努力做到人民群众的司法需求延伸到哪里，人民法院的司法服务就跟进到哪里，让人民群众有更多获得感，不断创新便民利民措施，着力构建全方位、立体化、多维度的诉讼服务体系，依法公正高效审理好事关人民群众切身利益的各类案件，维护社会大局稳定、促进社会公平正义、保障人民安居乐业，努力让人民群众在每一个司法案件中感受到公平正义。

【实践指导】

法官履行审判职责要严格遵守宪法和法律，法律是审判案件的依据，实践中常出现的一个误区是将地方立法、规范性文件、风俗习惯等也作为法官审判案件的依据。审判权是中央事权，各地法院不是地方的法院，而是国家设在地方代表国家行使审判权的法院。司法制度只能通过中央立法加以规定，审判权行使的依据只能是法律，地方立法、规范性文件、风俗习惯等规范，可以作为法官裁判的参考，可以作为影响裁判的因素，而不能作为行使审判权的依据。

第四条　法官应当公正对待当事人和其他诉讼参与人，对一切个人和组织在适用法律上一律平等。

【条文主旨】

本条是关于法官履职应当遵守公正、平等原则的规定。

【条文释义】

“法官应当公正对待当事人和其他诉讼参与人”，这是对法官在审理案件过程中的要求，法官公正办案，是案件得以实现实体公正和程序公正的前提，也是诉讼法中“诚实信用原则”的体现。2012 年以来，诚实信用原则逐渐突破私法领域，扩展至公法领域，成为普遍的法律原则，即不仅民事法律关系中的当事人之间适用诚实信用原则，当事人和法院之间的关系也同样适用诚实信用原则。审判人员应保持自身的公正性和独立性，不因个人情感区别对待各诉讼参与人。

凡是参加诉讼主体，均应适用平等原则。诉讼参与人，是指因起诉、应诉或与被诉行为有法律上的利害关系，而在案件的整个或部分诉讼过程中参加诉讼活动的人。这里的“诉讼参与人”因适用案件类型的不同有不同的含义。在民事诉讼和行政诉讼中，广义的“诉讼参与人”包括当事人（原告、被告、共同诉讼人和第三人）以及当事人以外的法定代理人、诉讼代理人、证人、鉴定人、翻译人员、专家辅助人等；刑事诉讼中当事人的范围与民事诉讼和行政诉讼不同，是指被害人、自诉人、犯罪嫌疑人、被告人以及刑事附带民事诉讼的原告和被告，刑事诉讼中的“诉讼参与人”也在前述民事诉讼和行政诉讼的范围基础之上，增加了辩护人。

这里的个人和组织应解释为“自然人、法人和非法人组织”，上述三种主体虽表现形式不同，但在诉讼中应当适用平等原则。

《民事诉讼法》第8条规定：“民事诉讼当事人有平等的诉讼权利。人民法院审理民事案件，应当保障和便利当事人行使诉讼权利，对当事人在适用法律上一律平等。”《行政诉讼法》第8条规定：“当事人在行政诉讼中的法律地位平等。”根据《刑事诉讼法》第6条规定，对于一切公民，在适用法律上一律平等，在法律面前，不允许有任何特权，我国的三大诉讼法都规定了“适用法律平等原则”，该原则具体表现为以下几个方面：第一，这里所说的是“适用法律平等”，并非司法平等，更不是立法平等，具体而言，是指各诉讼参与人，不分民族、种族、性别、职业、社会出身、宗教信仰、受教育程度、财产状况、居住期限，在适用法律上一律平等。当然，该原则适用的前提是我国自然人、法人和非法人组织，对于外国人和无国籍人可适用同等原则和对等原则，不适用平等原则。第二，“适用法律平等原则”表现为在诉讼中的攻击和防御是平等的，即每一方都有提出有利于自己的诉讼资料的权利；对于一方实施的攻击，另一方有防御的权利；不能只给予一方提出主张、陈述的权利，从程序正义的角度看，它规定了当事人在诉讼程序中平等对话的权利，提供了平等对话的机会。

诉讼参与人平等原则是我国《宪法》规定的“公民在适用法律面前人人平等”原则的具体化，不论是民事诉讼、行政诉讼还是刑事诉讼，都离不开法官对“诉讼参与人平等原则”的运用，因此可以说该原则以宪法为依托，具体贯穿于三大诉讼法中，是诉讼中最重要的原则之一。该原则的适用，一是有利于法官发现案件真实，作出公正裁判，只有保障诉讼参与人在诉讼中处于平等的地位，才能使审判人员充分发现案件事实，弄清楚案件真相，从而作出公正的裁判。二是诉讼参与人平等原则是程序正义的表现，程序正义不仅要求纠纷的司法解决必须遵循法律规定的程序，更是体现在对诉讼参与人参与诉讼的程序设计和运行上。

【实践指导】

实践中，需要注意的是，在理解诉讼参与人平等原则时，不能将当事人诉讼地位平等理解为当事人权利义务的相等，诉讼中各诉讼参与人都有各自的权利义务、诉讼地位以及应当遵守的规则，只要审判人员能够保障各诉讼参与人行使自己的权利，履行自己的义务即可，不可因个人喜恶对不同诉讼参与人消减权利或者苛增义务，作区别对待。

第五条 法官应当勤勉尽责，清正廉明，恪守职业道德。

【条文主旨】

本条是关于法官履职勤勉、清廉的规定。

【条文释义】

作为一名审判者，担当的是定分止争，维护社会公平正义的职责，因此在案件审理过程中必须具备以下素质，方可谓勤勉尽责。第一，充实完备的专业知识。严格来说，法律职业群体中对法官的专业知识要求最高，因为法官所作出的裁判能够决定当事人的命运，因此不容有失，从我国的审判监督程序的三方面启动主体（法院、检察院和当事人）以及启动方式来看，对错误裁判具有严格的审查程序和纠正方式，力争“实体公正和程序公正”，让人民群众在每一个司法案件中感受到公平正义。第二，积极正面的工作态度。繁重的工作以及审判任务造成了法官审案压力的剧增，负面情绪可能充斥在诉讼程序中的每一环节，无论是立案、庭前准备还是开庭审理、宣判亦或送达，审判人员都应当保证对工作的热情和乐观，向当事人传递正能量，展现社会主义新时代审判人员的专业素养。第三，严谨务实的工作精神。这尤其体现在刑法和刑事诉讼中，从对犯罪嫌疑人、被告人的审判到定罪量刑的每一环节，都需要法官严谨地适用法律规定，不可随意扩大解释或限缩解释，保障法律赋予当事人的每一项诉讼权利得到保障。第四，公正合法的工作标准。每个人都是由社会这个纽带连接起来的个体，不可避免地会受人际关系和社会属性的限制，因此法律为了保证案件的公平公正，创设了回避制度，只要审判人员及其近亲属与案件的当事人或者诉讼代理人有利害关系，就应当回避，在审判人员不自行回避的情形下，还有当事人可以申请审判人员回避以及院长、审判长决定审判人员回避的规定。如果应当回避的人员没有回避的，属于严重的程序违法，当事人可以此事由提起再审，检察院可以此事由提起抗诉。不仅是诉讼中的法官应当遵守勤勉尽责的标准，在执行环节中的法官也应当恪尽职守，对于执行法官的违法行为，检察院也可以检察建议的方式进行监督。第五，科学合理的工作方法。立法尚且讲究科学与民主，因此，审判方法对于案件得以公正解决具有很大影响。科学合理的工作方法，表现在从立案到结案送达的每一个环节中，整齐有序的卷宗，完备的手续，表述无误的裁判文书都是科学合理的工作方法的体现。综上所述，作为一名勤勉尽责的法官，充实完备的专业知识是前提，积极正面的工作态度是保障，严谨务实的工作作风是灵魂，公正合法的工作标准是关键，科学合理的工作方法是途径。各个标准共同组成了“勤勉尽责”的要求。

党的十六届四中全会通过的《中共中央关于加强党的执政能力建设的决定》把清正廉洁作为党的执政能力建设的重要目标之一，极具针对性和紧迫性。作为党领导下的人民法院，也应当将“清正廉明”作为工作方法和工作态度。从古至今，“清正廉明”就是对掌握国家公权力人员的基本要求，法官作为代表国家行使公权力的人员，只有做到“清正廉明”，才能保障案件审理的公平。具体而言，“清”包含两个方面：一是指对案件基本事实要弄清，如果法官对案件基本事实都没有弄清楚，作出错误的裁判，不仅会导致司法的权威受损，还会导致当事人上诉和申请再审，使得案件结果一直处于不确定的状态，在一定程度上还浪费了国家司法资源；二是指对适用法律法规要清楚，“法律法规”是法官的“武器”，对相关法律规定了然于胸，并且能够正确适用是“勤勉尽责”的要求，也是“清正廉明”的要求。“正”是指审判人员要做到公平公正、居中裁判，防止“关系户”和“走后门”。对于与自己有利害关系的案件，主动回避，不为案件当事人打听在审案件，始终处于居中裁判的位置，不偏不倚，拒绝当事人的一切不合法要求。此外，在合议审理案件过程中，评议时要听取其他审判人员关于案件事实和法律适用的意见，对于意见不同的应当坚持少数服从多数的原则，并且应当将不同意见记入笔录，切不可利用审判长或者院长的优势地位强迫其他审判人员接受其意见。“廉明”最基本的要求就是审判人员不得贪污受贿、徇私舞弊和枉法裁判。现行法也对审判人员的行为进行了规定，例如不得接受当事人的请客送礼，不得在非工作时间和工作地点与当事人进行会面，更不得向当事人“吃喝拿要”，不得从事或者参与营利性组织，不得就未决案件给当事人或其他诉讼参与人提供咨询意见。上述禁止行为都是对“清正廉明”要求的违反，审判人员有上述行为的，更构成了民事诉讼中当事人申请再审的事由。严重者构成犯罪的，适用刑法予以规制。

【实践指导】

法官具有良好的职业道德，对于确保司法公正、维护国家法治尊严至关重要。此外，造就一支业务精通、作风优良、清正廉洁的法官队伍，是依法治国、建设社会主义法治国家的重要条件，是人民法院履行宪法和法律职责的重要保障。具体而言，法官的职业道德表现在以下几个方面：第一，保障司法公正。法官在履行职责时应坚持和维护审判独立的原则，不受来自法律规定之外的影响。另外，法官不得为了自己的结案率，以不正当的手段强迫当事人撤诉或者接受调解，也不得干预同级法院其他审判人员正在审理的案件，更不得干预下级法院正在审理的案件。第二，提高司法效率。法官应当在法定的期限内尽快立案、审理和裁判，不得因个人私事影响职责的正常履行。在执行程序中，法官也应当依法采取有效措施，尽快执行完毕，为申请执行人节省时间。第三，遵守司法礼仪，法官应当遵守法庭规则，并引导、监督法庭内人员，应当使用规范、准确、文明的语言，不得对当事人或诉讼参与人有任何不公平的训诫或者言辞。第四，加强自身修养。这里的自身修养不仅指在日常生活中严格自律，成为遵守公德的模范；还应该接受教育培训，精研专业知识，不断提高自己的专业素养。第五，约束业外活动。法官出入公众场合时应当注意避免公众对公正司法和清正廉洁产生怀疑，不得在职务外活动披露商业秘密，不得从事营利性活动，不得经商。最后，保持清正廉洁更是法官的基本职业道德。

第六条　法官审判案件，应当以事实为根据，以法律为准绳，秉持客观公正的立场。

【条文主旨】

本条是关于法官审判案件基本准则的规定。

【条文释义】

《民事诉讼法》第7条规定："人民法院审理民事案件，必须以事实为根据，以法律为准绳。"《行政诉讼法》第5条规定："人民法院审理行政案件，以事实为根据，以法律为准绳。"《刑事诉讼法》第6条规定："人民法院、人民检察院和公安机关进行刑事诉讼，必须依靠群众，必须以事实为根据，以法律为准绳。对于一切公民，在适用法律上一律平等，在法律面前，不允许有任何特权。"三大诉讼法都规定审理案件，应当以事实为依据，以法律为准绳。"以事实为根据，以法律为准绳"具体是指秉公办案，不得徇私枉法。即法官在办理案件过程中，必须是出于公心，不能是为了自己的利益，也不能是为了本单位和部门的利益，不得在办理案件过程中谋取私利、徇私情，这是对法官职业素质最基本的要求。

以事实为依据，要求案件的基本事实要查清，这里的"事实"必须是客观存在的、经查证属实、有证据证明的事实，而不是靠主观想象、猜测，或者真伪不明的"事实"。必须以事实为根据，就是必须以查证属实的证据和根据这些证据认定的案件事实为根据。对方当事人自认的事实无需进行质证，可直接作为认定案件事实的依据，但是法律对此进行了限制，比如当事人自认的事实与法院查明的事实不符的；违反国家利益、社会公共利益的情形不适用自认的规定，对身份关系也不得自认，因为身份关系具有一定的客观性，一般是基于血缘关系产生的，也夹杂着社会伦理道德的因素，还有我国刑事诉讼法中明确规定了仅有被告人口供不得认定其有罪，需要其他证据予以补强，所以无论是刑事诉讼还是民事诉讼，抑或者是行政诉讼，据以认定案件的事实和据以定罪量刑的事实不完全适用自认，还要予以一定程度的限制。

以法律为准绳，就是必须以法律法规等现行法的明文规定为衡量尺度，不得随意创设法律，更不得对现行法进行扩大解释。刑事诉讼中的定罪量刑，民事诉讼和行政诉讼中的认定案件事实，都要在严格遵循程序法规定的基础上，严格遵守实体法的规定。严格遵守我国现行的七个部门法（宪法及宪法相关法、民商法、刑法、经济法、行政法、社会法、诉讼与非讼程序法）以及六个法律等级（根本法、基本法、普通法、行政法规、地方性法规和规章）的规定，当新法与旧法、上位法与下位法或者同等位阶的法律、法规发生冲突的时候，要严格按照《立法法》和相关法律法规的规定选择法律进行适用。在能适用法条的时候不要适用法理，在能够适用法理的时候不要适用情理。也就是说，在对三者进行法律适用时，法条优先于法理，法理优先于情理。这也是“罪刑法定”原则的要求，审判人员要严格把握法律的边界，准确把握司法裁量权的界限，不可越权裁判，超法裁量。法官在行使释明权时，应当在尊重当事人处分权和辩论权的基础之上，审判范围以当事人的诉讼请求为限，不得主动适用诉讼时效的规定，不可主动将当事人没有提出的事实和请求为依据进行裁判，否则就可能造成程序违法和裁判错误。

以事实为根据和以法律为准绳联系紧密，缺一不可。前者是基础，后者是要求。不以事实为根据就不可能正确适用法律，不以法律为准绳，即使以真实可靠的案件事实为根据，也不可能正确定分止争，准确定罪量刑。两者共同适用，彼此依存，才能实现公平正义，构建法治社会。

贯彻“以事实为根据，以法律为准绳”的意义：它在三大诉讼法基本原则中都处于核心的地位，处于统领地位，“以事实为依据，以法律为准绳”的实施，对于贯彻落实其他各项基本原则，保障客观公正地处理案件，以及树立法治权威等均具有重要意义。

【实践指导】

法院是国家审判机关，法官国家审判权的具体执行者，所以法官裁判权的正当行使与否，直接关系到当事人的切身利益，关系到司法的公信和权威，关系到法律的公正和尊严，法官要通过审判权的行使，体现社会正义，体现法律的公正；法官要通过审判权的行使，维护国家利益，社会利益和他人的合法权益，要通过审判权的行使，惩罚犯罪，保护人民，维护社会秩序，保障社会主义现代化建设的顺利进行。法官在审判案件时要秉持客观公正的立场，作为社会公平正义的最后一道防线，公众对于法官的期待和要求，远高于其他任何一个职业。法官秉持客观公正的立场，就要求其审理案件不偏不倚，公正无私，时刻以法律法规为标准进行办案，时刻牢记法律人让人民群众在每一个司法案件中感受到公平正义的使命和担当。为了防止司法工作人员的渎职行为，《刑法》明确规定了徇私枉法罪和枉法裁判罪，即对于司法工作人员徇私枉法、徇情枉法，对明知是无罪的人而使其受追诉、对明知是有罪的人而故意包庇不使其受追诉，或者在刑事、民事、行政审判活动中故意违背事实和法律作枉法裁判的，应当依法追究刑事责任。所以作为法官，应当公正无私，秉公办案，勤勉敬业，不辱使命，不辜负党和人民对法官职业群体的期望与寄托。

第七条　法官依法履行职责，受法律保护，不受行政机关、社会团体和个人的干涉。

【条文主旨】

本条是关于保障法官依法履行职责的规定。

【条文释义】

《宪法》第131条规定：“人民法院依照法律规定独立行使审判权，不受行政机关、社会团体和个人的干涉。”《人民法院组织法》第4条规定：“人民法院依照法律规定独立行使审判权，不受行政机关、社会团体和个人的干涉。”《人民法院组织法》第52条规定：“任何单位或者个人不得要求法官从事超出法定职责范围的事务。对于领导干部等干预司法活动、插手具体案件处理，或者人民法院内部人员过问案件情况的，办案人员应当全面如实记录并报告；有违法违纪情形的，有关机关根据情节轻重追求行为人的责任。”

审判机关独立行使审判权，是国家权力运行的基本规律。在我国的国家权力体系中，这一基本规律的内涵是，人民法院只有独立行使审判权，不受行政机关、社会团体和个人的干涉，才能保证案件审判的公平、公正，才能实现正义。法官是审判机关中行使审判权的人员，法官最核心的职责是对案件进行审理、裁判。法官审判案件的过程是法官依照法定程序对案件事实进行认定，对法律进行选择和适用的过程。为确保审理过程和裁判结果的公正，必须排除案件之外其他因素对法官办案的不当影响，包括来自法院外部和内部的不当干预。同时，在我国司法制度下，案件审理期限有严格规定，为了确保案件能够在法律规定期限内完成审理，必须确保法官将主要时间精力用于办理案件，任何单位和个人不得要求法官从事超出法定职责范围的行为。

一、法官依法履行职责

说内容是指法官按照《法官法》规定的职责范围进行履职。《法官法》第8条规定："法官的职责：（一）依法参加合议庭审判或者独任审判刑事、民事、行政诉讼以及国家赔偿等案件；（二）依法办理引渡、司法协助等案件；（三）法律规定的其他职责。法官在职权范围内对所办理的案件负责。"第9条规定："人民法院院长、副院长、审判委员会委员、庭长、副庭长除履行审判职责外，还应当履行与其职务相适应的职责。"可知，法官的职责首先是审判职责，以事实为根据，以法律为准绳，对案件进行裁判，并对裁判结果负责。此外，担任领导职务的法官，即院长、副院长、审判委员会委员、庭长、副庭长，除承担审判职责外，还担负与其职责相适应的职责，主要包括审判管理的职责、审判监督的职责、管理行政事务的职责。

实践中，有人对司法责任含义理解不清，将院长、副院长、审判委员会委员、庭长、副庭长依照法律程序对案件审判进行监督、审核和管理的行为与领导干部违法过问案件的行为混为一谈，这是错误的。从宏观上指导全院审判工作，对重大疑难复杂新类型案件进行研究讨论，对全院案件审判工作进行研判、督查、管理，按照法定权限对审判流程运行情况进行查看、操作、分析和监控等职责，是院长、副院长、审判委员会委员、庭长、副庭长的岗位要求，也是总结审判经验、提升司法水平、推动法院科学发展、确保司法公正公开的必然要求。最高人民法院关于印发《人民法院落实〈保护司法人员依法履行法定职责规定〉的实施办法的通知》（法发〔2017〕4号）第3条规定："法官依法履行法定职责受法律保护，有权就参与审理案件的证据采信、事实认定、法律适用、裁判结果、诉讼程序等问题独立发表意见。法官除参加专业法官会议外，有权拒绝就尚未进入诉讼程序的案件或者本人未参与审理的案件发表意见。"除前面提到的《人民法院组织法》《法官法》外，《刑事诉讼法》《民事诉讼法》《行政诉讼法》等程序的或实体的法律法规均对法官职责及履行职责的程序进行规定。法官必须在法律法规规定的范围内按照法律规定的程序从事司法活动，不得超越或者滥用职权，也不得放弃或者懈怠职守。

二、受法律保护

该内容指受《宪法》《人民法院组织法》《法官法》及三大诉讼法等法律法规的保护。法官是代表国家具体执行法律的人员，如果法官履行职责的活动不能得到法律的支持与保护，那么，法律的权威性就无从树立，法律就无法得以贯彻执行。党的十八届三中、四中全会以来，中央出台多项举措保护法官依法履行职责。《中共中央关于全面推进依法治国若干重大问题的决定》指出，建立领导干部干预司法活动、插手具体案件处理的记录、通报和责任追究制度，任何党政机关和领导干部都不得让司法机关做违反法定职责、有碍司法公正的事情。为贯彻落实中央决定，中共中央办公厅、国务院办公厅、中央政法委、最高人民法院先后发布系列文件，对法官依法履行职责提供保护，2018 年 10 月 26 日新修订《人民法院组织法》将前述文件精神以法律形式固定下来，以法律的形式明确规定法官依法履职受法律保障。《人民法院组织法》第 52 条规定："任何单位或者个人不得要求法官从事超出法定职责范围的事务。对于领导干部等干预司法活动、插手具体案件处理，或者人民法院内部人员过问案件情况的，办案人员应当全面如实记录并报告；有违法违纪情形的，由有关机关根据情节轻重追究行为人的责任。"中共中央办公厅、国务院办公厅《保护司法人员依法履行法定职责规定》明确要求，任何单位或者个人不得要求法官、检察官从事超出法定职责范围的事务。人民法院、人民检察院有权拒绝任何单位或者个人安排法官、检察官从事超出法定职责范围事务的要求。《领导干部干预司法活动、插手具体案件处理的记录、通报和责任追究规定》要求，对领导干部干预司法活动、插手具体案件处理的情况，司法人员应当全面、如实记录，做到全程留痕，有据可查。最高人民法院发布《人民法院落实〈保护司法人员依法履行法定职责规定〉的实施办法》《人民法院落实〈领导干部干预司法活动、插手具体案件处理的记录、通报和责任追究规定〉的实施办法》，禁止任何单位和个人干预司法活动、插手具体案件处理，保护法官依法履行职责，规定法官履行法定职责的行为，非经法官惩戒委员会听证和审议，不受错案责任追究。

三、不受行政机关、社会团体和个人的干涉

该内容为法官依法履行职责排除干扰。在实践中，外部力量对法官依法履行职责进行干扰主要有两类：一是对案件审判过程的直接干预，单位、个人违规过问案件、干预插手案件，通过各种手段对法官施加压力，对司法公正构成严重威胁。二是要求法官从事超出法定职责范围的事务，以冗杂行政事务分散法官时间精力，不少地方政府对法官职业特殊性认识不够，以行政指令等方式安排法官从事招商引资、行政执法、治安巡逻、交通疏导、卫生整治、行风评议等行政性事务，不仅占用法官大量时间、精力，使法官无法专注审判事务，也对法官客观、公正、中立的形象造成极大损害。

【实践指导】

本条主要宗旨是为法官依法履职排除不当干预，为司法公正的实现提供良好土壤。司法机关依法审判案件不受行政机关、社会团体和个人的干涉是《宪法》确定的一项重要司法原则，《人民法院组织法》也强调了这一原则。法官是具体行使国家审判权的人员，对法官依法履行职责提供法律保护对于保证法官正常开展审判活动、确保司法公正具有重要意义。法官审理案件必须严格依照宪法和法律，办案过程和裁判结果不受任何行政机关、团体和个人的非法干涉。做到权责统一，职权和责任并重。有权无责，权力缺乏监督，容易导致权力滥用；有责无权，工作无法正常开展。因此，必须严格按照《宪法》《人民法院组织法》以及相关的诉讼法等法律的规定，保证法官的法定职权落到实处，做到有权有责。保障法官履行职责必要的工作条件。必要的工作条件是法官履

行职责的物质保证，要随着经济的发展，不断改善法官的工作条件，确保工作经费，加强信息化建设，为法官顺利开展工作提供良好的条件。保障法官及其近亲属的人身安全，加强机制建设，保证法官不因依法履职而遭受打击报复，或者受到不公正的待遇和处理，非经法定程序，不得将法官调离、辞退或者作出免职、降级等处分。采取必要举措，防止法官及其近亲属人身、财产等受到侵犯或威胁，确保法官不因畏惧报复而无法正常履职，为法官依法履职、公正裁判案件提供良好的环境。

需要注意的是，我国不实行法官独立制度，法官依法履行职责不受行政机关、社会团体和个人的干涉，并不意味着法官独立，不代表法官在履职时不受任何管理、监督、制约。法官在履行职责行使审判权时，仍然要遵从党的领导，遵守宪法和法律，接受监督。第一，审判权的行使要接受党的领导。人民法院最大的政治就是坚持党的领导，法官作为人民法院中从事审判工作的人员，当然要服从党的领导，不能脱离党的领导去行使审判权。党对人民法院的领导也必须依法进行，而不能超越宪法和法律的规定去干扰法官的正常履职。任何党政机关和领导干部都不得让法官做违反法定职责、有碍司法公正的事情。第二，审判权的行使要接受人大监督。在人民代表大会制度下，司法权属于人民，人民法院由人民代表大会产生，对它负责，受它监督，所以人民法院不能独立于人民代表大会之外行使审判权。人民代表大会对人民法院的监督也应当在宪法和法律的范围内进行，而非干预人民法院的具体审判工作。第三，审判权的行使要接受法律监督。依据《宪法》规定，最高人民法院监督地方各级人民法院和专门人民法院的审判工作，上级人民法院监督下级人民法院的审判工作，所以下级人民法院行使审判权要接受最高人民法院和上级人民法院的依法监督。人民检察院是国家的法律监督机关，其重要职权之一就是监督人民法院依照法律规定行使审判权，维护国家法律的统一实施，所以人民法院行使审判权要接受检察监督。第四，审判权的行使要接受人民群众监督。人民群众监督是民主监督的重要形式之一，是人民法院外部监督的主要形式，加强人民群众对司法活动的监督对于确保公正司法、增强司法公信力具有重要意义。

第二章　法官的职责、义务和权利

第八条　法官的职责：

（一）依法参加合议庭审判或者独任审判刑事、民事、行政诉讼以及国家赔偿等案件；

（二）依法办理引渡、司法协助等案件；

（三）法律规定的其他职责。

法官在职权范围内对所办理的案件负责。

【条文主旨】

本条是关于法官职责范围的规定。

【条文释义】

完善司法责任制是党的十八届三中、四中全会部署的重要改革任务，对提高司法质量、效率和公信力具有决定性影响。习近平总书记指出："要紧紧牵住司法责任制这个牛鼻子，凡是进入法官、检察官员额的，要在司法一线办案，对案件质量终身负责。"党的十九大报告提出："深化司法体制综合配套改革，全面落实司法责任制，努力让人民群众在每一个司法案件中感受到公平正义。"《中共中央关于全面推进依法治国若干重大问题的决定》提出，完善主审法官、合议庭、主任检察官、主办侦查员办案责任制，落实谁办案谁负责。新修订的《法官法》第8条贯彻落实了党的部署和要求。

法官依照法律的规定，通过对案件的审理，以查明案件事实，准确适用法律并作出判决。根据《人民法院组织法》《刑事诉讼法》《民事诉讼法》等法律的规定，人民法院审判案件采用合议制和独任制两种审判组织形式。采用合议制审理的案件，一般由审判员组成合议庭，一审案件也可以由审判员与人民陪审员组成合议庭。对于简单的民事案件和适用简易程序、速裁程序的刑事案件，可以由审判员一人独任审判。法官履行审判职责的具体方式就是参加合议庭，作为合议庭成员审理案件，或者独任审理案件。

一、依法参与审理案件的职责

在我国，法官的职责由《宪法》《人民法院组织法》《法官法》《刑事诉讼法》《民事诉讼法》《行政诉讼法》等实体或者程序性法律规定。法官作为具体行使国家审判权的人员，依法参与案件的审理是其行使职权的主要方式，也是必须履行的职责。根据《人民法院组织法》《法官法》《最高人民法院关于完善人民法院司法责任制的若干意见》《最高人民法院关于进一步全面落实司法责任制的实施意见》和《最高人民法院司法责任制实施意见（试行）》等法律和规范性司法文件规定，法官有以下职责：

法官参与审理案件中的职责一般包括：参与案件审理活动、评议案件并提出处理意见、对案件审理过程中出现的案外干扰因素及时提请庭长关注、制作案件审理报告和裁判文书、执行审判委员会的决定、监督指导法官助理和书记员履行审判辅助工作责任、按照审判权限签署法律文书以及其他应当由法官履行的审判职责。

担任审判长的法官有实体性事项和程序性事项两个方面的职责，具体而言，一般包括：履行法官的审判职责、决定除审判人员外其他人员的回避、指导和安排审判辅助人员做好庭前准备及其他审判辅助性工作、确定案件审理方案、庭审提纲，协调合议庭庭审分工，做好其他庭审准备工作、依照法律规定的权限和程序决定相关人员的回避、主持并指挥庭审活动、控制审判流程，确保程序合法、主持合议庭评议和表决、提请院庭长召开审判委员会或者主审法官会议讨论研究案件、指定合议庭成员起草案件审理报告、裁判文书以及其他应当由审判长履行的职责。

承办案件的法官职责一般包括：签发受理案件通知书、应诉通知书、传票等材料；指导法官助理做好庭前会议、案件调解、证据交换等庭前准备工作及其他审判辅助工作；就当事人提出的保全、司法鉴定、非法证据排除申请等提请合议庭评议；全面审核当事人提交的证据材料并提出审查意见；提炼争议焦点，拟定庭审提纲，制作阅卷笔录；审理重大、疑难、复杂、新类型案件时，依托办案平台、档案系统、中国裁判文书网等相关检索工具，对本院已审结或正在审理的类案与关联案件进行全面检索，必要时制作类案与关联案件检索报告；就案件审理的相关情况对当事人进行询（讯）问；协助审判长开展庭审活动；撰写审理报告；要求审判长提请院长、庭长召开审判委员会或者主审法官会议讨论研究案件；明确对案件的拟裁判意见，就需要提请讨论的问题拟定讨论提纲或审理报告并送交合议庭成员；根据合议庭、审判委员会、赔偿委员会多数意见制作并签署裁判文书；督促法官助理或者书记员及时向案件当事人或者诉讼代理人送达与案件相关的各类文书及材料，并在办案平台及时准确填录送达信息；指导审判辅助人员做好网上办案、司法公开、电子卷宗、案件归档等工作；在办案系统内确认结案；指导法官助理提炼案件基本事实、争议焦点、评议意见、法律依据、裁判要旨等，形成裁判要览；就长期未结案件作出说明；督促书记员按期完成卷宗归档；参加本部门案件质量评价交叉互查工作；就案件质量评查发现的差错提出申辩；依法履行其他审判职责。

二、办理引渡、司法协助的案件等职责

例如审查、办理国际私法协助案件。为正确适用有关国际公约和双边司法协助条约，根据《民事诉讼法》《关于向国外送达民事或商事司法文书和司法外文书的公约》等，最高人民法院制定了《关于依据国际公

约和双边协助条约办理民商事案件司法文书送达和调处取证司法协助请求的规定》及实施细则。根据此司法解释，最高人民法院统一管理全国各级人民法院的国际司法协助工作，高级人民法院应当确定一个部门统一管理本辖区各级人民法院的国际司法协助工作并制定专人负责，并且，经最高人民法院授权的高级人民法院，可以依据海牙送达公约、海牙取证公约直接对外发出本辖区各级人民法院提出的民商事案件司法文书送达和调查取证请求。

三、法律规定的其他职责

根据《刑法》《刑事诉讼法》《民事诉讼法》《人民法院组织法》等法律规定，人民法院和法官承担其他与履行审判职责相关的职责。例如《人民法院组织法》第25条第2款规定：“基层人民法院对人民调解委员会的调解工作进行业务指导。”业务指导主要包括：基层人民法院应当派员对调解人员进行法律知识培训，法官讲解有关法律法规、辅导传授调解经验；组织调解人员参加庭审；及时组织调解员学习新的法律法规、司法解释；与人民调解组织定期召开联席会议；通过审理涉及人民调解协议的诉讼案件，对人民调解委员会进行业务指导等。根据《仲裁法》的规定，人民法院负有依法裁定仲裁协议是否有效、受理并裁定仲裁委员会提交的仲裁申请人的证据保全申请、裁定撤销仲裁委员会的裁决、受理仲裁申请人申请执行。根据《行政诉讼法》的规定，受理并审查行政决定执行已经生效的行政行为。

【实践指导】

一是由于执行改革正在深入推进，有关执行人员、执行工作没有在《人民法院组织法》《法官法》中作出规定。

二是国家赔偿工作属于人民法院的基础性审判工作，与三大诉讼的性质、地位相同，并且，根据《国家赔偿法》《人民法院组织法》的相关规定，人民法院赔偿委员会与合议庭、审判委员会一样，是人民法院的一级审判组织，依法审判国家赔偿案件。因此，本次修订《法官法》，对法官审理案件的范围做了调整，立法机关采纳了将国家赔偿案件与刑事、民事、行政案件并列列举的建议。

三是我国的审判制度是四级两审终审制，不同层级的人民法院具有不同的审级职能，不同的专业领域的审判也不完全相同，因此，应当严格遵循法律和司法解释规定，科学界定各级人民法院各类审判人员的审判职责。各级人民法院要贯彻“让审理者裁判、由裁判者负责”的要求，制定法官审判权职责，尊重法官办案主体地位，充分发挥独任法官、合议庭、审判委员会和赔偿委员会的功能和作用，防止领导干部违反规定干预审判，防止内部人员违反规定过问案件，防范案外因素干扰审判工作。高级人民法院可以结合本地区实际，对辖区内各级人民法院法官审判职责作出细化，对中级人民法院、基层人民法院和专门法院法官的审判职责规定作出指导。

第九条　人民法院院长、副院长、审判委员会委员、庭长、副庭长除履行审判职责外，还应当履行与其职务相适应的职责。

【条文主旨】

本条是关于人民法院院长、副院长、审委会委员、庭长、副庭长的职责范围的规定。

【背景解读】

2006 年《人民法院组织法》规定了院长、副院长的设置，没有明确院长、副院长的职责。新修订《人民法院组织法》第 41 条规定："人民法院院长负责本院全面工作，监督本院审判工作，管理本院行政事务。人民法院副院长协助院长工作。"该法第 40 条规定："人民法院的审判人员由院长、副院长、审判委员会委员和审判员组成。"本条规定并未将法院的庭长、副庭长列为审判员，但根据本轮司法改革精神，庭长、副庭长应从员额法官中产生，不仅要履行审判管理监督职责和队伍管理职责，也要作为员额法官具体办案。推进司法责任制改革，主要是为了实现"让审理者裁判、由裁判者负责"，保障法官的判断权、裁决权，个案处理充分放权，但宏观上加强监督管理，其中要明确和强化院庭长的管理职责。根据司法责任制改革要求，特别是院庭长对审判执行工作的监管应由注重实体性监管向程序性监管转变，由行政命令式监管向综合指导式监管转变，由直接的事前监管向间接的事后监管转变，由个案裁判公正监管向统一裁判标准监管转变。

2019 年 7 月 20 日，全国法院贯彻落实政法领域全面深化改革推进会精神专题会议在四川成都召开，会议要求各级法院要守住院庭长"一岗双责”，实现放权与监督相统一，确保依法有序放权。要加强审判监督管理，明确院庭长审判权力和责任，健全审判人员权责清单，完善监督制度机制，健全完善审判监督管理平台，深化司法公开，确保规范廉洁用权。

【条文释义】

根据《最高人民法院关于落实司法责任制完善审判监督管理机制的意见（试行）》规定，各级人民法院在法官员额制改革完成后，必须严格落实司法责任制改革要求，确保“让审理者裁判、由裁判者负责”。除审判委员会讨论决定的案件外，院庭长对其未直接参加审理案件的裁判文书不再进行审核签发，也不得以口头指示、旁听合议、文书送阅等方式变相审批案件。同时，各级人民法院应当逐步完善院庭长审判监督管理权力清单。

院庭长的职责主要有以下几个方面：

一、审判职责

根据《中共中央办公厅关于加强法官检察官正规化专业化职业化建设全面落实司法责任制的意见》和《中央政法委关于严格执行法官、检察官遴选标准和程序的通知》规定，法院、检察院领导干部入额后应当办理一定数量的案件，并带头办理重大疑难复杂案件、新类型和在法律适用方面具有普遍指导意义的案件。基层法院院长办案量应当不低于本院法官平均办案量的5%，其他院领导办案量应当不低于分管部门法官平均办案量的30%；市地级法院院长办案量应当不低于本院法官平均办案量的5%，其他院领导办案量应当不低于分管部门法官平均办案量的20%。严格领导干部办案量的统计标准。建立领导干部办案情况定期通报制度。禁止入额后不办案、委托办案、挂名办案，不得以听取汇报、书面审查、审批案件等方式代替办案。

二、审判管理职责

从宏观上指导全院审判工作；将重大疑难复杂新类型案件提请审判委员会讨论；主持法官考评委员会对法官进行评鉴；主持专业法官会议开展业务学习、总结审判经验等；召集和主持审判委员会讨论审判工作中的重大事项；主持全院案件质量评查工作；主持对上网公开的裁判文书进行检查；其他审判管理职责。

三、审判监督管理职责

院庭长审判监督管理职责主要体现为对程序事项的审核批准、对审判工作的综合指导、对裁判标准的督促统一、对审判质效的全程监管和排除案外因素对审判活动的干扰等方面。院庭长可以根据职责权限，对审判流程运行情况进行查看、操作和监控，分析审判运行态势，提示纠正不当行为，督促案件审理进度，统筹安排整改措施。院庭长行使审判监督管理职责的时间、内容、节点、处理结果等，应当在办公办案平台上全程留痕、永久保存。

院长、庭长审判监督管理权力职责一般包括：（1）配置审判资源，包括专业化合议庭、审判团队组建模式及其职责分工；（2）部署综合工作，包括审判工作的安排部署、审判或者调研任务的分配、调整；（3）审批程序性事项，包括法律授权的程序性事项审批、依照规定调整分案、变更审判组织成员的审批等；（4）监管审判质效，包括根据职责权限，对审判流程进行检查监督，对案件整体质效的检查、分析、评估，分析审判运行态势，提示纠正不当行为，督促案件审理进度，统筹安排整改措施，对存在的案件质量问题集中研判等；（5）监督“四类案件”，对《最高人民法院关于完善人民法院司法责任制的若干意见》第24条规定的“四类案件”进行个案监督；（6）进行业务指导，通过审理案件、参加专业法官会议或者审判委员会等方式加强业务指导；（7）作出综合评价，在法官考评委员会依托信息化平台对法官审判绩效进行客观评价基础上，对法官及其他工作人员绩效作出综合评价；（8）检查监督纪律作风，通过接待群众来访、处理举报投诉、日常监督管理，发现案件审理中可能存在的问题，提出改进措施等。

《最高人民法院关于进一步全面落实司法责任制的实施意见》等要求各级人民法院要根据法律规定和司法责任制要求，分别制定院长、副院长、审判委员会专职委员、庭长、副庭长的审判监督管理权力职责清单。院长、庭长在权力职责清单范围内按程序履行监督管理职责的，不属于不当过问或者干预案件。院长、庭长应当履行监督管理职责而不履行或怠于履行的，应当追究监督管理责任。

四、一岗双责的领导职责

一岗双责指领导干部既要管理好队伍，又要抓好业务，即一个岗位两个责任。新修订的《人民法院组织法》第41条规定："人民法院院长负责本院全面工作，监督本院审判工作，管理本院行政事务。人民法院副院长协助院长工作。"院庭长作为审判队伍的负责人，负责与审判活动没有直接联系的职责，如组织实施党建、处理人民法院的日常行政事务等。新时代的人民法院要高度重视政治建设，通过抓党建带队建促审判，自觉以习近平新时代中国特色社会主义思想武装头脑、指导实践、推动工作。

【实践指导】

《最高人民法院关于进一步全面落实司法责任制的实施意见》要求各级人民法院要分别制定院长、副院长、审判委员会专职委员、庭长、副庭长的审判监督管理权力职责清单。各级人民法院要严格以《人民法院组织法》《法官法》和三大诉讼法等法律为依据，依法设置权责，合理划定边界。权力、责任清单的范围应当遵循司法规律，不能用行政命令式的手段规制审判权力。所有审判监督管理行为都应当可记录、可查询、可追溯，不能脱离主审法官会议、审判委员会等制度平台或办案平台任意表态。权力清单应当与责任清单逐项对应，不允许有不受责任制约的特权。

第十条　法官应当履行下列义务：

（一）严格遵守宪法和法律；

（二）秉公办案，不得徇私枉法；

（三）依法保障当事人和其他诉讼参与人的诉讼权利；

（四）维护国家利益、社会公共利益，维护个人和组织的合法权益；

（五）保守国家秘密和审判工作秘密，对履行职责中知悉的商业秘密和个人隐私予以保密；

（六）依法接受法律监督和人民群众监督；

（七）通过依法办理案件以案释法，增强全民法治观念，推进法治社会建设；

（八）法律规定的其他义务。

【条文主旨】

本条是关于法官义务的规定。

【条文释义】

这里的“法官应当履行的义务”主要是法律义务，当然也包括一定的道德义务，如“秉公办案，不得徇私枉法”既是法官应当履行的法律义务，也是法官应当履行的道德义务。

“义务是关于行为的‘应当’（特定意义上的应当），是在义务规则规定的条件在现实生活中得到满足的情况下、社会其他成员（或集团、群体、组织）就一定的主体作（或不作）某种行为所提出的评价、要求。”①所谓“法官的义务”，是关于法官义务规则规定的条件在现实生活中得到满足的情况下，社会其他成员就法官为或不为某种行为所提出的评价、要求。法律义务和非法律义务的根本区别在于其是否以国家强制力作为后盾。义务和权利是相对的，没有无义务的权利，也没有无权利的义务。法官是“依法行使国家审判权的审判人员”，法官在履行法定义务的同时，也享有法定的权利。法官由于行使国家权力的特殊性，其应当履行的义务也具有特殊性。权利可以放弃，但义务必须履行，否则要承担一定的责任（法律责任、纪律责任、道德责任等）。

根据本条的规定，法官应当履行以下义务：

一、严格遵守宪法和法律

这里有两层含义：一是法官作为法律的适用者，其在行使国家司法权时，必须严格遵守宪法和法律。德国法学家拉德布鲁赫曾说：“法律借助法官而降临尘世。”法官是法律的代言人，是“活的法律”，应当是社会公平正义的守护神，法官必须严格遵守宪法和法律。宪法作为国家的根本大法，具有最高的法律效力，是其他一切法律制定的依据。我国宪法赋予了人民法院独立行使审判权的权力，法官在行使审判权时，必须严格按照宪法和法律赋予的职权，严格适用法律，不得违背立法的目的和法律的精神，不得超越职权随意解释法律。法官作为法律适用者，宪法和法律就是其裁判的依据。按照国家权力分工原则，我国的立法权在人民代表大会及其常务委员会，司法权在法院和检察院，如果法律的适用者——法官如果随意解释法律，就会有侵夺立法权的嫌疑。因此，法官必须在法定职责内，严格依照实体法和程序法裁判案件。严格遵守宪法和法律是法官的首要义务。二是法官作为普通公民，也必须严格遵守宪法和法律。遵守宪法和法律是每一个公民必须履行的法律义务和必须遵守的行为准则。公民在法律面前人人平等，“任何个人和组织都不得有

① 张恒山：《义务、法律义务内涵再辨析》，载《环球法律评论》2002年第4期。

超越宪法和法律的特权”，作为法官更要模范遵守宪法和法律，不得知法犯法、徇私枉法。

二、秉公办案，不得徇私枉法

公正是司法的灵魂，而徇私枉法则违背了司法的根本要求。英国哲学家培根说：“一次不公正的裁判，其恶果甚至超过十次犯罪。犯罪是无视法律——好比污染了水流，而不公正的审判则毁坏法律——好比污染了水源。”追求公平正义是人类的天性，而徇私枉法则损害人们对司法机关的信赖，削弱司法机关的公信力，侵蚀社会公平正义的基础。因此，实现司法公正的第一责任机关在法院，第一责任人在法官。司法权是一种判断权，为实现司法公正，法官必须居中裁判，不偏不倚，一视同仁，同等情况同等对待。法官裁判案件，必须秉承公心，以事实为依据，以法律为准绳，不得借助手中的审判权谋取个人私利。法院的地位和法官的尊严在于司法公正，如果司法不公，法院的地位和法官的尊严将荡然无存。我国现行刑法规定了徇私枉法罪和民事、行政枉法裁判罪。徇私枉法罪是指司法工作人员徇私枉法、徇情枉法，对明知是无罪的人而使其受追诉，对明知是有罪的人而故意包庇不使其受追诉或者在刑事审判活动中故意违背事实和法律作枉法裁判的行为。民事、行政枉法裁判罪是指审判人员在民事、行政审判活动中，故意违背事实和法律作枉法裁判，情节严重的行为。对构成徇私枉法罪或者民事、行政枉法裁判罪的审判人员，要依法追究其刑事责任。

三、依法保障当事人和其他诉讼参与人的诉讼权利

“当事人”是因实体法上的权益发生纠纷，或与特定的法律事实有直接关系而进入诉讼，并受法院裁判拘束的人。由于我国的诉讼分为刑事诉讼、民事诉讼、行政诉讼，相应的，当事人可以分为刑事诉讼当事人、民事诉讼当事人、行政诉讼当事人。刑事诉讼中的当事人包括刑事被告人（自然人、单位）、自诉人、刑事附带民事诉讼的原告人和被告人等；民事诉讼中的当事人主要是指原告和被告，也包括共同诉讼人和第三人；

行政诉讼中的当事人包括原告、被告、共同诉讼人和第三人。“诉讼参与人”指在诉讼过程中，除了监察机关、侦查机关、检察机关、审判机关以外所有依法参与诉讼的公民、法人和其他组织。刑事诉讼参与人包括当事人和其他诉讼参与人（法定代理人、诉讼代理人、辩护人、证人、鉴定人和翻译人员）等；民事诉讼、行政诉讼参与人包括当事人、诉讼代理人（法定代理人、诉讼委托代理人）以及其他诉讼参与人（证人、鉴定人、翻译人员）等。依照我国诉讼法的规定，在不同的诉讼中和不同的诉讼阶段，当事人和其他诉讼参与人享有相应的诉讼权利，其诉讼权利贯彻于整个诉讼的始终。诉讼权利是程序性权利，保障当事人和其他诉讼参与人的诉讼权利，是实现当事人实体权利的保障。如果不尊重当事人和其他诉讼参与人的诉讼权利，轻则影响法官公正裁判的职业形象，重则影响裁判结果，进而损害当事人的实体权利。法官应当树立“实体和程序并重”的裁判理念，在裁判过程中，依法保障当事人和其他诉讼参与人的诉讼权利。

四、维护国家利益、社会公共利益，维护个人和组织的合法权益

利益是能满足主体某种需要的资源。法律在本质上是一种制度化、规范化的利益调控机制，因为法律是为了满足利益调控的需要而产生的。法律有着表达利益、确认利益、平衡利益、分配利益等作用。作为执掌国家审判权的法官，同时也是利益的调控者，必须依法对利益进行调控。国家利益、社会公共利益是全体国民生存和发展的基础，法官是代表国家行使审判权，必须维护国家利益和社会公共利益。同时，法律还规定了个人和组织的合法权益，作为法律适用者的法官，必须依法维护个人和组织的合法权益。这里的“个人和组织”既包括我国的个人和组织，也包括外国的个人和组织，如外国人、无国籍人、外国政府组织、国际组织等。

五、保守国家秘密和审判工作秘密，对履行职责中知悉的商业秘密和个人隐私予以保密

法官在审判活动中，不可避免地要接触到国家秘密、商业秘密、个人隐私等。国家秘密关系到国家的安全和利益，根据《保守国家秘密法》规定，一切国家机关、武装力量、政党、社会团体、企业事业单位和公民都有保守国家秘密的义务。任何危害国家秘密安全的行为，都必须受到法律追究。对于故意或者过失泄露国家秘密，构成犯罪的，要承担刑事责任。因此，法官对在审判工作中知晓的国家秘密，不得泄露。对于涉及国家秘密的案件，要按照法定的程序进行办理。1989 年，最高人民法院、国家保密局联合发布的《人民法院工作中国家秘密及其密级具体范围的规定》明确：人民法院的审判委员会、合议庭讨论案件的具体情况和记录，以及其他虽不属于国家秘密，但一旦公开会造成不良影响和后果的事项，应当按照审判工作秘密进行保守，不得擅自公开扩散。1990 年，最高人民法院出台《关于保守审判工作秘密的规定》，就保守审判工作秘密作出了 7 条规定，包括：合议庭、审判委员会对具体案件处理的讨论情况，上下级法院之间对案件处理的各种不同意见以及有关单位领导、党委的意见，一律不得向工作上无关人员和单位透露，尤其不得向缠诉不休的当事人泄露；案件宣判前，任何人不得向当事人或其亲属、辩护人、诉讼代理人以及工作上无关人员泄露案件的处理意见等等。2009 年，最高人民法院又发布《关于“五个严禁”的规定》和《关于违反“五个严禁”规定的处理办法》，“五个严禁”的第 5 条即为“严禁泄露审判秘密”。个人隐私是公民在生活中不愿意为他人知晓或者公开的秘密，一旦泄露，必将对公民的社会生活带来不利影响；而商业秘密是不为公众所知悉、能为权利人带来经济利益，具有实用性并经权利人采取保密措施的技术信息和经营信息，商业秘密一旦被泄露，必然会给权利人造成经济损失。因此，法官在办理案件过程中，对知悉的商业秘密和个人隐私也应当予以保密，不得泄露。

六、依法接受法律监督和人民群众监督

这里的“接受法律监督”既包括接受人民代表大会的监督，也包括接受监察机关、检察机关的监督。第一，按照我国法律规定，人民代表大会是国家的权力机关，国家审判机关由它产生，各级人民法院对同级人民代表大会及其常务委员会负责，受其监督并向其报告工作。在当前的司法改革的背景下，人民代表大会对法院的司法监督更多地体现在监督推进司法制度建设、对法律政策的落实执行情况上。第二，人民检察院是国家的法律监督机关，人民法院的审判活动是适用法律的活动，人民法院要接受人民检察院的法律监督。人民检察院对人民法院法律监督的对象是法院及其工作人员行使审判权和执行权的行为，监督的主要方式是抗诉和检察建议。第三，我国的《监察法》实现了对所有行使公权力的公职人员监察全覆盖，法官作为行使审判权的公职人员，自然属于监察法的监察对象。根据《监察法》第 15 条的规定，人民法院公务员属于监察机关的监察对象，包括最高人民法院和地方各级人民法院的法官、司法行政人员、审判辅助人员等。法官的审判权是人民赋予的，人民群众有权对司法活动进行监督，其实质是权利限制权力。根据我国宪法规定，对国家机关和国家工作人员的违法失职行为，公民具有申诉控告检举的权利。人民群众对司法活动的监督，有利于司法权的正当行使，有利于维护人民群众的利益。当然，在审判活动中，要处理好独立审判与舆论监督的关系，既要坚持审判公开原则，又要防止“媒体审判”和不理性的“民意”影响公正审判。另外，法官行使审判权的行为还应受到其他国家机关、社会团体和组织的监督。

七、通过依法办理案件以案释法，增强全民法治观念，推进法治社会建设

本款是 2019 年修订的《法官法》新增的内容。《中共中央关于全面推进依法治国若干重大问题的决定》要求：实行国家机关“谁执法谁普法”的普法责任制，建立法官、检察官、行政执法人员、律师等以案释

法制度。法官以案释法是指法官结合自己办理的案件，围绕案件的证据、事实、程序、法律适用等问题，以一定的方式向当事人、诉讼参与人和社会公众宣示法治理念和解释、说明涉及的法律规范。我国法官不仅承担着解决社会纠纷的责任，而且承担着普法的责任，即法官通过个案的审判解释法律、宣传法律，增强群众的法治意识。一是法官要加强裁判文书说理。裁判文书是法官的“作品”，裁判文书是法官以案释法的重要载体。2018 年出台的《最高人民法院关于加强和规范裁判文书释法说理的指导意见》要求，“发挥裁判的定分止争和价值引领作用，弘扬社会主义核心价值观，努力让人民群众在每一个司法案件中感受到公平正义”。二是法官要充分发挥典型案例的引领、示范、指导作用，引导广大公民尊重法律、运用法律维护自己的合法权益，增强规则意识。三是法官应通过个案的庭审活动，宣扬程序公正，发挥庭审教育、警示功能。

八、法律规定的其他义务

本项是兜底性条款，其具体内容由其他法律规定。

第十一条　法官享有下列权利：

（一）履行法官职责应当具有的职权和工作条件；

（二）非因法定事由、非经法定程序，不被调离、免职、降职、辞退或者处分；

（三）履行法官职责应当享有的职业保障和福利待遇；

（四）人身、财产和住所安全受法律保护；

（五）提出申诉或者控告；

（六）法律规定的其他权利。

【条文主旨】

本条是关于法官权利的规定。

【条文释义】

一、履行法官职责应当具有的职权和工作条件

法官履行职责必须具有一定的职权，根据我国《宪法》规定，中华人民共和国人民法院是国家的审判机关。作为国家机构组成部分之一的法院行使着国家的审判权，而法官是在法院内行使国家审判权的审判人员，是司法权的具体执行者，法官的审判权是宪法赋予的。《法官法》第8条规定了我国法官的职责，即依法参加合议庭审判或者独任审判刑事、民事、行政诉讼以及国家赔偿等案件；依法办理引渡、司法协助等案件；法律规定的其他职责。根据“权责一致”的原则，法官在职权范围内对所办理的案件负责。我国是单一制国家，司法权从根本上说是中央事权。各地法院不是地方的法院，而是国家设在地方代表国家行使审判权的法院，各地法官不是地方的法官，而是代表国家行使审判权的法官。我国

的刑事诉讼法、民事诉讼法、行政诉讼法中规定了法官在审判各类案件中的具体职权，法官必须依法行使自己的职权，不得滥用权力。

工作条件是工作者在工作中的设施条件、工作环境、劳动强度和工作时间的总和。为保障法官正常履行职责，国家必须为法官提供必要的工作条件。一是设施条件，如审判场所、办公场所、办公用品、办案车辆、法官服装、通讯设备等；二是工作环境，如自然环境、办公环境、团队环境，良好的工作环境有利于提高法官的工作效率；三是劳动强度和工作时间，在当前法官员额制改革深入推进的背景下，研究和测算法官饱和工作量，合理配备审判人力资源，对保障法官的休息权、健康权、发展权等具有重要的意义。

二、非因法定事由、非经法定程序，不被调离、免职、降职、辞退或者处分

司法机关行使职权可能会受到其他权力部门的干扰，为抵御干扰，采取措施保证司法人员的相对稳定是一个好的选择。这项权利实际上是我国法官的职务保障权，法官依法履行职责，应当受到法律的保护，非因法定事由、非经法定程序，不得对法官进行调离、免职、降职、辞退或者处分。美国联邦宪法规定，合众国任命的一切法官（即联邦法官），只要品行端正当继续任职，由于“品行端正”的标准比较模糊，除了违法或健康原因外，绝大多数法官实际上可以终身任职。[①] 法官职务的终身制可以抵御权力对法官独立审判的干扰，更好地维护司法公正。这里规定的法官被免职的法定情形主要指本法第20条规定的情形：（1）丧失中华人民共和国国籍的；（2）调出所任职人民法院的；（3）职务变动不需要保留法官职务的，或者本人申请免除法官职务经批准的；（4）经考核不能胜任法官职务的；（5）因健康原因长期不能履行职务的；（6）退休的；（7）辞职或者依法应当予以辞退的；（8）因违纪违法不宜继续任职的。法官被处分（包括刑事处分）的法定情形主要是指本法第46条规定

---

① 曹东：《品行端正：大法官任职终身制与司法独立》，载《检察日报》2013年10月11日，第6版。

的情形：（1）贪污受贿、徇私舞弊、枉法裁判的；（2）隐瞒、伪造、变造、故意损毁证据、案件材料的；（3）泄露国家秘密、审判工作秘密、商业秘密或者个人隐私的；（4）故意违反法律法规办理案件的；（5）因重大过失导致裁判结果错误并造成严重后果的；（6）拖延办案，贻误工作的；（7）利用职权为自己或者他人谋取私利的；（8）接受当事人及其代理人利益输送，或者违反有关规定会见当事人及其代理人的；（9）违反有关规定从事或者参与营利性活动，在企业或者其他营利性组织中兼任职务的；（10）有其他违纪违法行为的。

三、履行法官职责应当享有的职业保障和福利待遇

在严格法官任职条件，强化法官职业责任的同时，要为法官依法履行职责提供必要的职业保障。法官职业保障是确保法官队伍稳定、发展的重要条件，是增加法官职业吸引力的重要措施，是实现司法公正的需要，其内涵比较丰富，一般包括法官职业权力、职业地位、职业安全、职业收入、职业教育等保障，合理的法官退休制度也是法官职业保障的组成部分。法官职业权力保障就是法官独立公正地行使审判权，排除不当干扰的保障；法官职业地位保障就是法官职位稳定、拥有职业上升空间的保障；法官职业安全保障就是法官依法履行审判职责，不受辱骂、威胁、伤害等的保障；法官职业收入保障就是法官应当拥有体面的收入和稳定的物质生活保障；法官职业教育保障就是法官参加培训、继续教育的保障。蒋惠岭教授曾提出了司法职业保障的“十条最低标准”：社会各界对司法的地位和作用形成共识；维护司法功能正常发挥作用的政治责任必须落到实处；法官享有身份保障；保障法官享有与其他身份地位相符的物质待遇；法官的人身安全应当受到保护；司法活动应有充足的经费保障；媒体与法院之间形成良好的互动关系；司法职务行为享有豁免权；对法官的纪律惩戒应有符合法官职业特点的程序保障。[①] 党的十八届三中全会通过的《中共中央关于全面深化改革若干重大问题的决定》

① 蒋惠岭：《司法职业保障的十项最低标准》，载《法制资讯》2009年11期。

和党的十八届四中全会通过的《中共中央关于全面推进依法治国若干重大问题的决定》提出，建立符合职业特点的司法人员管理制度，完善司法人员分类管理制度，健全法官、检察官、人民警察职业保障制度。2016年，中共中央办公厅、国务院办公厅出台《保护司法人员依法履行法定职责规定》，该规定从法官、检察官依法独立行使职权、身份保障、安全保障、责任追究、物质保障等作出了全面系统的规定，是首个全面加强法官、检察官依法履职保护的纲领性文件。为了解决一线办案法官职级低、待遇差、职业尊荣感不强等问题，本法第26条规定了法官单独职务序列，法官是公务员，但是法官等级和行政职级脱钩，实行单独序列管理，并实行按期晋升和择优选升相结合的晋升制度。法官作为劳动者，应享有获得劳动报酬、享受社会保险、福利等的权利，这项权利是对法官生活方面的法律保障。这里的“劳动报酬”既包括工资收入，也包括其他合法收入。本法第58条、第59条规定了法官的工资制度和定期增资制度。本法第60条规定了法官享受国家规定的津贴、补贴、奖金、保险和福利待遇。2017年，中共中央办公厅印发的《关于加强法官检察官正规化专业化职业化建设全面落实司法责任制的意见》提出，落实国家关于法官、检察官工资制度规定，确保法官、检察官的工资水平高于当地其他公务员工资水平一定比例。

四、人身、财产和住所安全受法律保护

任何公民的人身、财产和住所安全都应当受到法律保护。法官作为社会公平正义的守护者和社会矛盾纠纷的化解者，容易受到打击报复，近年来，针对法官的暴力、侮辱、诽谤等行为也越来越多。因此，本法对法官的人身、财产和住所安全受保护作了专门的规定。对法官的人身、财产和住所安全进行法律保护是法官职业安全保护的主要内容。2015年，《刑法修正案（九）》对扰乱法庭秩序罪进行了修改、完善，对殴打、侮辱、诽谤、威胁司法工作人员，构成犯罪的，予以刑事处罚。

五、提出申诉或者控告

申诉权和控告权是宪法规定的公民享有的基本权利，法官作为普通

公民，自然也享有申诉或者控告权，但是这里的“申诉”或“控告”是法官对处分的不服或者权利受到侵害时享有的救济权。法官的申诉权是指法官对于本人的处分、处理不服时，有权向处分、处理机关、部门申诉理由，要求复议、复核，提出改正或撤销决定、判决或者赔偿损失的请求。法官的控告权是指法官对任何国家机关和国家工作人员的违法失职行为，有向有关机关进行揭发和指控的权利。2017 年，最高人民法院出台的《人民法院落实〈保护司法人员依法履行法定职责规定〉的实施办法》第 7 条第 1 款规定：“国家机关及其工作人员有下列行为之一的，法官有权提出控告：（一）干预司法活动，妨碍公正司法的；（二）要求法官从事超出法定职责范围事务的；（三）限制或者压制法官独立、充分表达对参与审理案件的意见的；（四）超越职权或者滥用职权，将法官调离、免职、辞退或者作出降级、撤职等处分的；（五）对法官的依法履职保障诉求敷衍推诿、故意拖延不作为的；（六）玩忽职守，处置不力，导致依法履职的法官或其近亲属的人身、财产权益受到侵害的；（七）侵犯法官的休息权、休假权的；（八）侵犯法官控告、申诉权利的；（九）其他侵犯法官法定权利的行为。”

六、法律规定的其他权利

本项是兜底性条款，其具体内容由其他法律规定。

第三章　法官的条件和遴选

第十二条　担任法官必须具备下列条件：

（一）具有中华人民共和国国籍；

（二）拥护中华人民共和国宪法，拥护中国共产党领导和社会主义制度；

（三）具有良好的政治、业务素质和道德品行；

（四）具有正常履行职责的身体条件；

（五）具备普通高等学校法学类本科学历并获得学士及以上学位；或者普通高等学校非法学类本科及以上学历并获得法律硕士、法学硕士及以上学位；或者普通高等学校非法学类本科及以上学历，获得其他相应学位，并具有法律专业知识；

（六）从事法律工作满五年。其中获得法律硕士、法学硕士学位，或者获得法学博士学位的，从事法律工作的年限可以分别放宽至四年、三年；

（七）初任法官应当通过国家统一法律职业资格考试取得法律职业资格。

适用前款第五项规定的学历条件确有困难的地方，经最高人民法院审核确定，在一定期限内，可以将担任法官的学历条件放宽为高等学校本科毕业。

【条文主旨】

本条是关于担任法官必须具备有关条件的规定。

【背景解读】

1995年《法官法》第9条对担任法官的年龄、文化、专业、资历以及政治条件、身体状况等都作了具体规定。同时，该法第12条第1款规定："初任审判员、助理审判员采用公开考试、严格考核的办法，按照德才兼备的标准，从具备法官条件的人员中择优提出人选。"2001年《法官法》修改时提高了法官任职的学历条件，延长了担任法官需要从事法律工作的时间，并针对性地提高了担任最高人民法院、高级人民法院法官的条件。同时，2001年国家统一了法官、检察官与律师资格考试，设立国家司法考试制度，第12条第1款作了相应调整，规定："初任法官采用严格考核的办法，按照德才兼备的标准，从通过国家统一司法考试取得资格，并且具备法官条件的人员中择优提出人选"。党的十八届四中全会提出要"完善法律职业准入制度，健全国家统一法律职业资格考试制度"，从源头上把好法治专门队伍的素质关。2017年《法官法》修改时，对其中涉及法律职业资格制度部分条款进行修订，将第12条第1款修改为："初任法官采用考试、考核的办法，按照德才兼备的标准，从通过国家统一法律职业资格考试取得法律职业资格并且具备法官条件的人员中择优提出人选"。

随着全面依法治国深入推进，司法体制改革的不断深化，人民法院人员分类管理和法官员额制改革的完成，对法官队伍建设提出了更高要求。此次《法官法》修订，对担任法官的条件作了多处修改，主要包括以下几个方面：

一、提高了法官的政治素质要求

党的十八届四中全会通过的《中共中央关于全面推进依法治国若干

重大问题的决定》提出："大力提高法治工作队伍思想素质，业务工作能力、职业道德水准，着力建设一支忠于党、忠于国家、忠于人民、忠于法律的社会主义法治工作队伍，为加快建设社会主义法治国家提供强有力的组织和人才保障。"2018 年，新修订《公务员法》第 13 条第（3）项在规定公务员应当具备条件时，明确要求"拥护中华人民共和国宪法，拥护中国共产党领导和社会主义制度"。与此相一致，此次《法官法》修订，将 2017 年《法官法》第 9 条第 1 款第（3）项规定的"拥护中华人民共和国宪法"，修改为"拥护中华人民共和国宪法，拥护中国共产党领导和社会主义制度"，进一步提高了对法官政治素质的要求。

二、提高了担任法官的学历条件

2015 年，中共中央办公厅、国务院办公厅印发《关于完善国家统一法律职业资格制度的意见》，其中针对取得法律职业资格的学历条件规定："具备全日制普通高等学校法学类本科学历并获得学士及以上学位，或者全日制普通高等学校非法学类本科及以上学历并获得法律硕士、法学硕士及以上学位或获得其他相应学位且从事法律工作三年以上。"《法官法》自 2001 年修改以来，历次修改均明确要求初任法官"通过国家统一司法考试取得资格"或者"通过国家统一法律职业资格考试取得法律职业资格"。为贯彻中央决策部署，从源头上保证法律职业人员的专业素养和专业能力，在取得法律职业资格条件的学历条件提高后，法官职业准入的学历条件也要进行同步调整。因此，2019 年新修订《法官法》将 2017 年《法官法》第 9 条第 1 款第（6）项中关于法官任职的学历条件，修改为"具备普通高等学校法学类本科学历并获得学士及以上学位；或者普通高等学校非法学类本科及以上学历并获得法律硕士、法学硕士及以上学位；或者普通高等学校非法学类本科及以上学历，获得其他相应学位，并具有法律专业知识"。同时，考虑到我国的具体国情和欠发达地区的现实需要，新修订《法官法》继承了 2017 年《法官法》第 9 条第 3 款的精神，对困难地区担任法官的学历条件作了特殊规定，但作了同步适当提高，将之前规定的"高等院校法律专业专科毕业"修改为"高等学校本科毕业”。

三、提高了担任法官的法律工作年限条件

习近平总书记在2014年的中央政法工作会议讲话中指出：“司法权是对案件事实和法律的判断权和裁决权，要求司法人员具有相应的实践经历和社会阅历，具有良好的法律专业素养和司法职业操守。”担任法官既需要专业法律知识的储备，也需要法律实践经验的积累。取得相应学历和法律职业资格，只是解决担任法官对于专业法律知识的要求，无法体现法律实践经验。鉴于此，确有必要在担任法官的条件中明确规定从事法律工作的年限，以体现所具备的法律实践经验。在此轮司法改革的过程中，充分考虑担任法官必须具备的法律实践经验问题，在《法官、检察官单独职务序列改革试点方案》中规定，初任法官需要任法官助理满五年。新修订《法官法》对此予以吸收，并就从事法律工作经历作出单独规定，提高了年限，将本科学历从事法律工作的年限从2017年《法官法》规定的“二年”提高至“五年”，对于获得法律硕士、法学硕士学位，或者获得法学博士学位的，从事法律工作的年限可以分别放宽至四年、三年。

四、将初任法官条件统一纳入法官任职条件中

2017年《法官法》对法官的任职条件和初任法官的人选条件分别规定在第9条和第12条中。2015年，《中共中央办公厅、国务院办公厅关于完善国家统一法律职业资格制度的意见》明确规定，担任法官应当取得国家统一法律职业资格。为全面贯彻中央决策部署，推进法官队伍职业化建设，新修订《法官法》把分散在两个条文中的条件进行合并，将“初任法官应当通过国家统一法律职业资格考试取得法律职业资格”纳入担任法官必须具备的条件中，以便于对法官任职条件的统一掌握。

五、取消了担任法官对年龄条件的限制

原《法官法》规定，担任法官必须年满23周岁。为了避免法官因年

龄过轻，社会阅历和经验不足，影响司法裁判，同时参考了其他成熟法治国家担任法官的年龄情况，新修订《法官法》删去了担任法官的年龄条件。然而，这并不意味着对法官年龄没有限制，相反，由于新修订《法官法》提高了任职学历条件和从事法律工作年限，一般情况下，本科从事法律工作满 5 年，才有资格担任法官，所以通常情况下初任法官的年龄不会低于 27 周岁。再考虑到法官员额制改革后，法官选任标准更高，遴选条件要求更严，客观上能够避免法官年龄偏低、社会阅历不足的问题。因此，新修订《法官法》对法官年龄条件不再作单独规定。

此外，新修订《法官法》还对担任法官应当具备的道德品行和身体条件的表述作了完善。按照党的十八届四中全会通过的《中共中央关于全面推进依法治国若干重大问题的决定》的要求，全面推进依法治国，必须大力提高法治工作队伍思想政治素质、业务工作能力、职业道德水平。同时，《中共中央办公厅、国务院办公厅关于完善国家统一法律职业资格制度的意见》也要求，取得国家统一法律职业资格必须具有良好的政治、业务素质和道德品行。为贯彻落实中央精神，新修订《法官法》对此作了完善，规定“担任法官必须具有良好的政治、业务素质和道德品行”。原《法官法》对担任法官必须具备的身体条件的规定表述为“身体健康”，该表述过于笼统，为表述精确，更具有可操作性，新修订《法官法》将其修改为“具有正常履行职责的身体条件”。

【条文释义】

本条共有二款，第一款规定担任法官必须具备的一般条件，第二款规定担任法官可以适当放宽学历条件的情形。根据第一款的规定，担任法官应当具备以下条件：

一、具有中华人民共和国国籍

根据我国《宪法》规定，凡具有中华人民共和国国籍的人都是中华人民共和国公民，享有宪法和法律规定的权利。根据我国《国籍法》规定，中华人民共和国不承认中国公民具有双重国籍；父母双方或一方为中国公民并定居在外国，本人出生时即具有外国国籍的，不具有中国国籍；定居外国的中国公民，自愿加入或取得外国国籍的，即自动丧失中国国籍。担任法官是公民享有的一项政治权利，只有是一国公民才能享有此项权利，所以，具有中华人民共和国国籍是担任法官的必要和首要条件。而具有外国国籍的人和无国籍人不是中国公民，不得担任法官。

二、拥护中华人民共和国宪法，拥护中国共产党领导和社会主义制度

宪法是国家的根本法，具有最高的法律效力。全国各族人民、一切国家机关和武装力量、各政党和各社会团体、各企业事业组织，都必须以宪法为根本的活动准则，并且负有维护宪法尊严、保证宪法实施的职责。法官是依法行使国家审判权的审判人员，在履职过程中，赋有更大的义务，必须忠实执行宪法，保证宪法实施，捍卫宪法尊严。

根据《宪法》规定，社会主义制度是中华人民共和国的根本制度；中国共产党领导是中国特色社会主义最本质的特征；禁止任何组织或者个人破坏社会主义制度。《中共中央关于全面推进依法治国若干重大问题的决定》指出："党的领导是全面推进依法治国、加快建设社会主义法治国家最根本的保证。必须加强和改进党对法治工作的领导，把党的领导贯彻到全面推进依法治国全过程。"作为政法队伍的一员，法官应当自觉拥护中国共产党领导，自觉拥护社会主义制度，始终坚持中国共产党对人民法院工作的绝对领导，坚定不移走中国特色社会主义法治道路。

三、具有良好的政治、业务素质和道德品行

法官是依法行使国家审判权的国家机关工作人员，应当自觉拥护宪法规定的国家政治制度，具有较高的政治觉悟和良好的政治素质，才能承担起法律赋予的国家审判权。党的十八届四中全会提出，要推进法治专门队伍正规化、专业化、职业化，提高职业素养和专业水平。审判工作具有较强的专业性，法官必须精通审判业务，熟悉审判工作，才能准

确适用法律解决案件诉争。良好的道德品行，是对法官道德修养的要求。法官具备良好的道德品行，才能行为端正、遵守法纪，才能公正廉洁司法，通过行使审判权，维护社会公德，实现社会正义。

四、具有正常履行职责的身体条件

从事任何工作都需要有健康的身体，法官的工作日益繁重，必须具有与之相适应的身体条件和健康心理，以保证能够正常履职。实践中，要结合法官的具体职位情况，确定正常履职的身体条件要求。

五、具备普通高等学校法学类本科学历并获得学士及以上学位；或者普通高等学校非法学类本科及以上学历并获得法律硕士、法学硕士及以上学位；或者普通高等学校非法学类本科及以上学历，获得其他相应学位，并具有法律专业知识

这是担任法官应当具备的学历条件，具体包括以下三种学历条件：

（一）普通高等学校法学类本科学历并获得学士及以上学位

对此，应从以下几方面理解：首先，普通高等学校是指以高级中学毕业学生为主要培养对象的全日制大学。《教育法》第17条规定："国家建立科学的学制系统。学制系统内的学校和其他教育机构的设置、教育形式、修业年限、招生对象、培养目标等，由国务院或者由国务院授权教育行政部门规定。"国务院《普通高等学校设置暂行条例》第2条规定："本条例所称的普通高等学校，是指以通过国家规定的专门入学考试的高级中学毕业学生为主要培养对象的全日制大学、独立设置的学院和高等专科学校高等职业学校。普通高等学校的设置，由国家教育委员会审批。"《高等教育法》第15条规定："高等教育包括学历教育和非学历教育。高等教育采用全日制和非全日制教育形式。国家支持采用广播、电视、函授及其他远程教育方式实施高等教育。"根据上述规定，担任法官所要求的普通高等学校本科及以上学历，应当是以高级中学毕业学生为主要培养对象的全日制大学本科，不包括成人高等学校教育、自学高等教育、广播、电视、函授及其他远程教育方式的高等教育或者其他非学历教育。其次，“法学类”本科学历是指一级学科专业类意义上的法学本科学历。根据国务院学位委员会、教育部《学位授予和人才培养学科目录设置与管理办法》（学位〔2009〕10号）的规定，我国高等教育学科目录分为学科门类、一级学科（本科教育中称为“专业类”）和二级学科（本科专业目录中为“专业”），共三个层级。根据国务院学位委员会、教育部《学位授予和人才培养学科目录（2011年）》（学位〔2011〕11号）的规定，我国高等教育共有13种学科门类，分别是哲学、经济学、法学、教育学、文学、历史学、理学、工学、农学、医学、军事学、管理学、艺术学。每一种学科门类一般下设不同的专业类学科（一级学科），以法学门类为例，它包含了法学、政治学、社会学、民族学、马克思主义理论、公安学等6种专业类学科（一级学科）。在专业层级（二级学科）上，根据国务院学位委员会、国家教委《授予博士、硕士学位和培养研究生的学科、专业目录》（学位〔1990〕030号）的规定，法学类学科（一级学科）又包含法学理论、法律思想史、法制史、宪法学、行政法学、刑法学、民法学、诉讼法学、经济法学、劳动法学、环境法学、国际私法、国际经济法、国际法、军事法学、科技法学等16种专业（二级学科）。新修订《法官法》规定的“法学类”本科学历是指一级学科专业类意义上的法学本科学历，而不是学科门类意义上的法学。再次，需要注意的是，根据《学位授予和人才培养学科目录（2011年）》的规定，学士学位按本目录的学科门类授予。因此，并非所有授予法学学士学位的都属于本法所称“法学类”本科学历。例如，社会学类专业中人口学专业、政治学类专业中的思想政治教育专业等，虽然都属于法学门类，本科毕业授予法学学士学位，但并不是一级学科专业法学类。

（二）普通高等学校非法学类本科及以上学历并获得法律硕士、法学硕士及以上学位

这是针对非法学类本科相关人员的学历要求，除普通高等学校非法学类本科及以上学历外，还要求同时获得法律硕士或者法学硕士及以上学位。

（三）普通高等学校非法学类本科及以上学历，获得其他相应学位，并具有法律专业知识

这是针对普通高等学校非法学类本科及以上学历，获得其他相应学位，但未获得“法律硕士、法学硕士及以上学位”的情况，要求“具有法律专业知识”。原《法官法》在法官任职条件中规定，“非法律专业”人员需要“具有法律专业知识”，对此，全国人大常委会法工委曾在《对〈法官法〉第九条第一款第六项中“具有法律专业知识”的解释》（以下简称《解释》）中规定了5种情形：（1）取得高等教育法律类专业证书。（2）在高等院校完成法律专业八门以上课程的学习或者取得高等教育自学考试法律专业八门以上单科结业证书。（3）通过国家司法考试，取得《法律职业资格证书》。（4）2001年以前通过初任法官全国统一考试，取得《初任审判员、助理审判员考试合格证书》；或者参加初任检察官全国统一考试，成绩合格；或者通过律师资格考试，取得《律师资格证书》。（5）从事法律工作五年以上（此处规定的法律工作年限应与《法官法》第9条第1款第6项规定的从事法律工作的有关年限分别计算）。《解释》规定的上述五种情形，有的情形已成为新修订《法官法》第12条的独立条件，而有些情形在大幅提高法官任职的学历条件下，已经没有适用的空间，考虑现实情况的复杂性，关于“具有法律专业知识”的具体把握，有待立法机关作进一步释明。

六、从事法律工作满五年

其中获得法律硕士、法学硕士学位，或者获得法学博士学位的，从事法律工作的年限可以分别放宽至四年、三年。原《法官法》根据法院审级、学历情况规定的法官任职条件，要求从事法律工作的年限为一至三年不等，其间，全国人大常委会法工委《对〈法官法〉第九条第一款第六项中“从事法律工作”的解释》规定：从事法律工作主要包括从事国家或地方立法工作，审判、检察工作，公安、国家安全、监狱管理、劳动教养管理工作，律师、法律教学研究工作、党的政法委员会以及政府部门中的法律工作等。《中共中央办公厅、国务院办公厅关于完善国家

统一法律职业资格制度的意见》（厅字〔2015〕25号）中明确法律职业人员包括：担任法官、检察官、律师、公证员、法律顾问、仲裁员（法律类）及政府部门中从事行政处罚决定审核、行政复议、行政裁决的人员。考虑到当前改革的深入推进，一些不适应新时代发展的部门和职责被取消，也产生新的部门和职责。新法施行后，关于“对于从事法律工作”的具体把握，还需由立法机关作进一步解释明确。

七、初任法官应当通过国家统一法律职业资格考试取得法律职业资格

根据《人民法院组织法》第47条规定，法官从取得法律职业资格并且具备法律规定的其他条件的人员中选任。新修订《法官法》与《人民法院组织法》对法官任职条件的规定保持了一致，而需要注意的是，新修订《法官法》进一步强调取得法律职业资格是“初任法官”必须具备的条件。相应地，对于之前已经被任命为法官，但是没有取得法律职业资格的人，不再作统一要求。党的十八届四中全会提出要“完善法律职业准入制度，健全国家统一法律职业资格考试制度”，根据中央精神，将“国家统一司法考试”修改为“国家统一法律职业资格考试”。所以，修改前通过国家统一司法考试取得法律职业资格的，也属于本法所规定的“通过国家统一法律职业资格考试取得法律职业资格”。根据《最高人民法院、最高人民检察院关于将取得律师资格人员列入法官、检察官遴选范围问题的通知》（高检会字〔2009〕4号）的规定，通过律师考试取得律师资格视为通过国家统一司法考试。因此，取得律师资格也应当视为取得法律职业资格。

本条第2款规定了适用一般的法官学历条件确有困难的地方，可以适当放宽学历条件。根据该款规定，适用本条第1款第（5）项规定的学历条件确有困难的地方，经最高人民法院审核确定，在一定期限内，可以将担任法官的学历条件放宽为高等学校本科毕业。该规定主要考虑全国各地发展不平衡的基本国情，在部分欠发达地区及少数民族聚居的地区执行统一的学历条件较难，不利于法院队伍的自身建设，并结合我国

当前实际情况作出的制度安排。对于该款的理解，应当注意以下几个方面：一是可以放宽的是学历条件，其他条件不得放宽。放宽后的学历条件要求是高等学校本科毕业。根据《高等教育法》第15条的规定，高等教育包括学历教育和非学历教育。学历教育毕业后颁发毕业证书，国家承认学历；而非学历教育是指各种培训、进修，完成学业后，由培训部门颁发相应结业证书。而高等教育的形式有全日制和非全日制教育，非全日制高等教育可以采取广播、电视、函授及其他远程教育等方式实施。据此，高等学校本科毕业，主要是指通过函授等非全日制方式接受的高等学历教育，本科毕业并获得毕业证书。二是“确有困难的地方”主要是指欠发达地区及少数民族聚居地区按照本条第1款第（5）项要求的学历条件选任法官确有困难，而不是指所有经济欠发达地区。当然，从法官职业化发展的要求来看，放宽学历条件的地区应当严格把握，不能随意开放宽的口子。三是确定放宽学历条件的地区，应当经最高人民法院审核，地方各级法院或其他部门，不得自行确定。四是放宽学历条件具有一定的期限，在一定期限内，根据地区发展的需要放宽学历条件，并不意味着一直放宽，对于经最高人民法院审核确定放宽学历条件的地区，应当积极创造条件，努力达到法律规定的一般的法官任职学历条件要求，提高地区法治水平，促进地区法治进步。

第十三条　下列人员不得担任法官：

（一）因犯罪受过刑事处罚的；

（二）被开除公职的；

（三）被吊销律师、公证员执业证书或者被仲裁委员会除名的；

（四）有法律规定的其他情形的。

【条文主旨】

本条是关于担任法官的禁止性规定。

【背景解读】

法官代表国家行使审判权，是社会矛盾纠纷的终局裁判者，是维护公平正义、实施权利救济的最后一道防线。法官是否具有良好的政治素质、业务素质以及道德品质，对于确保裁判结果的公正性具有实质性影响。同时，作为司法者，法官本身也应当是忠于法律、信仰法律、遵守法律的典范，并且较普通公民具有更高的道德素养和自我约束能力，只有如此，司法权威和司法公信力才能树立，当事人才会对法官产生信任，从而接受裁判结果，定分止争的效果才能实现。正是由于法官职业的特殊性，明确担任法官的消极条件，划定不得担任法官的人员范围，也是世界各国的通行做法。我国 1995 年《法官法》第 10 条即明确规定："下列人员不得担任法官：（一）曾因犯罪受过刑事处罚；（二）曾被开除公职的。"此后《法官法》修订时，均沿用了此条规定。随着我国法治建设的稳步推进，法律职业共同体建设日益被提上重要日程。2014 年，党的十八届四中全会通过的《中共中央关于全面推进依法治国若干重大问题的决定》提出，要建立终身禁止从事法律职业制度，对因违法违纪被吊销执业证书的律师和公证员，终身禁止从事法律职业。2015 年，《中共中央办公厅、国务院办公厅关于完善国家统一法律职业资格考试制度的意见》提出，要加强对法律职业人员违法失信行为的惩戒，建立全国统一的法律职业暂停、吊销制度，让行为失范的法律职业人员在受到吊销法律职业证书后，终身不得从事法律相关工作。此外，依照《仲裁法》第 38 条的规定，仲裁员私自会见当事人、代理人或者接受当事人、代理人的请客送礼，情节严重的，或者在仲裁案件时有索贿受贿、徇私舞弊，枉法裁判行为的，应当予以除名。对于被仲裁委员会除名的仲裁员，也不宜担任法官。根据《国家统一法律职业资格考试实施办法》的有关规定，法官、检察官、律师、公证、仲裁，以及行政机关中的行政处罚决定审核、行政复议、行政裁决、法律顾问等，均属于法律职业。为落实中央有关规定，以立法形式确认改革成果，加大对法律职业从业人员违法失信行为的惩戒力度，同时树立法官职业的权威性和公信力，2019 年修订《法官法》时，在不得担任法官的人员中，增加了“被吊销律师、公证员执业证书或者被仲裁委员会除名的”，并将“有法律规定的其他情形的”作为本条的兜底条款。

【条文释义】

根据本条规定，下列人员不得担任法官：

一、因犯罪受过刑事处罚的

这里规定的犯罪包括故意犯罪和过失犯罪。刑事处罚是指依照刑法的规定对犯罪的人所给予的惩罚，包括主刑，即管制、拘役、有期徒刑、无期徒刑、死刑，也包括附加刑，即罚金、剥夺政治权利、没收财产。只要是被法院生效判决宣告有罪并判处刑罚的人员，无论是何种罪行，无论判处什么样的刑罚，无论是否适用附加刑以及是否适用缓刑，都不得担任法官。规定因犯罪受过刑事处罚的人员不能担任法官，主要出于以下考虑。第一，犯罪行为是危害国家安全、人民民主专政政权和社会主义制度，侵犯国有财产和劳动群众集体所有的财产、公民私人所有的财产权利，破坏公民的人身权利、民主权利和其他权利等刑法规定的危害社会的行为，对社会造成的危害很大，不符合社会价值观。虽然在刑罚执行完毕后犯罪人在社会中享有同其他人同等的学习、生活和工作的权利，但其犯罪行为严重践踏了法律底线和社会道德底线，与法官作为司法裁判者应当遵守法律，公正司法的职业道德要求是不符合的。第二，如果允许有犯罪记录的人员担任法官，不符合公正司法和维护良好司法形象的要求。公正是司法的生命线。公正司法落实到审判工作中，体现为遵守司法纪律、保守审判秘密、注重司法礼仪、维护司法形象。因犯罪受到刑事处罚的人员，其个人品行曾被予以否定性评价，而法官作为法律裁判者，则需要向社会传达模范守法、公正司法的良好形象。受到刑事处罚的人员担任法官，可能会造成社会疑虑和不信任，影响司法公正形象。因此，对于受过刑事处罚的，一律不得担任法官。

二、被开除公职的

在我国，对公务员的处分包括警告、记过、记大过、降级、撤职、开除，开除公职是最严厉的处分措施。具体而言，被开除公职是指公务员以及参照公务员法管理的人员，法律、法规授权或者受国家机关依法委托管理公共事务的组织中从事公务的人员，国有企业管理人员，公办的教育、科研、文化、医疗卫生、体育等单位中从事管理的人员以及其他依法履行公职的人员，因有违法犯罪行为或者有影响履职的不当行为被用人单位开除。被开除公职的原因有很多，根据《公务员法》第59条的规定，有下列行为的，视情节严重程度，有可能受到被开除的处分：（1）散布有损宪法权威、中国共产党和国家声誉的言论，组织或者参加旨在反对宪法、中国共产党领导和国家的集会、游行、示威等活动；（2）组织或者参加非法组织，组织或者参加罢工；（3）挑拨、破坏民族关系，参加民族分裂活动或者组织、利用宗教活动破坏民族团结和社会稳定；（4）不担当，不作为，玩忽职守，贻误工作；（5）拒绝执行上级依法作出的决定和命令；（6）对批评、申诉、控告、检举进行压制或者打击报复；（7）弄虚作假，误导、欺骗领导和公众；（8）贪污贿赂，利用职务之便为自己或者他人谋取私利；（9）违反财经纪律，浪费国家资财；（10）滥用职权，侵害公民、法人或者其他组织的合法权益；（11）泄露国家秘密或者工作秘密；（12）在对外交往中损害国家荣誉和利益；（13）参与或者支持色情、吸毒、赌博、迷信等活动；（14）违反职业道德、社会公德和家庭美德；（15）违反有关规定参与禁止的网络传播行为或者网络活动；（16）违反有关规定从事或者参与营利性活动，在企业或者其他营利性组织中兼任职务；（17）旷工或者因公外出、请假期满无正当理由逾期不归。总的来看，被开除公职的原因大致有两类：一是有违法犯罪行为，二是有影响履职的不当行为。同时，其他一些法律也有被开除人员的一些职业禁止性规定，比如不得担任检察官、人民警察、律师、公证员、驻外外交人员、拍卖师、从事司法鉴定等。

根据我国《公务员法》第26条规定，被开除公职的，不得录用为公务员。根据本条规定，曾经被开除公职的人员，其再被录用为公务员的资格都已丧失，更没有资格担任标准条件更高的法官职务。因此，无论出于何种原因被开除公职的人员，均不得担任法官。

三、被吊销律师、公证员执业证书的或者被仲裁委员会除名的

律师、公证员、仲裁员都是法律职业群体，相关法律、法规对其从业都有很多的政治、业务、品行要求。因违纪违法等违反律师法、公证法、仲裁法的要求，被吊销律师、公证员职业证书的或者被仲裁委员会除名的人，同样不符合法官的要去。允许这些人担任法官，会对司法公正性、公信力和司法权威造成冲击。律师法、公证法对吊销执业证书的情形、权限和程序，仲裁法对仲裁员除名的情形、权限和程序作了明确规定。根据《律师法》第49条规定，有下列行为之一，情节严重的，由省、自治区、直辖市人民政府司法行政部门吊销其律师执业证书：（1）违反规定会见法官、检察官、仲裁员以及其他有关工作人员，或者以其他不正当方式影响依法办理案件的；（2）向法官、检察官、仲裁员以及其他有关工作人员行贿，介绍贿赂或者指使、诱导当事人行贿的；

（3）向司法行政部门提供虚假材料或者有其他弄虚作假行为的；（4）故意提供虚假证据或者威胁、利诱他人提供虚假证据，妨碍对方当事人合法取得证据的；（5）接受对方当事人财物或者其他利益，与对方当事人或者第三人恶意串通，侵害委托人权益的；（6）扰乱法庭、仲裁庭秩序，干扰诉讼、仲裁活动的正常进行的；（7）煽动、教唆当事人采取扰乱公共秩序、危害公共安全等非法手段解决争议的；（8）发表危害国家安全、恶意诽谤他人、严重扰乱法庭秩序的言论的；（9）泄露国家秘密的。律师因故意犯罪受到刑事处罚的，由省、自治区、直辖市人民政府司法行政部门吊销其律师执业证书。根据《公证法》第42条规定，公证员有下列行为之一，情节严重的，由省、自治区、直辖市人民政府司法行政部门吊销公证员执业证书：（1）私自出具公证书的；（2）为不真实、不合法的事项出具公证书的；（3）侵占、挪用公证费或者侵占、盗窃公证专用物品的；（4）损毁、篡改公证文书或者公证档案的；（5）泄露在执业活动中知悉的国家秘密、商业秘密或者个人隐私的；（6）依照法律、行政法规的规定，应当给予处罚的其他行为。因故意犯罪或者职务过失犯罪受刑事处罚的，应当吊销公证员执业证书。根据《仲裁法》第34条规定，仲裁员有下列情形之一的，必须回避，当事人也有权提出回避申请：（1）是本案当事人或者当事人、代理人的近亲属；（2）与本案有利害关系；（3）与本案当事人、代理人有其他关系，可能影响公正仲裁的；（4）私自会见当事人、代理人，或者接受当事人、代理人的请客送礼的。根据《仲裁法》第58条规定，当事人提出证据证明裁决有下列情形之一的，可以向仲裁委员会所在地的中级人民法院申请撤销裁决：（1）没有仲裁协议的；（2）裁决的事项不属于仲裁协议的范围或者仲裁委员会无权仲裁的；（3）仲裁庭的组成或者仲裁的程序违反法定程序的；（4）裁决所根据的证据是伪造的；（5）对方当事人隐瞒了足以影响公正裁决的证据的；（6）仲裁员在仲裁该案时有索贿受贿，徇私舞弊，枉法裁决行为的。根据《仲裁法》第38条规定，仲裁员有《仲裁法》第34条第（4）项规定的情形，情节严重的，或者有《仲裁法》第58条第（6）项规定的情形的，应当依法承担法律责任，仲裁委员会应当将其除名。依照这些规定，被吊销律师、公证员执业证书的或者被仲裁委员会除名的，是不符合法律职业从业要求的，因此本法规定被吊销律师、公证员执业证书的或者被仲裁委员会除名的人员不得担任法官。

四、有法律规定的其他情形的

随着社会生活的发展变化，上述三种情形无法穷尽所有不得担任法官的情形，故增加了不得担任法官的禁止性规定的兜底条款。比如，为保障法官任职的公正性，《法官法》第22条对法官兼任其他职务作了规定，法官不得兼任人民代表大会常务委员会的组成人员，不得兼任行政机关、监察机关、检察机关的职务，不得兼任企业或者其他营利性组织、事业单位的职务，不得兼任律师、仲裁员和公证员。对于担任这些职务的人员，在其任职期间不得同时担任法官。根据《法官法》第12条第1款第（3）项关于法官应当具有良好的政治、业务素质和道德品行的规定，如因违反党纪，被予以纪律处分，严重者被开除中国共产党党籍的；或因不履行法院已经生效的裁判文书被依法列为失信惩戒对象的等，经审查不符合担任法官的政治、业务、道德品行条件的，也不能任命为法官。

【实践指导】

实践中应当注意以下几个方面的问题：

一、构成犯罪但因情节轻微免于刑事处罚的人员能否担任法官的问题

根据我国《刑法》第37条的规定，对于犯罪情节轻微不需要判处刑罚的，可以根据案件不同情况，予以训诫或者责令具结悔过、赔礼道歉、赔偿损失，或者由主管部门予以行政处罚或者行政处分。虽然本条未对犯罪情节轻微未受到刑事处罚的人员能否担任法官作出明确规定，但是本法第12条规定法官应当具有良好的政治、业务素质和道德品行。因此，对于犯罪情节轻微未受到刑事处罚的人员，如经审查不符合担任法官的政治、业务素质和道德品行条件的，也不应被任命为法官。

二、法官是否必须是中国共产党党员的问题

根据公务员法规定，被开除中国共产党党籍的，不得录用为公务员。但这并不意味着法官必须是中国共产党党员。被开除中国共产党党籍的人员之所以不宜担任法官，是因为被开除党籍已充分证明其不具备担任法官所应当具有的政治素质，不符合《法官法》第 12 条规定的担任法官应当具备的一般条件。

三、已经担任法官的人员，被给予刑事处罚或被开除公职应如何处理的问题

对于上述情形，应当依照本法第 20 条、第 46 条、第 47 条的相关规定，依法免除其法官职务。

【相关规定】

《中华人民共和国刑法》第 37 条；《中华人民共和国刑事诉讼法》第 177 条；《中华人民共和国公务员法》第 26 条；《中华人民共和国检察官法》第 13 条；《中华人民共和国人民警察法》第 26 条；《中华人民共和国律师法》第 7 条；《中华人民共和国仲裁法》第 34 条；《中华人民共和国公证法》第 20 条；《中华人民共和国驻外外交人员法》第 7 条；《中华人民共和国拍卖法》第 15 条；《全国人民代表大会常务委员会关于司法鉴定管理问题的决定》第 4 条；《中共中央关于全面推进依法治国若干重大问题的决定》；《中共中央办公厅、国务院办公厅关于完善国家统一法律职业资格考试制度的意见》。

第十四条　初任法官采用考试、考核的办法，按照德才兼备的标准，从具备法官条件的人员中择优提出人选。

人民法院的院长应当具有法学专业知识和法律职业经历。副院长、审判委员会委员应当从法官、检察官或者其他具备法官条件的人员中产生。

【条文主旨】

本条规定了初任法官的选任办法和标准，法院院长、副院长、审判委员会委员的选任条件。

【背景解读】

1995年《法官法》第12条规定："初任审判员、助理审判员采用公开考试、严格考核的办法，按照德才兼备的标准，从具备法官条件的人员中择优提出人选。担任院长、副院长、审判委员会委员、庭长、副庭长，应当从具有实际工作经验的人员中择优提出人选。"国家统一司法考试后，2001年《法官法》对本条作了相应修改，规定："初任法官采用严格考核的办法，按照德才兼备的标准，从通过国家统一司法考试取得资格，并且具备法官条件的人员中择优提出人选。人民法院的院长、副院长应当从法官或者其他具备法官条件的人员中择优提出人选。"进一步明确初任法官要通过国家统一司法考试取得资格。党的十八届四中全会提出要"完善法律职业准入制度，健全国家统一法律职业资格考试制度"，根据中央精神，将"国家统一司法考试"调整为"国家统一法律职业资格考试"。2017年《法官法》对本条又作了相应调整，规定："初任法官采用考试、考核的办法，按照德才兼备的标准，从通过国家统一法律职业资格考试取得法律职业资格并且具备法官条件的人员中择优提出人选。人民法院的院长、副院长应当从法官或者其他具备法官条件的人员中择优提出人选。”

本次修订，主要作了以下两方面调整：一是将初任法官需要通过国家统一法律职业资格考试取得法律职业资格的条件，调整到本法第 12 条，作为担任法官必须具备的条件。二是将担任法院院长的条件与担任副院长、审判委员会委员的条件分列，作出不同规定。

【条文释义】

本条共分两款。

一、第 1 款规定了初任法官选任办法和标准

根据本条第 1 款规定，初任法官采用考试、考核的办法，按照德才兼备的标准，从具备法官条件的人员中择优提出人选。按照全面推进高素质法官队伍建设的要求，初任法官的选任，除了应当具备本法第 12 条规定的条件外，还要通过考试、考核的方式，对参加选任的人员进行考察。关于考试和考核的具体方法，根据《中央政法委关于严格执行法官、检察官遴选标准和程序的通知》（中政委〔2017〕9 号）的规定，考试重点考察分析案件事实、归纳争议焦点、正确适用法律、制作司法文书等实际办案能力。考核重在办案业绩，重点考察近三年办案数量、质量和效果，考核应当以客观量化评价为主。考核中民主测评、领导班子成员评价等主观评价主要是针对政治、廉政、作风等方面。

初任法官要按照德才兼备的标准选任。如果说法院是社会正义的最后一道防线，那么法官便是这道防线的守门人。人民法院代表国家独立行使审判权，法官作为司法者，拥有解决纠纷的裁量权，必须由高素质的人来担任。法官不仅要精通法律、熟悉业务，还要政治坚定、清正廉明，具有良好的职业操守和道德品行。

初任法官要从具备法官条件的人员中择优选任。这里“具备法官条

件”是指本法第12条规定的担任法官必须具备的条件，且不得具有本法第13条规定的情形。需要注意的是，初任法官要坚持择优选任，本法第12条的规定，只是必要条件，初任法官选任时，不搞论资排辈、平衡照顾，要精益求精、优中选优，确保选任的法官能够担当起办案责任。

二、第2款规定了人民法院院长、副院长、审判委员会委员的选任条件

根据《中央政法委关于司法体制改革试点中有关问题的意见》（中政委〔2014〕53号）的有关规定，担任法院院长的人员，除具有担任领导干部的政治素质外，还应当具有法学专业知识和法律职业经历。对此，新修订《法官法》予以吸收，同时将原《法官法》关于担任法院院长与担任副院长、审判委员会委员的条件分列，作出不同要求。原《法官法》没有将取得法律职业资格作为担任法官必须具备的条件的情况下，规定院长应当从法官或者其他具备法官条件人员中选任，所以法院院长人选可以不具有法律职业资格。新修订《法官法》沿袭这一精神，对法院院长人选是否具有法律职业资格未作要求，但应当具有法学专业知识和法律职业经历。同时，新修订《法官法》规定了副院长、审判委员会委员应当从具备法官条件的人员中产生，要求取得法律职业资格，进一步提高了法院副院长、审判委员会委员的任职条件。

【实践指导】

实践中，初任法官选任，要严格执行本法第12条规定的要求，从具备法官条件的人员中择优提出人选。同时，还要结合本法第13条有关担任法官禁止性规定、第24条有关法官任职回避等限制性规定，对于有本法第13条规定情形的人员，应当一律禁止选任为法官；对于具有任职回避等情形的，在限制性条件没有彻底解决前，不得选任为法官。

根据《人民法院组织法》的规定，人民法院院长负责本院全面工作，监督本院审判工作，管理本院行政事务。实践中，人民法院院长人选的来源主要有法院系统内部和法院系统外部，但是《法官法》的历次修改，对院长人选的司法专业化能力都提出了明确要求。新修订《法官法》要求人民法院院长应当具有法学专业知识和法律职业经历，考虑到未要求取得法律职业资格，所以，在具体选任工作中，法院院长人选除了不要求取得法律职业资格外，应当具备新修订《法官法》规定的其他任职条件。

新修订《法官法》规定了副院长、审判委员会委员应当从法官或者具备法官条件的人员中产生。实践中，考虑到副院长人选也可能从法院外部产生，对此需要注意的是，对于未曾任命过法官职务或者检察官职务的人员拟担任法院副院长的，应当严格按照新修订《法官法》的规定，要求具备法官条件，取得法律职业资格。相应地，新修订《法官法》施行前已经依法被任命法官职务的人员（含未入额法官），在新修订《法官法》施行后拟被任命副院长、审判委员会委员时，考虑到其已具备法官身份，无需适用新修订《法官法》规定的法官任职条件，重新考察其法官身份，一般可以任命更高职级的法律职务。

第十五条　人民法院可以根据审判工作需要，从律师或者法学教学、研究人员等从事法律职业的人员中公开选拔法官。

除应当具备法官任职条件外，参加公开选拔的律师应当实际执业不少于五年，执业经验丰富，从业声誉良好，参加公开选拔的法学教学、研究人员应当具有中级以上职称，从事教学、研究工作五年以上，有突出研究能力和相应研究成果。

【条文主旨】

本条是关于从律师或者法学教学、研究人员中公开选拔法官的规定。

【背景解读】

从从事法律职业的人员中择优选拔法官是拓宽法官来源渠道、吸引更多优秀法律人才、推进法官队伍正规化、职业化、专业化的重要举措。2013年，《最高人民法院关于新形势下进一步加强人民法院队伍建设的若干意见》提出要拓宽人才来源渠道，加大从优秀律师和专家学者中选拔法官力度。同年，《最高人民法院关于切实践行司法为民大力加强公正司法不断提高司法公信力的若干意见》提出要进一步扩大法官遴选范围，注重从律师群体及其他法律实务部门且具有基层工作经历的人员中选拔法官，吸引社会上的优秀法律人才加入法官队伍。2014年，《中共中央关于全面推进依法治国若干重大问题的决定》提出了“建立从符合条件的律师、法学专家中招录立法工作者、法官、检察官制度”改革任务。2015年出台的《人民法院第四个五年改革纲要（2014—2018）》提出，完善将优秀律师、法律学者，以及在立法、检察、执法等部门任职的专业法律人才选任为法官的制度。健全法院和法学院校、法学研究机构人员双向交流机制，实施高校和法院人员互聘计划。2016年，中共中央办公厅印发《从律师和法学专家中公开选拔立法工作者、法官、检察官办法》，就从律师和法学专家中公开选拔立法工作者、法官、检察官提出了相应的原则、条件、程序和要求。2013年，最高人民法院发布公告，从专家学者、律师、党政机关从事法律工作人员中公开选拔5名高层次审判人才。2015年，上海首次探索从律师、法学专家中选拔高级法官检察官。

【条文释义】

“法律职业共同体是由法官、检察官、法学学者和律师组成的法律职业群体，这群人拥有共同的法律教育背景，共同的事业追求，相同的职业思维，共同的职业语境和统一的知识体系。”[①] 从律师和法学专家中选拔法官，促进法律职业共同体之间的交流，是法治发达国家和地区的惯例。英美法系国家的法官通常从执业最成功的律师或者检察官中选任，这确保了法官的精英化。“从14世纪开始，英国各级法院的法官都从律师中产生，目前英美法系国家基本上沿用了这一方法。”[②] 对于英美法系国家的律师、检察官来说，被选任为法官是其法律职业生涯中的巅峰。

律师、法学专家等从事法律职业的人员都是建设社会主义法治国家的重要力量，公开从律师和法学专家等从事法律职业的人员中公开选拔法官，有利于优化法官队伍结构，促进法学理论和法律实践良性互动，提高法律职业共同体之间的理解与尊重。

律师或者法学教学、研究人员等从事法律职业的人员要想被选拔为法官，必须首先具备法官的任职条件。本法第12条规定了担任法官必须具备的条件，第14条规定了不得担任法官的情形。

---

① 张文显、卢学英：《法律职业共同体引论》，载《法制与社会发展》2002年第6期。

② 李贤华：《域外法院从律师中选拔法官的做法》，载《人民法院报》2015年8月7日，第8版。

按照《从律师和法学专家中公开选拔立法工作者、法官、检察官办法》的规定，公开选拔坚持四大原则：一是党管干部；二是德才兼备、以德为先；三是专业化、职业化；四是公开、公正、竞争、择优。坚持这四大原则，才能通过科学的方式和途径将真正德才兼备的优秀法律人才吸收到法官队伍中来。

美国法学家霍姆斯在《普通法》一书中开宗明义地指出："法律的生命不在于逻辑，而在于经验。"只有具备一定执业年限，才可能具备丰富的办案经验和人生阅历，因此，本法规定，参加公开选拔的律师应当实际执业不少于五年。而仅仅职业经验丰富的律师还不足以具备参加选拔的资格，还必须"从业声誉良好"。只有"从业声誉良好"，才可能在未来担任法官时忠实履行职责，实现司法公正。

专家学者从事法学教学和研究工作，只有法学理论功底扎实，学术造诣精深，才可能更好地将法学理论与司法实务相结合，促进法学理论与司法实践的良性互动。因此，参加公开选拔的法学教学、研究人员应当具有中级以上职称，从事教学、研究工作 5 年以上，有突出研究能力和相应研究成果。

上述对律师和法学专家从业资历年限的规定，考虑了与实行法官员额制和逐级遴选制度相匹配的要求。

【相关规定】

中共中央办公厅《从律师和法学专家中公开选拔立法工作者、法官、检察官办法》（厅字〔2016〕20 号）。

第十六条　省、自治区、直辖市设立法官遴选委员会，负责初任法官人选专业能力的审核。

省级法官遴选委员会的组成人员应当包括地方各级人民法院法官代表、其他从事法律职业的人员和有关方面代表，其中法官代表不少于三分之一。

省级法官遴选委员会的日常工作由高级人民法院的内设职能部门承担。

遴选最高人民法院法官应当设立最高人民法院法官遴选委员会，负责法官人选专业能力的审核。

【条文主旨】

本条是关于法官遴选委员会的规定。

【条文释义】

党的十八届四中全会审议通过《中共中央关于全面推进依法治国若干重大问题的决定》，确立了推进法治专门队伍的正规化、专业化和职业化的建设目标，要求“建立法官逐级遴选制度。初任法官由高级人民法院统一招录，一律在基层法院任职。上级人民法院的法官一般从下一级人民法院的优秀法官中遴选”。中央全面深化改革领导小组第三次会议审议通过《关于司法体制改革试点若干问题的框架意见》，要求“在省一级设立法官遴选委员会，从专业角度提出法官人选，确保法官人选具备必要的法律素养、专业能力和审判经验”。为贯彻中央决议，最高人民法院发布《人民法院第四个五年改革纲要（2014—2018）》（以下简称“四五改革纲要”），进一步提出“推动在省一级设立法官遴选委员会，从专业角度提出法官人选”。据此，本条提出成立法官遴选委员会，负责法官专业能力的审核。

需要说明的几个问题：

一、法官遴选委员会审核的是法官的专业能力

《法官法》第12条、第13条规定了担任法官的条件，除具备上述法条规定的任职条件外，法官还应当具备相应的专业能力。法官的专业能力包括但不限于分析案件事实、归纳争议焦点、正确适用法律、制作法律文书、庭审驾驭等实际办案能力，这些能力是法官遴选委员会审核的重点。而对于政治素养、廉洁自律等方面的审核，一般由组织人事、纪检监察等部门负责，对此，《法官法》没有明确规定，但在“四五改革纲要”中有所体现，即“由组织人事、纪检监察部门在政治素养、廉洁自律等方面把关，人大依照法律程序任免”。

二、关于上级法院从下级法院遴选法官的审核

根据本条第1款、第4款规定，省级法官遴选委员会负责审核初任法官的专业能力，最高人民法院遴选委员会负责审核最高人民法院遴选法官的专业能力。最高人民法院遴选法官，包括从最高人民法院机关遴选法官和从下级法院遴选法官，这两类遴选皆由最高人民法院遴选委员会负责审核专业能力。然而，对于省级以下法院，上级法院若从下级法院遴选法官，其专业能力由谁负责审核？本条没有明确规定。对此，我们认为，省级法官遴选委员会仅负责审核初任法官的专业能力，防止将不符合初任法官条件的人员遴选进来，把好“入口关”，而省内上级法院遴选下级法院法官应当不属于省级法官遴选委员会的职责。

三、关于法官遴选委员会的人员构成

本条第2款规定了省级法官遴选委员会的人员构成，即应当包括地方各级人民法院法官代表、其他从事法律职业的人员和有关方面代表。即，省级法官遴选委员会应由法官代表和其他相关行业代表共同构成，这体现了司法公开、公正、专业、权威的要求。该条没有对最高人民法

院法官遴选委员会的人员构成作出规定，但是根据“举轻以明重”的原则，最高人民法院法官遴选应坚持更高标准、更严要求，慎重选择、严格选拔、优中选优，因此遴选委员代表的选择也要更加具有权威性、代表性、专业性。事实上，最高人民法院在2017年遴选首批员额法官时的做法也证明了这一点，当时的法官遴选委员会就由中央有关单位负责人、全国人大代表、全国政协委员以及社会有关代表、专家代表、法官代表等15人组成。当然，选任法官由不同行业代表组成的专门机构负责也是国外通常的做法。例如，德国法官遴选委员会就由议会议员、司法部官员和律师组成，法国则设最高司法委员会，由总统或司法部长任主席，成员包括5名法官、1名检察官和4名司法系统以外的代表。

四、关于法官遴选委员会的办事机构

法官遴选委员会由不同行业的专业代表组成，并非常设机构，具有一定流动性，因此其日常工作需要相关职能部门承担。法官遴选工作由法院主导，故日常工作应由法院内设职能部门承担。据此，本条第3款规定，省级法官遴选委员会的日常工作由高级人民法院的内设职能部门承担。实践中，该内设职能部门通常为高级人民法院政治部。本条对最高人民法院遴选委员会的日常工作由谁承担并未作出规定，但根据《最高人民法院法官遴选委员会章程（试行）》的规定，“遴选委员会在最高人民法院政治部设立法官遴选工作办公室，负责遴选委员会的日常工作”，即最高人民法院法官遴选委员会的日常工作由也由其内设职能部门——政治部承担。

第十七条　初任法官一般到基层人民法院任职。上级人民法院法官一般逐级遴选；最高人民法院和高级人民法院法官可以从下两级人民法院遴选。参加上级人民法院遴选的法官应当在下级人民法院担任法官一定年限，并具有遴选职位相关工作经历。

【条文主旨】

本条是关于法官逐级遴选制度的规定。

【背景解读】

一、相关背景情况

法律的生命在于经验。按照改革前的法官选任规定，法官任职条件趋同，对法律职业经验的要求偏低，部分审判经验不足、司法阅历较少的人员可以直接担任上级法院法官，未能体现出各级法院的功能差异和任职要求，在实践中也很难让下级法院的法官信服。实行法官逐级遴选，既是完善法官养成机制的内在要求，也是域外法治国家特别是大陆法系国家遴选法官的普遍做法。如德国实行了逐级晋升机制，初任法官应先在初级法院工作一定期限，之后经过法院考验和审查，才能成为上级法院的法官。德国联邦法院的法官几乎都曾经是州法官，这为经验丰富的法官拓展了晋升通道。日本对不同层级法院的法官任职资格作出了明确规定，法院的层级越高，所要求的资历条件也越高。

法官逐级遴选制度是本轮司法体制改革的重要内容。2013 年 11 月，《中共中央关于全面深化改革若干重大问题的决定》提出，建立符合职业特点的司法人员管理制度，健全法官、检察官、人民警察统一招录、有序交流、逐级遴选机制。2014年10月，党的十八届四中全会通过的《中共中央关于全面推进依法治国若干重大问题的决定》提出，初任法官由高级人民法院统一招录，一律在基层人民法院任职；上级人民法院法官一般从下一级人民法院的优秀法官中遴选。《中央组织部、最高人民法院、最高人民检察院关于建立法官检察官逐级遴选制度的意见》等司改文件规定，中级以上人民法院法官一般通过逐级遴选方式产生；最高人民法院和高级人民法院法官可以从下两级人民法院遴选；中级、高级人民法院遴选法官人选一般在下级人民法院担任法官五年以上，并具有遴选职位三年以上相关工作经历；最高人民法院遴选法官人选一般在下级人民法院担任法官八年以上，并具有遴选职位五年以上相关工作经历。建立法官逐级遴选制度，既可以充实基层一线办案力量，又可以建立法律职业从基层起步、逐级向上级法院晋升的法官培养机制，对于确保法律有效实施、合理行使司法权、维护社会公平正义具有至关重要的作用。

二、各方面提出的意见

有观点提出，初任法官一律到基层法院任职，可能导致中级以上人民法院难以招到优秀的法官助理，而法官助理是将来法官的主要来源，这一制度设计不符合法官队伍职业化的发展要求，建议法律层面制作原则表述，为相关改革留下更大制度空间。有观点提出，对员额制改革前已经招录到上级法院但尚未任命法官职务的人员，是否一律要到基层法院担任初任法官，以及担任法官后又以何种方式回到原任职法院，在法律中应当予以明确。还有观点提出，遴选条件规定得过细不利于发挥遴选制度的实际作用，建议适当放宽，具体任职年限和遴选职位相关工作经历年限由“两高”会同有关部门根据实际情况确定即可。另有观点认为，基层法院案件多，法官少，办案压力大，为防止基层法院人才流失，建议将相关年限都规定为八年。

【条文释义】

一、关于初任法官一般到基层人民法院任职

初任法官，一般指未任命过法官职务的人员，通过考核、考试的方式，经法官遴选委员会审核通过，并经同级人大常委会任命后成为员额法官的情形。对在本轮司法体制改革前已被任命为审判员或者助理审判员、在改革之初暂未进入员额法官队伍、后又经考核考试成为员额法官的，由于其曾经担任法官，因而不属于初任法官。员额制实施前在中级以上人民法院任命过法官职务但未入额、且仍在审判部门协助办案的，可以在本院参加法官入额遴选。最高人民法院法官助理初任法官的，可以到中级人民法院任职。

二、关于上级人民法院法官一般逐级遴选，最高人民法院和高级人民法院法官可以从下两级人民法院遴选

逐级遴选，一般指上一级人民法院法官从下一级人民法院法官中择优遴选产生，其中对最高人民法院和高级人民法院遴选法官有例外规定，即最高人民法院可以从高级人民法院、中级人民法院两级法院遴选法官，高级人民法院法官可以从中级人民法院、基层人民法院两级法院遴选法官。

三、关于法官逐级遴选中相关工作经历年限的问题

有人认为，《中央组织部、最高人民法院、最高人民检察院关于建立法官检察官逐级遴选制度的意见》对遴选人选在下级法院担任法官的年限和遴选职位的工作年限均有明确要求，应予坚持。法律修订草案及二次审议稿都对法官逐级遴选设置了严格条件，既要符合担任法官的年限要求，还要具有遴选职位相应年限的工作经历。这种双重的严格限定，在实践中可能产生人选范围偏窄问题，不利于形成充分竞争择优的法官

遴选机制。因此，应适当放宽逐级遴选资格条件，只规定逐级遴选上级法院法官应担任下级法院法官一定年限，并具有遴选职位相关工作经历，而对于具体年限则不宜在立法中作出硬性要求。基于此，新《法官法》采用了原则表述的方式，规定“参加上级人民法院遴选的法官应当在下级人民法院担任法官一定年限，并具有遴选职位相关工作经历”，对上述两个方面都没有再作硬性年限规定，从而为下一步司法体制综合配套改革的顺利推进预留了更大的制度空间。

【相关规定】

《中共中央关于全面深化改革若干重大问题的决定》；《中共中央关于全面推进依法治国若干重大问题的决定》；《中央组织部、最高人民法院、最高人民检察院关于建立法官检察官逐级遴选制度的意见》；《中共中央办公厅关于加强法官检察官正规化专业化职业化建设全面落实司法责任制的意见》；《中共中央办公厅关于政法领域全面深化改革的实施意见》。

第四章　法官的任免

第十八条　法官的任免，依照宪法和法律规定的任免权限和程序办理。

最高人民法院院长由全国人民代表大会选举和罢免，副院长、审判委员会委员、庭长、副庭长和审判员，由院长提请全国人民代表大会常务委员会任免。

最高人民法院巡回法庭庭长、副庭长，由院长提请全国人民代表大会常务委员会任免。

地方各级人民法院院长由本级人民代表大会选举和罢免，副院长、审判委员会委员、庭长、副庭长和审判员，由院长提请本级人民代表大会常务委员会任免。

在省、自治区内按地区设立的和在直辖市内设立的中级人民法院的院长，由省、自治区、直辖市人民代表大会常务委员会根据主任会议的提名决定任免，副院长、审判委员会委员、庭长、副庭长和审判员，由高级人民法院院长提请省、自治区、直辖市人民代表大会常务委员会任免。

新疆生产建设兵团各级人民法院、专门人民法院的院长、副院长、审判委员会委员、庭长、副庭长和审判员，依照全国人民代表大会常务委员会的有关规定任免。

【条文主旨】

本条是关于人民法院法官任免权限和程序的规定。

【条文释义】

一、关于法官任免依据

我国宪法和有关法律对法官任免规定了严格的程序和权限。《宪法》规定，县级以上的地方各级人民代表大会选举并且有权罢免本级人民法院院长；最高人民法院对全国人民代表大会和全国人民代表大会常务委员会负责。地方各级人民法院对产生它的国家权力机关负责。《人民法院组织法》也对最高人民法院、地方各级人民法院、专门法院的法官任免作出了规定。此外，《全国人民代表大会常务委员会关于新疆维吾尔自治区生产建设兵团设置人民法院和人民检察院的决定》对新疆生产建设兵团人民法院的法官任免作出了规定。《全国人民代表大会常务委员会关于在沿海港口城市设立海事法院的决定》《全国人民代表大会常务委员会关于在北京、上海、广州设立知识产权法院的决定》《全国人民代表大会常务委员会关于设立上海金融法院的决定》，对海事法院、知识产权法院、金融法院的法官任免作出了规定。以上规定均为法官任免的制度依据。

二、关于最高人民法院院长的选举和罢免以及副院长、审判委员会委员、庭长、副庭长和审判员的任免程序和权限，与《宪法》和《人民法院组织法》规定的程序和权限一致

《宪法》第62条、第63条、第65条有关条款分别规定，全国人民代表大会选举最高人民法院院长，全国人民代表大会有权罢免最高人民法院院长，全国人民代表大会常务委员会根据最高人民法院院长的提请，任免最高人民法院副院长、审判员、审判委员会委员和军事法院院长。

最高人民法院作为最高审判机关，其领导人员及庭长、副庭长、审判员由全国人大及其常委会选举和任免，充分体现了最高审判机关由最高国家权力机关产生并对其负责的宪法精神。

三、关于最高人民法院巡回法庭庭长、副庭长的任免程序及权限

目前，最高人民法院共设立了 6 个巡回法庭，审理最高人民法院依法确定的案件。根据《人民法院组织法》规定，巡回法庭是最高人民法院的组成部门，巡回法庭的判决和裁定即最高人民法院的判决和裁定。巡回法庭在组织体系上并非独立的法院，而是最高人民法院的组成部门，与最高人民法院的内设审判机构属于同一审级。因此，最高人民法院巡回法庭的庭长、副庭长和本部审判庭庭长、副庭长任免程序一样，由最高人民法院院长提请全国人民代表大会常务委员会任免。巡回法庭的普通法官本身就是最高人民法院的法官，到巡回法庭任职，无需再由全国人民代表大会常务委员会另行任免。

四、关于地方各级人民法院院长的选举和罢免以及副院长、审委会委员、庭长、副庭长和审判员的任免程序及权限

根据《宪法》规定，县级以上的地方各级人民代表大会选举并有权罢免本级人民法院院长。根据《地方各级人民代表大会和地方各级人民政府组织法》规定，县级以上的地方各级人民代表大会常务委员会按照《人民法院组织法》的规定，任免人民法院副院长、庭长、副庭长、审委会委员、审判员。人民法院组织法规定，地方各级人民法院院长由本级人民代表大会选举，副院长、庭长、副庭长、审委会委员和审判员由院长提请本级人民代表大会常务委员会任免。除省、自治区内按地区设立的和直辖市内设立的中级人民法院、专门法院和少数因特殊需要设置的法院外，地方各级人民法院大部分按照行政区划设置，均有对应的人民代表大会。因此，院长等人员由本级人民代表大会及其常务委员会选举和任免。

五、关于省、自治区内按地区设立的和直辖市内设立的中级人民法院院长、副院长、审判委员会委员、庭长、副庭长和审判员任免程序及权限

这是一种比较特殊的任免形式，由于这类中级人民法院没有直接对应的人民代表大会，法官不能通过选举的方式产生，只能通过直接任免的方式产生，而且法官的任免权由省级人大常务委员会行使。

六、关于新疆生产建设兵团各级人民法院、专门人民法院的院长、副院长、审判委员会委员、庭长、副庭长和审判员任免办法

1999 年《全国人民代表大会常务委员会关于新疆维吾尔自治区生产建设兵团设置人民法院和人民检察院的决定》明确，新疆维吾尔自治区高级人民法院生产建设兵团分院院长、副院长、审判委员会委员、庭长、副庭长和审判员，新疆维吾尔自治区生产建设兵团中级人民法院院长、副院长、审判委员会委员、庭长、副庭长和审判员，由自治区高级人民法院院长提请自治区人民代表大会常务委员会任免；基层人民法院院长、副院长、审判委员会委员、庭长、副庭长和审判员，由新疆维吾尔自治区高级人民法院生产建设兵团分院任免。其中，新疆生产建设兵团基层法院法官由新疆生产建设兵团分院任免，不同于本法关于其他法官的任免规定，即非由人民代表大会或其常务委员会任免。

根据《人民法院组织法》规定，专门人民法院包括军事法院和海事法院、知识产权法院、金融法院等。根据《宪法》规定，中国人民解放军军事法院院长由最高人民法院院长提请全国人大常委会任免。根据 1984 年《全国人民代表大会常务委员会关于在沿海港口城市设立海事法院的决定》规定，海事法院院长由所在地的市人民代表大会常务委员会主任提请本级人民代表大会常务委员会任免，副院长、审判委员会委员、庭长、副庭长和审判员由海事法院院长提请所在地的市人民代表大会常务委员会任免。根据 2014 年《全国人民代表大会常务委员会关于在北京、上海、广州设立知识产权法院的决定》规定，知识产权法院院长由

所在地的市人民代表大会常务委员会主任会议提请本级人民代表大会常务委员会任免，副院长、审判委员会委员、庭长、副庭长和审判员由知识产权法院院长提请所在地的市人民代表大会常务委员会任免。根据2018年《全国人民代表大会常务委员会关于设立上海金融法院的决定》规定，上海金融法院院长由上海市人民代表大会常务委员会主任会议提请上海市人民代表大会常务委员会任免，副院长、审判委员会委员、庭长、副庭长和审判员由上海金融法院院长提请上海市人民代表大会常务委员会任免。

第十九条　法官在依照法定程序产生后，在就职时应当公开进行宪法宣誓。

【条文主旨】

本条是关于法官宪法宣誓制度的规定。

【背景解读】

党的十八届四中全会通过的《中共中央关于全面推进依法治国若干重大问题的决定》提出“建立宪法宣誓制度，凡经人大及其常委会选举或者决定任命的国家工作人员正式就职时公开向宪法宣誓”。2015 年，第十二届全国人民代表大会常务委员会第十五次会议通过的《全国人民代表大会常务委员会关于实行宪法宣誓制度的决定》明确规定，地方各级人民代表大会及县级以上地方各级人民代表大会常务委员会选举或者决定任命的国家工作人员，以及地方各级人民政府、监察委员会、人民法院、人民检察院任命的国家工作人员，在依照法定程序产生后，进行宪法宣誓。这是以立法的方式确立了宪法宣誓制度。2018 年，第十三届全国人民代表大会第一次会议通过的《宪法修正案（五）》在《宪法》第 27 条增加 1 款，作为第 3 款：“国家工作人员就职时应当依照法律规定公开进行宪法宣誓”。根据《法官法》第 18 条的规定，法官由人民代表大会或者其常务委员会任免，而且法官也是国家工作人员，因此，法官在就职时应当公开进行宪法宣誓。

宪法宣誓制度的渊源是，1215 年英国国王约翰宣誓遵守《大宪章》的规定。[①] 世界上第一部成文宪法——《美国宪法》第 2 条第 1 款规定了

---

① 刘艺灵：《“宣示”——宪法宣誓制度的核心功能探讨》，载《东南学术》2017 年第 3 期。

总统就职时应宣誓遵守合众国宪法。1919年德国《魏玛宪法》首次提出建立国家公职人员就职宣誓制度。目前，世界上大多数国家都在成文宪法中规定了宪法宣誓制度。而法官宣誓源于古希腊城邦雅典的“民众法庭”。民众法庭的裁判官由从30岁以上的普通公民中通过抽签选出的人来担任，任期一年，每个公民一生中只有两次担任裁判官的机会。民众法庭的裁判官在就职之前，必须参加宣誓就职仪式。[①]

在大陆法系国家，法官被视为“特殊的公务员”，其宣誓与普通公务员并无二致。而在大陆法系国家，法官宣誓一般有特有的程序。法官宣誓一般有固定的誓词，但也不排斥法官个人的独创。法官宣誓的对象物一般是宪法、法律，也有上帝、国王等。[②]

《最高人民法院关于宪法宣誓的组织办法》拟定的最高人民法院法官、其他国家工作人员宪法宣誓誓词为：我宣誓：忠于中华人民共和国宪法，维护宪法权威，履行法定职责，忠于祖国、忠于人民，恪尽职守、廉洁奉公，接受人民监督，为建设富强、民主、文明、和谐的社会主义国家努力奋斗！

【条文释义】

“宣誓”的本质是“宣示”，宪法宣誓仪式的意义是在宣誓者与观者的互动情境中得以实现的。[③] 法官在就职时公开向宪法宣誓实质上是宣示对宪法的忠诚，其有着以下重要意义：

一、宣誓是履行法官忠于宪法义务的一种形式

《法官法》第10条明确将“严格遵守宪法和法律”列为法官的首要义务。宪法是国家的根本大法，是治国安邦的总章程，是国民的总共识。

---

① 何帆、方斯远：《各国法官如何向宪法宣誓》，载《民主与法制时报》2014年12月8日，第11版。

② 何帆、方斯远：《各国法官如何向宪法宣誓》，载《民主与法制时报》2014年12月8日，第11版。

③ 刘艺灵：《“宣示”——宪法宣誓制度的核心功能探讨》，载《东南学术》2017年第3期。

法官作为司法者，其必须依照宪法、法律居中裁判。马克思说："法官是法律世界的国王，法官除了法律没有别的上司。"这实际上要求法官树立宪法、法律至上的意识，不得违背宪法、法律进行裁判。伯尔曼说："没有信仰的法律将退化为僵死的教条。法律必须被信仰，否则它将形同虚设。"只有法官在内心中形成对宪法和法律的坚定信仰，才有可能将法律的精神外化在司法实践中，才有可能带动国民尊重、信赖、信仰宪法和法律。宪法宣誓仪式也是宪法的实施方式之一，法官通过宪法宣誓，表明"权在法下"的法治观念，有利于唤醒或巩固其内心的法律信仰。因此，法官要自觉做遵守宪法的楷模，忠于宪法，遵守宪法，维护宪法，严格按照宪法、法律规定行使司法权，将法律信仰植根于国民心中。

二、宣誓是法官对人民的庄重承诺

人民是国家的主人，国家的一切权力来源于人民，也属于人民，法官的审判权也不例外。列宁曾经把宪法说成是"写满人民权利的纸"。法官的审判权是宪法授予的，法官行使审判权必须受到宪法和法律的约束，法官行使审判权的根本目的在于维护和实现公民的基本权利。法官公开进行宪法宣誓，是对人民的庄重承诺，体现了对权力授予者——人民权利的尊重，也是主动接受人民监督的一种方式。

三、宣誓有利于凝聚法官群体的共识

法官宪法宣誓是一种内在的约束，其可以使法官明确自己的职责，深化职业认同感、归属感，增强职业尊荣感。法官宣誓也是一种凝聚法官群体共识，将法治精神和职业道德要求内化到法官个体的过程。

四、宣誓是法官就职的必经程序

法官宪法宣誓不仅仅是一种仪式感非常强的活动，而且是一项法定的程序。法官宪法宣誓后，表明将开始正式行使审判权，开始承担为民司法的神圣使命。法官未参加宪法宣誓，其就职可能失去合法性，爱尔兰宪法规定，任何拒绝或忽略宣誓的法官均被视为业已辞去其职务。[①]

【实践指导】

2012年12月，最高人民法院出台《法官宣誓规定（试行）》，该规定第一条明确，初次担任或重新担任法官职务的人员，应当以公开宣告誓词的方式，对忠实执行宪法和法律，全心全意为人民服务，公正廉洁司法，自觉接受监督，作出郑重承诺。该规定适用于各级人民法院。

根据《全国人民代表大会常务委员会关于实行宪法宣誓制度的决定》第9条规定，（宪法）宣誓的具体组织办法由省、自治区、直辖市人民代表大会常务委员会参照本决定制定，报全国人民代表大会常务委员会备案。2016年4月，最高人民法院制定的《最高人民法院关于宪法宣誓的组织办法》（以下简称《办法》）取代了《法官宣誓规定（试行）》，该《办法》进一步明确最高人民法院组织宪法宣誓仪式的具体内容，但其适用范围不包括地方法院国家工作人员。各地法院在省（区、市）人大常委会具体组织办法未出台前，组织宪法宣誓仪式时可以参照该《办法》执行。

依照《全国人民代表大会常务委员会关于实行宪法宣誓制度的决定》第9条规定，地方各级人民代表大会及县级以上地方各级人民代表大会常务委员会选举或者决定任命的国家工作人员，以及地方各级人民法院任命的国家工作人员应进行宪法宣誓。依照我国《刑法》第93条规定，刑法中所称的“国家工作人员”是指国家机关中从事公务的人员。参照此条规定，在各级法院中，应当在就职前进行宪法宣誓的人员是所有在法院中从事公务的人员，即除了法官，还应包括从事公务的审判辅助人员和司法行政人员。

应当注意的是，法官宪法宣誓是一种仪式，如果法官违背自己的誓言、未履行自己的职责，则需要依据法律、纪律进行处理。

---

① 何帆、方斯远：《各国法官如何向宪法宣誓》，载《民主与法制时报》2014年12月8日，第11版。

既然宪法宣誓是法官就职前必经法律程序，那么，就应当规定不宣誓或者宣誓不成立的法律后果，如重新宣誓、取消就职资格等，这样才能确保宣誓的严肃性和权威性。

【相关规定】

《最高人民法院关于印发〈最高人民法院关于宪法宣誓的组织办法〉的通知》（法发〔2016〕9 号）。

第二十条　法官有下列情形之一的，应当依法提请免除其法官职务：

（一）丧失中华人民共和国国籍的；

（二）调出所任职人民法院的；

（三）职务变动不需要保留法官职务的，或者本人申请免除法官职务经批准的；

（四）经考核不能胜任法官职务的；

（五）因健康原因长期不能履行职务的；

（六）退休的；

（七）辞职或者依法应当予以辞退的；

（八）因违纪违法不宜继续任职的。

【条文主旨】

本条是关于免除法官职务情形的规定。

【背景解读】

1995 年制定的《法官法》第 13 条规定："法官有下列情形之一的，应当依法提请免除其职务：（一）丧失中华人民共和国国籍的；（二）调出本法院的；（三）职务变动不需要保留原职务的；（四）经考核确定为不称职的；（五）因健康原因长期不能履行职务的；（六）退休的；（七）辞职、辞退的；（八）因违纪、违法犯罪不能继续任职的；（九）因其他原因需要免职的。"2001 年《法官法》将该条第（7）项修改为："（七）辞职或者被辞退的"，并删去第（9）项"因其他原因需要免职的"。2017 年《法官法》没有对本条作出修改。从法律上明确规定免除法官职务的情形，为加强法官管理，建立法官正常退出机制提供了法律依据，也为法官依法履职提供了坚实法律保障。

2005年我国制定了《公务员法》，该法第47条明确规定："公务员在定期考核中被确定为不称职的，按照规定程序降低一个职务层次任职。"第83条规定："公务员有下列情形之一的，予以辞退：（一）在年度考核中，连续两年被确定为不称职的……。"2018年新修订的公务员法对这些规定作了部分修改，第50条第2款规定："公务员在年度考核中被确定为不称职的，按照规定程序降低一个职务或者职级层次任职。"可见，《公务员法》中关于经考核确定为不称职的处分，主要是降职降级或予以辞退。因此，《法官法》把经考核确定为不称职作为免除法官职务的情形，和《公务员法》的相关规定存在一定冲突，需要进行相应的修改。

党的十八大以来，党中央全面推进依法治国，深入推进司法体制改革，对加强法官履职保障、推进法官员额制改革、完善法官管理制度提出了一系列新要求，推出了一系列新举措。2014年10月，党的十八届四中全会通过的《中共中央关于全面推进依法治国若干重大问题的决定》明确提出："建立健全司法人员履行法定职责保护机制。非因法定事由，非经法定程序，不得将法官、检察官调离、辞退或者作出免职、降级等处分。"中央有关司法体制改革的文件提出：推进法官员额制改革，进入员额的法官必须在司法一线办案，办案质量、效率达不到考核标准的，应当退出员额。最高人民法院印发的《关于深化人民法院司法体制综合配套改革的意见——人民法院第五个五年改革纲要（2019—2023）》中也明确提出："健全法官员额管理制度，完善法官交流和退出机制，明确退出的情形、程序、相应后果及救济办法等，实现员额进出常态化、制度化。"

根据中央的新要求、法律的新变化和实践的新需要，2019年修订《法官法》，在1995年制定的《法官法》和2001年修改决定的基础上，对本条规定作了进一步的修改和完善。一是将本条首段"应当依法提请免除其职务"修改为"应当依法提请免除其法官职务"。二是将本条第（2）项"调出本法院的"修改为"调出所任职人民法院的"。三是将本条第（3）项"职务变动不需要保留法官职务的"修改为"职务变动不需要保留法官职务的，或者本人申请免除法官职务经批准的”。四是将本条第（4）项“经考核确定为不称职的”修改为“经考核不能胜任法官职务的”。五是将本条第（7）项“辞职或者被辞退的”修改为“辞职或者依法应当予以辞退的”。六是将“因违纪、违法犯罪不能继续任职的”修改为“因违纪违法不宜继续任职的”。

【条文释义】

本条规定了八种应当依法提请免除法官职务的情形。

一、丧失中华人民共和国国籍的

根据本法第12条的规定，担任法官必须具备的首要条件就是具有中华人民共和国国籍。作为中华人民共和国的法官，丧失了中华人民共和国国籍，自然就不再具备担任法官的条件，依法应当免除其法官职务。我国国籍法规定了两种丧失中国国籍的情形：一是定居外国的中国公民，自愿加入或取得外国国籍的，即自动丧失中国国籍；二是中国公民是外国人的近亲属或者定居在外国或者有其他正当理由，申请退出中国国籍获得批准的，即丧失中国国籍。但同时也明确规定国家工作人员和现役军人不得退出中国国籍。因此，在职法官作为国家工作人员，不能申请退出中国国籍，即使申请也依法不予批准。但如有法官在外国居住期间，自愿加入或取得了外国国籍，则自动丧失中国国籍，不再符合继续担任法官的国籍条件，应当依法免除其法官职务。

二、调出所任职人民法院的

依据《宪法》和《人民法院组织法》等有关法律，本法第18条对最高人民法院、地方各级人民法院、新疆生产建设兵团各级人民法院、专门人民法院法官职务的任免，均规定了相应的任免权限和任免程序。修订后的《法官法》延续了我国法官分级任免的规定。对于调出所任职人民法院的法官，即便是调到其他法院工作的，也不再属于原任职人民法院的法官，应当依法免除其原法官职务。如果在其他法院继续担任法官的，应按照相应的权限和程序进行重新任免。

三、职务变动不需要保留法官职务的，或者本人申请免除法官职务经批准的

职务变动不需要保留法官职务的情形，虽然延续了以前《法官法》的规定，但是在新一轮司法体制改革背景下被赋予了新的内涵和新的要求。针对过去部分具有法官职务的人不在审判部门和审判岗位工作的情况，人民法院深入推进法官员额制改革，根据审判工作特点，在审判业务部门和审判岗位确定法官工作岗位，不允许在行政管理部门和综合部门设置法官员额。进入员额的法官，如因工作需要等原因调整到审判辅助部门和行政管理部门，必须退出法官员额。为此，如有法官发生职务变动，调整到非审判业务部门或非审判岗位工作，不再担任审判职务和承担审判职责的，依法应当免除其法官职务。此外，本次修订的《法官法》增加了本人申请免除法官职务经批准的情形。法官本人出于个人原因和考虑不愿意继续从事审判工作，申请免除法官职务的，并按照管理权限经过有关部门及领导批准的，也应当依法免除其法官职务。

四、经考核不能胜任法官职务的

加强法官绩效考核，完善法官员额退出管理办法，是深化法官员额制改革，建设高素质专业化法官队伍的迫切需要，也是严格落实司法责任制，提高审判质效和司法公信力的必然要求。中央政法委印发的《关于严格执行法官、检察官遴选标准和程序的通知》（中政委〔2017〕9 号）明确要求实行常态化的绩效考核，员额法官办案质量、效率达不到考核标准的，应当退出员额。根据本法的规定，对法官的考核，应当全面、客观、公正，实行平时考核和年度考核相结合；对法官的考核内容包括：审判工作实绩、职业道德、专业水平、工作能力、审判作风，重点考核审判工作实绩。目前，最高人民法院正在制定和完善法官绩效考核和法官员额退出管理办法，对于法官经考核不能胜任法官职务的，应

当依法免除其法官职务。

五、因健康原因长期不能履行职务的

根据本法第12条明确规定，担任法官必须具有正常履行职责的身体条件。推进法官员额制改革，是坚持以案定额、按岗设额，员额法官必须在司法一线办案，办案数量、质量和效率必须达到考核标准。此外，还要严格落实司法责任制，对案件质量终身负责。这些都要求法官必须具备良好的身体条件。法官因健康原因不能完成工作任务，就会导致法官员额资源闲置，加重了其他法官同事的工作负担，部分法院案多人少的矛盾也会更加突出。因此，如法官因健康原因长期不能履行职务，就不宜再继续担任法官职务，应当依法免除其法官职务，将宝贵稀缺的法官员额释放出来，及时补充审判力量。根据最高人民法院印发的《人民法院司法改革热点问题解答（一）》，因健康原因超过一年不能正常履行工作职责的，应当将法官免职。因此，实践中可将超过一年不能正常履行工作职责作为长期不能履行职务的标准把握。

六、退休的

公务员法规定了公务员应当退休和可以提前退休的情形。根据本法第62条规定，法官的退休制度，根据审判工作特点，由国家另行规定。在国家另行规定出台之前，法官退休总体上执行公务员法的退休规定。为探索建立符合司法工作规律和司法工作实际的法官退休制度，《中央政法委关于司法体制改革试点若干问题的框架意见》明确提出，不担任领导职务的一线办案法官，以及退出领导职务并从事一线办案工作的法官可延迟至65岁退休。法官工作到一定年限，达到规定年龄，符合退休条件的，按照国家规定离开工作岗位，不再从事审判工作和其他工作，依法应当免除法官职务。这既是加强法官职业保障的重要制度，同时也是实现新老交替、永葆法官队伍生机活力的必然要求。

七、辞职或者依法应当予以辞退的

根据《公务员法》的规定，辞职是指公务员依照法律、法规的规定，申请终止与任免机关的任用关系。公务员辞去公职以后，不再具有公务员身份。根据本法第34条规定，法官申请辞职，应当由本人书面提出，经批准后，依照法律规定的程序免除其职务。法官申请辞职并经批准的，既不再具有公务员身份，也不可能继续履行法官职责，自然应当依法免除法官职务。

辞退，是指国家机关依照法律、法规的规定，解除与公务员的任用关系。公务员被辞退后，也不再具有公务员身份。根据《保护司法人员依法履行法定职责规定》，将法官调离、免职、辞退或者作出降级、撤职等处分的，应当按照法律规定的程序和管理权限进行。本法第35条明确规定，“辞退法官应当依照法律规定程序免除其职务。辞退法官应当按照管理权限决定。辞退决定应当以书面形式通知被辞退的法官，并列明作出决定的理由和依据”。如法官符合被辞退的有关条件，法院依法作出了辞退法官的决定后，应当依法免除其法官职务。本次修订《法官法》强调要依法予以辞退，既有利于加强法官严格管理，提高审判质效，维护司法权威，也能够防止法院滥用人事管理权，保护法官合法权益，进一步保障法官依法独立行使职权。

八、因违纪违法不宜继续任职的

根据《公务员法》和《法官法》的规定，法官应当遵纪守法，严格遵守宪法和法律，履行法官义务。法官作为国家审判机关的工作人员，应当提出更高的要求和更严的标准，做遵纪守法的模范。如法官出现违纪违法行为，既包括违反党纪、政纪规定的行为，也包括违反宪法、法律的行为，按照有关规定应当给予处分、不宜继续任职的，应当依法免除其法官职务。美国联邦法院的法官只要任职期间“品行良好”，即终身任职。他们只能通过弹劾被免职，弹劾理由是其犯有“叛国罪、受贿罪或其他严重犯罪和轻罪”，并且程序上也极为严格。法国法律也明确规定，法官在任职期间，非因可弹劾之罪，非经法定程序，不得对其进行撤换、免除或者要求其提前退休。

【实践指导】

在本条规定理解适用的实践中，应当注意把握以下几个方面的问题。

一、关于免除法官职务的科学内涵

免除法官职务是指对因法定情形不能或不宜再担任法官职务的人员，按照法定程序提请任免机关免去其法官职务。法官免职本身不是处分种类，而是一种人事处理措施。法官免职与辞职、辞退、撤职、开除均有着根本的区别，也存在一定的联系。辞职与辞退是公务员正常的退出方式。公务员辞职或依法予以辞退后，都将终止与所在机关的人事关系，不再具有公务员身份。法官辞职或依法予以辞退的，应当免除其法官职务。撤职和开除属于公务员处分的两种形式。撤职，既包括撤销领导职务，也包括撤销并行职级，但仍保留公务员身份，处分期满解除后，晋升职务、职级不受原处分的影响。开除是公务员处分中最严厉的形态，适用于公务员严重违纪违法的情形。开除处分作出之日起，即解除公务员与所在机关的人事关系。法官撤职和开除，均属于本条规定中“因违纪违法不宜继续任职的”的情形，同样应当依法免除法官职务。

二、关于职务变动不需要保留法官职务的情形

根据法官员额制改革的要求，法官调离审判岗位，到本院其他岗位任职的，应当免除其法官职务。同时，根据《法官、检察官单独职务序列改革试点方案》有关规定，法官非经组织选派、离职学习期限超过一年的，一般也应当免去法官职务。但在实践中，有的法院或相关部门为了干部交流培养或其他工作需要，安排法官进行短时间的轮岗、挂职、培训、借调，或者抽调承担临时性重要工作。在这种短期内暂时离开审判岗位的情况下，法官职务可能还需要保留，则可以暂时不免去法官职务。

三、关于经考核不能胜任法官职务的条件

根据《公务员法》的规定，公务员在年度考核中被确定为不称职的，按照规定程序降低一个职务或者职级层次任职；在年度考核中连续两年被确定为不称职的，应当予以辞退。根据《法官、检察官单独职务序列改革试点方案》的规定，法官在年度考核中被确定为不称职的，应当降低法官等级。同时，《中央办公厅关于加强法官检察官正规化专业化职业化建设全面落实司法责任制的意见》中明确提出，法官办案绩效考核不合格的，应当在考核结果确定后3个月内退出员额。《法官法》对法官年度考核结果四个等次有明确的规定，但对于经考核不能胜任法官职务的条件没有明确的规定。我们认为，结合公务员法和目前有关法官绩效考核的有关规定，可将“办案质量效率连续两年不达标”作为不能胜任法官职务的基本条件，实践中可以由各级法院结合案件办理、人员情况综合把握。

四、关于依法予以辞退的情形

本法没有规定可以依法予以辞退法官的具体情形，以及法官被辞退后的救济渠道和救济方式。实践中可以执行公务员法中关于辞职与辞退、申诉与控告的有关规定。《公务员法》第83条规定：“公务员有下列情形之一的，予以辞退：（一）在年度考核中，连续两年被确定为不称职的；（二）不胜任现职工作，又不接受其他安排的；（三）因所在机关调整、撤销、合并或者缩减编制员额需要调整工作，本人拒绝合理安排的；（四）不履行公务员义务，不遵守法律和公务员纪律，经教育仍无转变，不适合继续在机关工作，又不宜给予开除处分的；（五）旷工或者因公外出、请假期满无正当理由逾期不归连续超过十五天，或者一年内累计超过三十天的。”法官如果具有上述情形之一，依法予以辞退的，应当提请免除其法官职务。同时根据《公务员法》的规定，法官对涉及本人的辞退处理不服的，可以申请复核或提起申诉，有关法院应当依法进行受理和审理。

五、关于因违纪违法不宜继续任职的情形

本法没有对违纪违法不宜继续任职的情形进行具体规定。《公务员法》第61条第1款规定："公务员因违纪违法应当承担纪律责任的，依照本法给予处分或者由监察机关依法给予政务处分；违纪违法行为情节轻微，经批评教育后改正的，可以免予处分。"《法官法》第46条也列出了应当给予处分的情形，并提出法官的处分按照有关规定办理。因此，各级法院应当根据法官违纪违法的情节轻重情况以及法官处分相关规定，综合判断违纪违法不宜继续任职的情形。对于违纪违法不宜继续任职的法官，应当坚决将其清除出法官队伍，依法免除其法官职务。

第二十一条　发现违反本法规定的条件任命法官的，任命机关应当撤销该项任命；上级人民法院发现下级人民法院法官的任命违反本法规定的条件的，应当建议下级人民法院依法提请任命机关撤销该项任命。

【条文主旨】

本条是关于对违反本法规定的条件任命法官，如何处理的规定。

【背景解读】

1995 年制定的《法官法》没有关于本条的规定。2001 年《法官法》在第 13 条后增加一条，作为第 14 条："对于违反本法规定的条件任命法官的，一经发现，作出该项任命的机关应当撤销该项任命；上级人民法院发现下级人民法院法官的任命有违反本法规定的条件的，应当建议下级人民法院依法撤销该项任命，或者建议下级人民法院依法提请同级人民代表大会常务委员会撤销该项任命。"2017 年《法官法》没有对此作出修改。

根据原《法官法》的规定，法官是依法行使国家审判权的审判人员，包括最高人民法院、地方各级人民法院和军事法院等专门人民法院的院长、副院长、审判委员会委员、庭长、副庭长、审判员和助理审判员。其中，助理审判员由本院院长任免，其他人员由相应的人大及其常委会任免。故按照原《法官法》的规定，对于违反法律规定的条件任命的助理审判员，由上级人民法院发现的，应当由上级人民法院建议下级人民法院撤销任命。

一直以来，助理审判员协助审判员进行工作，可代行审判员职责，有效补充了审判力量，为缓解法院案多人少矛盾，认真履行好审判执行职责发挥了重要作用，同时也为建设一支高素质专业化的审判员队伍培养锻炼了后备力量。但由于过去助理审判员任职资格条件相对较低，且由本院院长任免，任职程序要求也不严格，导致法官的门槛相对较低，法官队伍的整体素质有待提高。同时，部分法院助理审判员甚至发挥了审判主力军的作用，法院办案质量也难以保障。为此，在新一轮司法体制改革中，各级人民法院积极推进法官员额制改革和法院工作人员分类管理改革，取消了助理审判员设置，不再任命助理审判员，符合入额条件的助理审判员经过遴选进入法官员额担任审判员，不符合入额条件或不愿意入额的助理审判员担任法官助理或转任其他岗位工作，改革过渡期内可以继续承担办案任务。2018 年 10 月新修订的《人民法院组织法》将改革成果上升到法律层面，在人民法院的审判人员组成中删去了助理审判员的表述，并删去第 36 条“各级人民法院按照需要可以设助理审判员，由本级人民法院任免。助理审判员协助审判员进行工作。助理审判员，由本院院长提出，经审判委员会通过，可以临时代行审判员职务”的规定。

为此，针对取消助理审判员设置的制度改革和上位法立法变化，本次修改的《法官法》删除了法官中包含助理审判员和助理审判员由本院院长任免的规定，同时对本条关于对违反本法规定的条件任命法官的，应当撤销该项任命的规定也作了相应修改，删掉了“上级人民法院发现下级人民法院法官的任命有违反本法规定的条件的”两种处理措施中，“应当建议下级人民法院依法撤销该项任命”的规定，并对该条表述语言也作了进一步精炼概括，将本条修改为：“发现违反本法规定的条件任命法官的，任命机关应当撤销该项任命；上级人民法院发现下级人民法院的任命违反本法规定的条件的，应当建议下级人民法院依法提请任命机关撤销该项任命”。

【条文释义】

本条是关于对违反本法规定的条件任命法官的情况应当如何处理的

具体规定。

一、关于违反本法规定的条件任命法官

《法官法》第12条列举了担任法官必须具备的七项条件；第13条列出了对哪些人员不得担任法官作了明确规定；第14条对人民法院院长、副院长和审判委员会委员的条件作了专门规定；第15条对律师或者法学教育、研究人员等从事法律职业的人员参加公开选拔担任法官的条件作了特殊规定。在法官任命的过程中，无论是提请任免的机关，还是任免机关，都应当对拟任法官人选的资格条件进行严格审查，确保符合本法的各项规定条件。但在法官被依法任命后，如发现有违法本法规定的条件任命的，即违反本法第12条至第15条规定的情形，应当依照本法规定进行处理。

二、发现违反本法规定的条件任命法官的，任命机关应当撤销该项任命

这里存在两种情形。一是任命机关主动撤销任命。根据《各级人民代表大会常务委员会监督法》第44条的规定，县级以上地方各级人民代表大会常务委员会在本级人民代表大会闭会期间，可以撤销由它任命的本级人民法院副院长、庭长、副庭长、审判委员会委员、审判员、中级人民法院院长的职务。其中的中级人民法院院长，主要指在省、自治区内按地区设立的和在直辖市内设立的中级人民法院院长，由于其没有直接对应的人民代表大会，不能通过选举的方式产生，而是由省、自治区、直辖市人大常委会根据主任会议的提名决定任免。县级以上人大常委会在实践中通过各种渠道发现违反本法规定的条件任命法官的，应当直接依法按程序撤销该项任命。二是人民法院提请任命机关撤销任命。根据《各级人民代表大会常务委员会监督法》《人民法院组织法》《法官法》等有关规定，最高人民法院的副院长、审判委员会委员、庭长、副庭长和审判员，巡回法庭庭长、副庭长，由院长提请全国人大常委会任免；地方各级人民法院的副院长、审判委员会委员、庭长和审判员由院长提

请本级人大常委会任免；在省、自治区内按地区设立的和在直辖市内设立的中级人民法院副院长、审判委员会委员、庭长、副庭长和审判员，由高级人民法院院长提请省、自治区、直辖市人大常委会任免。最高人民法院和地方各级人民法院发现本级提名人大常委会任免的法官存在违反本法规定的条件任命情形的，应当由院长依法提请人大常委会撤销该项任命。

三、上级人民法院发现下级人民法院的任命违反本法规定的条件的，应当建议下级人民法院依法提请任命机关撤销该项任命

根据《人民法院组织法》第10条第2款的规定，最高人民法院监督地方各级人民法院和专门人民法院的审判工作，上级人民法院监督下级人民法院的审判工作。这里的审判工作，既包括审判执行业务工作，也包括法院干部队伍建设、司法行政管理等其他工作。实践中，上级人民法院发现下级人民法院的任命中有违反本法规定的，应当严格按照《法官法》的规定，根据加强法官队伍革命化正规化专业化职业化建设的需要，建议下级人民法院依法提请任命机关撤销该项任命。由于上下级人民法院之间是监督和被监督的关系，而非垂直管理或行政隶属关系，因此上级法院不能直接命令或要求下级人民法院采取处理措施，更不能直接撤销该项任命。即便是目前推进司法体制改革，实行省以下地方人民法院人财物统一管理改革，法官由省级法官遴选委员会统一遴选，上级法院对下级法院审判监督的关系仍然没有改变。但下级人民法院收到上级人民法院的建议后，如果确实存在违反法律规定的条件的，应当依法提请任命机关撤销任命。不能因为上级人民法院仅是建议权，就可以选择执行或不执行。同时，上级人民法院也可以向下级人民法院所在的人大常委会反映相关情况。

【实践指导】

在本条规定理解适用的实践中，应当注意把握以下几个方面的问题。

一、充分认识本条规定的重要意义

法官是依法行使国家审判权的审判人员，建设一支高素质专业化的法官队伍是实现司法为民、公正司法，让人民群众在每一个司法案件中感受到公平正义的重要保障。习近平总书记深刻指出，司法活动具有特殊的性质和规律，司法权是对案件事实和法律的判断权和裁决权，要求司法人员具有相应的实践经历和社会阅历，具有良好的法律专业素养和司法职业操守。在新一轮司法体制改革中，为建立符合职业特点的司法人员管理制度，推进法官队伍正规化、专业化、职业化建设，人民法院积极推进法官员额制、法官逐级遴选等改革，严格员额法官选任条件和遴选程序，坚持优中选优，真正使业务水平高、司法经验丰富、能够独立办案、工作作风过硬的人员进入法官队伍。新修订《法官法》总结司法体制改革的做法和经验，进一步对法官的任职条件等作出了严格规定，同时针对部分地方可能出现工作不实、把关不严而违反法律规定条件任命法官的情况，明确了本条规定。这对于提高法官准入门槛，严格法官准入条件，建设高素质专业化的法官队伍非常重要，实践中各级人民法院必须严格遵照执行，及时把不符合法官任命条件的人清除出法官队伍。

二、正确把握撤销法官任命和免除法官职务的关系

撤销法官任命和免除法官职务都必须严格依法进行，都必须由任免机关作出决定。法官任命撤销和法官职务免除后，法官均不再具有法官职务，不应继续在审判岗位工作，也不能履行审判职责。但撤销法官任命和免除法官职务又有着根本的区别。一是撤销法官任命，是将违反本法规定条件任命的法官，由任免机关撤销该项任命；而法官职务被免除，是符合法定条件任命的法官，因具备了有关法定情形而依法被免除其法官职务。二是撤销法官任命是对违反法律规定任命法官行为的救济措施；免除法官职务，是对符合有关情形法官的一种人事处理措施。三是被撤销任命的法官本身不具备法官任命条件，自始至终都不具有法官身份，不享有法官各项待遇；依法被免除法官职务的人员，其原先具有法官身

份，法官职务被免除后依法享有有关待遇。

三、本法规定的各项主体均应严格把关，切实承担责任

实际工作中，发现违反本法规定的条件任命法官的渠道是多样的，包括群众来信来访、案件当事人和律师举报、法院系统人事管理、组织部门推荐考察、纪检监察部门的线索、人大常委会的日常工作等。如果是任免机关即各级人大及其常委会发现的，应当依法主动撤销任命；如果是法官任命的本级人民法院发现的，应当由法院院长提请人大常委会撤销任命；如果是上级人民法院发现的，应当建议下级人民法院提请人大常委会撤销任命。除由任命机关撤销任命外，有关部门还应当认真调查原因，严格追究在个人材料和履历上弄虚作假、欺骗组织的相关人员以及不负责任、徇私枉法的工作人员的责任，依照有关纪律规定和法律进行严肃处理。

第二十二条　法官不得兼任人民代表大会常务委员会的组成人员，不得兼任行政机关、监察机关、检察机关的职务，不得兼任企业或者其他营利性组织、事业单位的职务，不得兼任律师、仲裁员和公证员。

【条文主旨】

本条是关于法官不得兼任特定职务的规定。

【背景解读】

法官是依法行使国家审判权的审判人员，要依法参加合议庭或者独任审判案件以及履行法律规定的其他职责。为了保证法官更好地履行职责，防止利益冲突，保障司法公正，本条在原《法官法》第15条规定法官不得兼任人民代表大会常务委员会的组成人员，不得兼任行政机关、检察机关以及企业、事业单位的职务，不得兼任律师的基础上，进一步增加了法官不得兼任监察机关的职务，不得兼任其他营利性组织的职务，不得兼任仲裁员和公证员的规定。

对法官兼任特定职务作出限制性规定，一是与宪法和有关法律的规定相衔接。我国《宪法》第65条第4款规定："全国人民代表大会常务委员会的组成人员不得担任国家行政机关、监察机关、审判机关和检察机关的职务。"根据《公务员法》第59条第（16）项规定，公务员不得在企业或者其他营利性组织中兼任职务。《律师法》第11条第1款规定："公务员不得兼任执业律师。"《仲裁法》第13条规定，"曾任法官满八年"是仲裁员任职条件之一。《公证法》第19条规定："从事审判工作满十年的公务员，已经离开原工作岗位，经考核合格的，可以担任公证员。"因此，《法官法》也应当作出相应的规定。二是避免法官利益冲突，保障司法公正。考虑到法官主要是履行审判职责，而国家机关、企业或者其他营利性组织、事业单位都有可能成为诉讼案件的当事人，律师更是经常参与各类诉讼活动，仲裁案件和公证事项都有可能进入法院诉讼程序，如果法官可以兼任上述单位的职务或者兼任执业律师、仲裁员和公证员，不仅在时间精力上不允许，而且可能对法官依法审判案件产生一些不利的影响，造成司法不公正的情况，对人民法院和法官的公信力也会造成损害。因此，有必要规定法官不得兼任上述职务。

国外多数国家也对法官兼任其他职务进行了限制。如美国联邦法官行为准则要求法官不得从事律师业务，除非法律明确授权，法官在其正式职责之外也不得担任仲裁员、调解员或其他司法职务。《德国法官法》要求法官不得同时从事审判之职务与立法或行政之职务。法国规定，除经法院院长批准，司法官可从事其能力范围的教育工作或本质上无损法官中立与庄严的职位、活动外，不得兼任其他社会职务和其他付薪职业。根据日本的相关规定，法官在任期内不得成为国会或者地方公共团体的议会议员，不得经营商业以及其他以获得金钱上利益为目的的业务。根据俄罗斯的相关规定，法官无权担任其他国家职务、国家机关职务、地方职务、地方机关职务，无权担任仲裁员、仲裁法官，不得亲自或通过代理人从事经营活动。根据韩国的相关规定，在职法官不得任国会或地方议会议员，不得任行政机关公务员，不得从事以金钱利益为目的的事务。

【条文释义】

本条所说的“人民代表大会常务委员会的组成人员”，根据宪法和有关法律的规定，是指全国人民代表大会常务委员会的委员长、副委员长、秘书长和委员，省、自治区、直辖市、自治州、设区的市的人民代表大会常务委员会的主任、副主任、秘书长和委员，以及县、自治县、不设区的市、市辖区的人民代表大会常务委员会的主任、副主任和委员等。“行政机关”，包括国务院、地方各级人民政府和政府的各有关部门。“监察机关”，包括国家监察委员会和地方各级监察委员会。“检察机关”，包括最高人民检察院、地方各级人民检察院和军事检察院等专门人民检察院。“企业”，包括各种所有制形式的企业，如国有企业、私营企业、外商投资企业等，也包括各种类型的企业，如公司企业、合伙制企业、个人投资企业等。“其他营利性组织”包括企业之外的各种以营利为目的的组织。“事业单位”，是指国家为了社会公益目的，由国家机关举办或者其他组织利用国有资产举办的，从事教育、科技、文化、卫生等活动的社会服务组织。“律师”，是指依法取得律师执业证书，接受委托或者指定，为当事人提供法律服务的执业人员。“仲裁员”，是指符合《仲裁法》规定的条件，受聘于仲裁委员会从事仲裁工作的人员。这里所说的“公证员”，是指符合《公证法》规定的条件，经法定任职程序，取得公证员执业证书，在公证机构从事公证业务的执业人员。上述有关职务，法官都不得兼任。也就是说，一个人不能既是法官，又同时担任任何上述有关职务。对于已经担任上述有关职务的人员，如果要任命其为法官，则该人员必须向有关单位辞去有关职务；如果一名法官要担任上述有关职务，则该法官应当依照本法的有关规定提出辞职或者依照法律规定的程序免除其职务，其中要担任律师的，还必须受本法第36条规定的限制。

【相关规定】

《中华人民共和国宪法》第65条；《中华人民共和国全国人民代表大会组织法》第23条；《中华人民共和国地方各级人民代表大会和地方各级人民政府组织法》第41条；《中华人民共和国公务员法》第59条；《中华人民共和国律师法》第11条；《中华人民共和国仲裁法》第13条；《中华人民共和国公证法》第19条；《最高人民法院关于现职法官不得担任仲裁员的通知》（法〔2004〕129号）。

第二十三条　法官之间有夫妻关系、直系血亲关系、三代以内旁系血亲以及近姻亲关系的，不得同时担任下列职务：

（一）同一人民法院的院长、副院长、审判委员会委员、庭长、副庭长；

（二）同一人民法院的院长、副院长和审判员；

（三）同一审判庭的庭长、副庭长、审判员；

（四）上下相邻两级人民法院的院长、副院长。

【条文主旨】

本条是关于具有亲属关系法官之间的任职回避的规定。

【背景解读】

对具有亲属关系的法官之间的任职回避问题进行规定，主要是考虑到上下级法院之间存在着审判监督关系，同时同一法院内部在人事管理等方面有着一定的上下级领导关系，如果有一定亲属关系的人，在同一人民法院、同一审判庭担任职务或者在上下相邻两级人民法院担任领导职务，形成一种领导与被领导、指导与被指导、监督与被监督的关系，可能不利于公正办理案件。因此，为了保证法官依法履行审判职责，促进人民法院的廉政建设，维护司法公正，本条规定了法官之间具有亲属关系时的任职回避制度。本次《法官法》修改时，考虑到各地法院在司法改革试点中已基本不再任命助理审判员，其部分职责也逐步由法官助理取代，因此删除了关于助理审判员的规定。本条也把原《法官法》第16条第（2）项和第（3）项关于助理审判员回避的表述删除。

世界其他国家也有类似的规定。如美国规定，任何与联邦法院大法官或法官具有嫡表或堂兄弟姐妹等亲近或血缘关系的人，不得被任命或雇佣担任该法院的任何职位。巴西规定，在法院中，配偶、直系血亲以及三代以内旁系血亲不能任职于同一个审判庭。俄罗斯规定，与法院院长或副院长有近亲或者姻亲关系的，不得作为该法院的法官候选人。

【条文释义】

依照本条规定应当实行任职回避的情形主要是指法官之间有下列亲属关系之一的：（1）夫妻关系。根据《婚姻法》第八条的有关规定，要求结婚的男女双方符合婚姻法规定，取得结婚证的，即确立夫妻关系。（2）直系血亲关系，是指相互之间具有直接血缘联系的亲属，包括父母子女关系，祖父母孙子女关系、外祖父母外孙子女关系等。此外，根据《婚姻法》的有关规定，养父母和养子女间的权利和义务，继父或继母和受其抚养教育的继子女间的权利和义务，适用法律对父母子女关系的有关规定。（3）三代以内旁系血亲关系，是指三代以内相互之间具有间接血缘联系的亲属，包括伯叔姑舅姨、兄弟姐妹、堂兄弟姐妹、表兄弟姐妹、侄子女、甥子女等。（4）近姻亲关系，包括配偶的父母、配偶的兄弟姐妹及其配偶、子女的配偶及子女配偶的父母、三代以内旁系血亲的配偶等。依照本条规定，法官之间凡具有上述亲属关系的，不得同时担任下列职务：（1）同一人民法院的院长、副院长、审判委员会委员、庭长、副庭长。比如，一名法官在某人民法院担任副院长，其有关亲属就不能在同一人民法院担任某审判庭庭长。（2）同一人民法院的院长、副院长和审判员。比如，一名法官担任某人民法院的审判员，其有关亲属就不能在同一人民法院担任院长或者副院长。（3）同一审判庭的庭长、副庭长、审判员。也就是说，具有相关亲属关系的人不得同时在同一人民法院的同一审判庭担任法官。（4）上下相邻两级人民法院的院长、副院长。如果某人担任了某一人民法院的院长、副院长，他的有关亲属就不能再担任该人民法院的直接上级或者直接下级人民法院的院长、副院长。

【实践指导】

根据本条规定，法官之间具有亲属关系时的任职回避，一般由本人提出回避申请或者所在人民法院的人事管理部门提出回避要求，按照有关管理权限进行审核，需要回避的，对其职务予以调整，并按照法律及有关规定办理任免手续。法官在录用、晋升、调配过程中应当如实地向人民法院申报应回避的亲属情况。各级人民法院在法官录用、晋升、调配过程中应当按照任职回避的规定严格审查。

【相关规定】

《中华人民共和国公务员法》第74条、第75条、第76条、第77条、第78条。

第二十四条　法官的配偶、父母、子女有下列情形之一的，法官应当实行任职回避：

（一）担任该法官所任职人民法院辖区内律师事务所的合伙人或者设立人的；

（二）在该法官所任职人民法院辖区内以律师身份担任诉讼代理人、辩护人，或者为诉讼案件当事人提供其他有偿法律服务的。

【条文主旨】

本条是关于法官任职回避的规定。

【背景解读】

本条是《法官法》新增加的内容，是对近年来人民法院在法官任职回避方面探索成果的法律化。

2009 年以来，上海、重庆等地方法院积极回应人民群众的呼声，大力推进司法廉洁工作，积极探索建立了以“法官和律师互为近亲属的一方退出”为主要内容的法官任职回避制度。上述法院在推出一方退出机制时，普遍采取了人性化的工作方式，对“刚性规定”进行“柔性操作”，深入细致地做好退出人员的思想工作，妥善安排退出人员的岗位，保证了此项工作的平稳推进，同时也普遍得到了当地党委、人大的支持及社会各界的好评。地方法院在建立健全法官任职回避制度、防止法官利益冲突方面的积极探索，不仅引起了社会各方面的关注，同时也得到了最高人民法院的高度重视。经过深入调研和广泛征求意见，2011 年 2 月，最高人民法院出台《关于对配偶子女从事律师职业的法院领导干部和审判执行岗位法官实行任职回避的规定（试行）》〔以下简称《任职回避规定（试行）》]。该规定明确要求，法院领导干部和审判执行岗位法官的配偶、子女在其任职法院辖区内开办律师事务所、以律师身份为案件当事人提供诉讼代理或其他有偿法律服务的，该领导干部或法官应当实行任职回避。《任职回避规定（试行）》是人民法院深入推进反腐倡廉制度创新，从源头上遏制法官与律师暗中进行权钱交易的重要举措，取得了良好的效果。在本次《法官法》修订中，立法部门将最高人民法院的上述规定吸收并上升为法律，并根据各方意见，在回避情形中增加法官的父母从事律师职业的情形，同时按照《律师事务所管理办法》（司法部令2016年第133号），将“开办律师事务所”明确为“担任律师事务所合伙人或者设立人”。

【条文释义】

本条所规定的“配偶”包括法官的丈夫或者妻子，“子女”包括法官的婚生子女、非婚生子女、养子女和有抚养关系的继子女，“父母”包括法官的生父母、养父母和有扶养关系的继父母。本条所称的“任职回避”是指，法官因配偶、父母、子女从事律师职业，而不能继续担任法官，需另行安排工作岗位。本释义所称的法官配偶、父母、子女所从事的“律师职业”，应是从狭义上理解的律师职业，并非包括律师的全部执业范围，而只限于本条规定两种情形，一是担任该法官所任职人民法院辖区内律师事务所的合伙人或者设立人，二是在该法官所任职人民法院辖区内以律师身份担任诉讼代理人、辩护人，或者为诉讼案件当事人提供其他有偿法律服务。“所任职人民法院辖区”包括法官任职法院及其所辖下级法院的辖区。据此，最高人民法院法官的配偶、父母、子女在全国任一地域从事律师职业的，该法官就应当任职回避；各高级人民法院法官的配偶、父母、子女在所在省、自治区、直辖市内任一地域从事律师职业的，该法官就应当任职回避；各中级人民法院法官的配偶、父母、子女在本院辖区内的任一地域从事律师职业的，该法官就应当任职回避；基层人民法院法官的配偶、父母、子女在本区、县（市、旗）内的任一地域从事律师职业的，该法官就应当任职回避。“其他有偿法律服务”是指法官的配偶、父母、子女以律师身份接受案件当事人的委托，为案件当事人提供法律咨询等有偿法律服务。

【实践指导】

符合任职回避条件的人员应当主动向所在法院的组织人事部门提出任职回避申请。各级法院组织人事部门应当对本院工作人员配偶、父母、子女从事律师职业的情况进行全面摸排。父母从事律师职业是新增的任职回避情形，需要重点关注。对于符合任职回避条件的法官，应尽快安排其退出法官岗位，若法官的配偶、父母、子女不再在法官所任职法院辖区内从事律师职业的，该法官可以不实行任职回避。凡因配偶、父母、子女从事律师职业而退出法官岗位的，应当尽可能按照原职级待遇重新安排工作岗位。今后，各级法院不得将具备任职回避条件的人员作为法官的拟任人选，补充到法官岗位。凡具有隐瞒配偶、父母、子女从事律师职业情况，采取弄虚作假手段规避任职回避，拒不服从组织调整或者拒不办理公务交接及其他违反任职回避规定行为的，应当酌情给予批评教育、组织处理或者纪律处分。

【相关规定】

《中华人民共和国律师法》第 15 条、第 16 条、第 20 条；《最高人民法院关于对配偶子女从事律师职业的法院领导干部和审判执行岗位法官实行任职回避的规定（试行）》；《律师事务所管理办法》（司法部令第 133 号）第 7 条、第 8 条、第 9 条、第 10 条、第 11 条。

第五章　法官的管理

第二十五条　法官实行员额制管理。法官员额根据案件数量、经济社会发展情况、人口数量和人民法院审级等因素确定，在省、自治区、直辖市内实行总量控制、动态管理，优先考虑基层人民法院和案件数量多的人民法院办案需要。

法官员额出现空缺的，应当按照程序及时补充。

最高人民法院法官员额由最高人民法院商有关部门确定。

【条文主旨】

本条是关于法官员额制管理的规定。

【背景解读】

一、相关背景情况

法院工作人员的分类管理不仅是法官职业化的应有之义，而且是法官职业化建设的前提，是建设高素质司法队伍的制度保障，在深化司法体制改革中具有基础性地位。2002 年，最高人民法院发布《关于加强法官队伍职业化建设的若干意见》，明确提出“对法官、法官助理、书记员以及其他工作人员实行分类管理，建立科学的管理制度，提高法院干部人事管理法制化、科学化水平”。这是相关改革文件中第一次使用“分类管理”的表述，也意味着法院人员分类管理改革正式拉开帷幕。之后，最高人民法院出台了一系列文件推动分类管理改革，改革力度不断加大。2013年，以《人民法院工作人员分类管理制度改革意见》的印发为标志，法院人员分类管理改革进入新的阶段：第一，更加注重改革的顶层设计。中央针对上一阶段改革中存在的问题，在多个文件中作出重要部署，并以法官员额制作为新一轮司法改革的突破口。第二，中央深化改革领导小组成为改革的主导，中央政法委、中组部、最高人民法院等多个部门都参与其中。第三，相较于之前的机制性改革，本轮改革更加侧重于体制性改革，改革更深刻，力度也更大。

所谓法院人员分类管理就是将法院工作人员分为法官、审判辅助人员和司法行政人员三类，三类人员各司其职、各负其责、各得其所，其中最为核心的内容就是法官员额制改革。法官员额制改革是本轮司法体制改革的一项重要内容，也是一项重要成果。之前的《法官法》中均未涉及法官员额制度。2019年1月1日正式施行的《人民法院组织法》，对法官员额管理制度作出了专门规定。实际上，法官员额这一概念，与法官职业相比，出现较晚。1999年最高人民法院发布的《人民法院五年改革纲要》中，提出了确定法官编制的要求，并且开始了对法官定编工作的试点改革。当然，法官编制与法官员额并非完全相同的概念，法官员额制不能简单理解为法官编制的核定。因此，这个时期确定法官编制的要求并非现在意义上的法官员额制，但它却是法官员额制的基础和制度渊源。2001年，全国人大修订《法官法》，增加了有关法官员额的规定，提出“最高人民法院根据审判工作需要，会同有关部门制定各级人民法院的法官在人员编制内员额比例的办法”，从而明确提出了法官员额的概念，也使得法官员额制有了明确的法律依据。此后直到2012年，党的十八大提出了加快建设社会主义法治国家的目标，并对司法体制改革作出了新的部署。2014年，中央印发《关于司法体制改革试点若干问题的框架意见》，提出“根据辖区经济社会发展、人口数量和案件数量等情况，确定法官、检察官员额”。同年中央印发《关于司法体制改革试点中有关问题的意见》，进一步就法官员额比例控制、员额法官遴选等问题予以明确。

二、各方面提出的意见

法官员额制改革实施后，多数法院的员额比例在一定时期内相对固定。法院系统内及社会各界均有观点认为，不同审级、不同地区、不同类别的法院在案件数量、案件难易程度等诸多方面存在较大差异，“一刀切”地使用相同的员额比例，容易导致人案结构失衡，特别是案件数量多、办案任务重的法院普遍反映员额偏少，法官办案压力较大。希望能够对员额统筹使用，并根据情况的变化对员额比例进行动态调整。经认真研究，新修订《法官法》对上述意见建议予以采纳。

【条文释义】

法官员额制改革是按照司法规律配置司法人力资源、实现法官专业化、职业化的重要制度，是实行司法人员分类管理的基础，也是完善司法责任制的基石，在本轮司法体制改革中居于重要的基础性地位。在本轮司法体制改革之前，司法人员多年来实行与综合管理类公务员基本相同的管理模式，没有体现司法人员的职业特点。一方面，一些法官为了晋升行政职级离开办案一线去从事管理工作，造成了人才浪费。另一方面，绝大多数法官助理、书记员职业发展的方向都是法官，法院出现了法官人数多、书记员少、一线办案法官少的现象，难以应对案件数量快速增长的客观现实，难以提升审判质量和效率。因此，必须遵循司法人员配置规律，研究建立以法官员额制为核心的分类科学、结构合理、职责明晰、管理规范的分类管理制度，增强司法人员的职业荣誉感和使命感，不断推进法官队伍正规化、专业化、职业化建设。

截至 2017 年 6 月，全国法院经过严格考试考核、遴选委员会专业把关、人大依法任命等程序，从21万余名法官中遴选产生12万余名员额法官。其中，最高人民法院机关坚持“从严掌握、宁缺毋滥”的选人导向，遴选产生367名员额法官，顺利完成员额法官遴选工作，标志着法官员额制改革全面落实到位。此后，随着审判工作和队伍建设的发展，各地法院又相继开展了第二批、第三批员额选任工作，员额选任工作逐步走向常态化、制度化、规范化。

一、严格控制员额比例

在坚持“以案定额”的基础上，综合考虑不同审级、不同地区法院案件的类型和数量、人员配置以及辖区内经济社会发展状况、人口数量、辖区面积等因素，在严格落实中央控制的员额比例范围内，实行法官员额省内统一调配、动态调整，注重向基层倾斜、向一线倾斜、向办案任务重的地区倾斜。如广东将占全省60%以上案件量、人案矛盾突出的珠三角核心地区法官员额比例确定在52%左右，而“案少人多”和“案少人少”的粤东西北地区8市的核定员额则低于30%，全省法官员额占中央政法专项编制的34.64%，仍控制在中央要求的39%比例以内。

二、坚持将员额配备在审判一线岗位

对综合行政岗位一律不配备员额，并且要求综合行政岗位人员入额后，必须到审判一线岗位工作。各地法院在做好编制、人员、案件、工作饱和度测算的基础上，合理确定员额基数和比例。如上海、江苏等地开发了案件权重系数，北京、贵州等地合理测算法官饱和工作量，都是法官员额精细化测算的有效做法。

三、从严掌握入额遴选标准和程序

在坚持政治标准的基础上，突出实绩导向，不搞论资排辈、平衡照顾。入额遴选坚持考核为主、考试为辅，考核突出办案业绩和办案能力，考试主要考察办案能力，兼顾不同审判领域和专业类型，注重考察案件事实分析、争议焦点归纳、正确适用法律、制作裁判文书等实际工作能力。充分发挥法官遴选委员会的专业把关作用，确保结果公正、让人信服。入额程序公开透明，做到标准公开、过程公开、结果公开，广泛接受监督。院庭长入额不搞特殊化，除院长外，均要求按照统一标准、程序参加遴选。

四、健全审判监督管理机制

实行新型办案机制后，为确保案件质量不下降、管理监督不缺位，各级法院坚持放权与监督相结合，改革传统盯人盯案监督模式，采取制度化和信息化措施，构建全院全员全过程的监督管理机制，确保审判权严格依法行使。制定各类人员权力清单，建立专业法官会议制度，完善审判委员会制度，探索建立类案强制检索报告机制，铸牢“制度铁笼”，实现放权不放任、用权受监督。依托信息化手段，推进审判流程监督，把司法权运行的每一个节点都纳入可查可控范围，构建规范审判权运行的“数据铁笼”。建立员额“有进有出”的常态化运行机制，健全完善法官业绩考评机制，坚持量化考核和主观评价相结合的方式，切实将工作实绩作为考评主要依据和内容，对于达不到办案要求或作风不过硬、廉洁有问题的员额法官，及时按程序退出员额。

【相关规定】

《中华人民共和国人民法院组织法》第46条、第47条；《中央政法委关于司法体制改革试点若干问题的框架意见》；《中央政法委关于司法体制改革试点中有关问题的意见》等。

第二十六条　法官实行单独职务序列管理。

法官等级分为十二级，依次为首席大法官、一级大法官、二级大法官、一级高级法官、二级高级法官、三级高级法官、四级高级法官、一级法官、二级法官、三级法官、四级法官、五级法官。

【条文主旨】

本条是关于法官实行单独职务序列管理和法官等级设置的规定。

【背景解读】

1995年2月28日，第八届全国人民代表大会常务委员会第十二次会议审议通过的《法官法》，规定了法官的等级制度。该法第16条第1款规定："法官的级别分为十二级。"根据1995年《法官法》相关规定，法官等级是表明法官级别和身份的称号，是国家对法官专业水平的确认。为贯彻实施法官等级制度，中央组织部、人力资源和社会保障部和最高人民法院于1997年12月12日联合制定了《法官等级暂行办法》，对法官等级的编制、评定、晋升、降低和取消等作了具体的规定。法官等级以法官所任职务、德才表现、业务水平、工作实绩和年限为评定依据，尽管法官等级参照公务员行政职级编制，但采取了一个法官职务对应多个法官等级、不同法官职务之间编制交叉的做法，与法官的职级、薪酬制度没有直接联系。

法官职务序列改革的进程十分艰难。2004年，中央印发《关于司法体制和工作机制改革的初步意见》，提出人民法院实行司法行政工作与审判业务相分离的管理制度，人员进行分类管理，设立单独法官职务序列。2006年，中央印发《关于进一步加强人民法院、人民检察院工作的决定》，提出逐步建立法官及辅助人员分类管理模式，再次强调建立法官单独职务序列。2008 年，中央转发《中央政法委关于深化司法体制和工作机制改革若干问题的意见》，明确要求制定与人民法院、人民检察院职业特点相适应的职数比例和职务序列的意见。2011 年 7 月，中央组织部与最高人民法院联合印发了《法官职务序列设置暂行规定》（以下简称《暂行规定》）以及配套文件《地方各级人民法院法官职数比例暂行办法》和《法官等级和级别升降暂行办法》。《暂行规定》参照公务员按职务层次管理的模式，将原法官等级制度进一步改造为法官职务层次，按改造后的法官等级实行单独职务序列管理，并在职数比例、配备规格、晋升年限、工资级别等方面作出了具体规定，对基层法院和法官给予了一定倾斜。《暂行规定》出台后长期没有实施，主要原因是法官等级按职务层次设置后，很多基层法官等级将下调，一些地方法院还担心进一步分类管理会造成队伍的不稳定，不赞成实施《暂行规定》。

党的十八大和十八届三中全会后，中央对司法体制改革作出新的部署，特别十八届四中全会强调，要加快建立符合职业特点的法治工作人员管理制度，建立法官专业职务序列及工资制度，推进以法官员额制为核心的人员分类管理改革，为全面实行法官办案责任制提供有力组织保障。2015 年 9 月，习近平总书记主持召开中央全面深化改革领导小组第 16 次会议，审议通过了《法官、检察官单独职务序列改革试点方案》和《法官、检察官工资制度改革试点方案》，为推动法官单独职务序列和工资制度改革提供了根本遵循。推进法官职务序列改革，是落实党的十八届四中全会精神和中央部署的一项重要任务，是进一步推进法官队伍正规化、专业化、职业化建设的关键步骤，在实行法院人员分类管理的改革中居于基础性地位，是当前人民法院全面深化司法改革的“牛鼻子”。在新的形势下，提出了分步推进法官职务序列改革的方案。第一步：先推进落实《暂行规定》，同时强调在实行法官职务套改时，设过渡期不降低法官已评定的等级，在司法改革试点地区实行经中央批准的特殊优惠政策。第二步：按照党的十八届四中全会关于“建立法官专业职务序列及工资制度”的要求，在总结上海等地司法改革试点经验的基础上，建立有别于普通公务员的法官单独职务序列及工资制度。

【条文释义】

本条共分两款。第一款规定法官实行单独职务序列管理。法官实行单独职务序列管理，应当从以下几方面把握：

一是健全符合职业特点的司法人员管理制度的必然要求。审判权是对案件事实认定和适用法律进行判断和裁决的权力，本质上属于判断权。法官代表国家行使审判权，法官职业具有专业性、独立性、中立性、程序性、终局性等特点，其中独立性和中立性最能反映法官职业的本质特征。根据《法官法》规定，法官依法审判案件，不受行政机关、社会团体和个人的干涉。法官审判案件，应态度中立，居中裁判，不能偏向任何一方。改革前，我国法官与其他党政机关干部在职级晋升、业绩考核、职业保障等方面没有明显区别，实行行政化管理，法官之间存在上下级关系。这种管理体制不利于法官平等行使审判权，不符合法官职业特点和审判工作规律，制约了法官队伍建设和审判事业的发展。因此，根据《公务员法》增设其他职位类别的规定，为保障司法公正，应按照法官职业特点，建立法官单独职务序列，不断完善符合审判工作规律的法院人员分类管理制度。

二是提高法官准入门槛的客观需要。无论是英美法系国家还是大陆法系国家，均对法官的任职条件和招录程序作出严格规定。在我国，初任法官必须经过国家公务员考试和统一法律职业考试，具有相应法律工作经历，并经过较长时间的职前培训。近年来，一些案件出现质量瑕疵甚至错案问题，虽然原因是多方面的，但与部分法官素质能力不高也有直接关系。推行法官员额制改革，就是要进一步提高法官准入门槛，严格法官任职资格条件和遴选程序，从现有法官和其他法律人才中挑选出最优秀的人员来办案，提高法官队伍的整体素质和水平。这种较高的准入门槛、职业要求和严格的遴选程序，必须配以相应的职业发展空间和薪酬标准，否则无法吸引高层次法律人才，更无法留住优秀的法官。建立法官单独职务序列，实行有别于其他公务员的管理和保障制度，有利于增强法官的职业荣誉感和使命感，建设一支高素质的专业化、职业化法官队伍。

三是严格落实司法责任制的重要保障。案件由独任法官或者合议庭依法独立审判，法官要对案件质量终身负责，真正做到“让审理者裁判、由裁判者负责”。法官在审判活动中故意违法，或因重大过失导致裁判结果错误并造成严重后果的，将被严格追究违法审判责任。同时，法官受到最为严格的职业伦理限制。比如，法官从法院离任 2 年内，不得以律师身份担任诉讼代理人或者辩护人，终身不得担任原任职法院办理案件的诉讼代理人或者辩护人；法官的配偶、子女不得担任该法官所任职法院办理案件的诉讼代理人或者辩护人。在实行严格的司法责任制条件下，法官作为最终裁断者的权力越来越大、责任越来越重，这也需要进一步拓宽法官的职业发展空间，提高法官的职业待遇水平，使其立场更中立、心态更超脱、裁决更公正。

四是维护法官队伍稳定的迫切需求。改革前，由于法院特别是中级、基层法院法官的行政职级低、职业待遇差、发展空间受限，而随着立案登记制度改革的全面落实，审判任务和工作压力越来越重，法官的职业尊荣感普遍不高，造成一些优秀法官流失现象。还有一些原在一线办案的法官，为了晋升行政职级，选择了离开办案一线去从事综合管理工作。实行法官员额制后，法官人数将减少，人均办案数量将相应增加，审判工作压力加大，而且法官要对案件质量终身负责，如果法官的职业保障措施不能及时跟上，法官职业发展空间不能得到有效提升，将进一步加剧优秀法官流失。

第二款规定法官的等级设置。法官等级分为四等十二级，四等为首席大法官、大法官、高级法官、法官。大法官分为一级大法官、二级大法官；高级法官分为一级高级法官、二级高级法官、三级高级法官、四级高级法官；法官分为一级法官、二级法官、三级法官、四级法官、五级法官。在法官等级设置方面，打破了法官职务晋升的“天花板”，拓宽了法官职业发展空间。在法官等级晋升方式方面，实行按期晋升、择优选升和特别选升相结合的方式。各级法院法官只要认真履行职责，即使不担任领导职务，也能按照任职年限逐级晋升到一定等级。晋升较高法官等级的，实行比例或者数量控制。这样规定，既有利于广大法官安心在审判一线工作，又可以确保较高等级法官是优中选优，有利于优秀人才脱颖而出。建立法官单独职务序列，立足于法官从基层培养、基层锻炼、基层成长，坚持重点向市（地）以下法院倾斜，鼓励优秀人才向基层和办案一线岗位流动。较大幅度提高中级、基层法院较高等级法官比例。择优选升高级法官的比例，越向下级法院比例越高。同时，还加大了对一线办案人员的工资倾斜力度。

【相关规定】

《中共中央关于全面推进依法治国若干重大问题的决定》第6部分。

第二十七条　最高人民法院院长为首席大法官。

【条文主旨】

本条是关于最高人民法院院长法官等级的规定。

【背景解读】

我国法官职务序列制度是从法官等级制度的基础上产生的。1995 年 2 月 28 日，第八届全国人民代表大会常务委员会第十二次会议审议通过的《法官法》，规定了法官的等级制度。第 16 条第 1 款规定："法官的级别分为十二级。"第 2 款规定：最高人民法院院长为首席大法官，二至十二级法官分为大法官、高级法官、法官。根据 1995 年《法官法》相关规定，法官等级是表明法官级别和身份的称号，是国家对法官专业水平的确认。为贯彻实施法官等级制度，中组部、人事部和最高人民法院于 1997 年 12 月 12 日联合制定了《法官等级暂行办法》，对法官等级的编制、评定、晋升、降低和取消等作了具体的规定。法官等级以法官所任职务、德才表现、业务水平、工作实绩和年限为评定依据，尽管法官等级参照公务员行政职级编制，但采取了一个法官职务对应多个法官等级、不同法官职务之间编制交叉的做法，与法官的职级、薪酬制度没有直接联系。党的十八大和十八届三中全会后，中央对司法体制改革作出新的部署，特别是党的十八届四中全会强调，要加快建立符合职业特点的法治工作人员管理制度，建立法官单独职务序列。2015 年 9 月，中央全面深化改革领导小组第 16 次会议审议通过了《法官、检察官单独职务序列改革试点方案》，为推动法官单独职务序列改革提供了根本遵循。在目前"四等十二级"的法官单独职务序列等级架构中，首席大法官为最高等级，最高人民法院院长为首席大法官。

【条文释义】

大陆法系国家和地区的法院多设置有院长职务，而英美法系国家和地区则没有院长这一职务称谓，其首席大法官是法院的首长。无论是英美法系、还是大陆法系，法院院长/首席法官均兼法律家、管理家、政治家多重角色，但因不同的法治传统，角色排序及其所对应的职权范畴呈现出较大差异。在英美法系国家，如美国联邦最高法院首席大法官，根据司法独立的原则行使作为一名法官的司法审判权，其对其他法官的监督往往受制于司法独立原则而极为有限。但作为联邦法院系统的行政首脑，首席大法官负责协调监督法院最高行政权力的行使，建立起一套一贯的程序，同时还负责对司法系统中各法院的运转进行统计调查，要负责向国会提供关于司法会议工作的年度报告并提供立法建议，其对首席大法官的角色期待呈现为“法律家—管理家—政治家”的特点。我国法院设置及运行与大陆法系国家和地区更为接近。大陆法系国家和地区的法官法普遍规定，院长由具有法官之职的人兼任。因此，院长具有司法审判职权。当然，院长被赋予法院首长的地位，对内管理行政事务，对外代表整个法院，大致呈现出“管理家—政治家—法律家”的角色体系。我国《人民法院组织法》规定，“最高人民法院院长由全国人民代表大会选举”，在当选之后，最高人民法院院长的法官等级即确定为首席大法官。中国首席大法官从事行政工作较多，首席大法官除了是最高人民法院院长之外通常身兼数职，作为党组书记，首席大法官还是中央委员会的成员。

第二十八条　法官等级的确定，以法官德才表现、业务水平、审判工作实绩和工作年限等为依据。

法官等级晋升采取按期晋升和择优选升相结合的方式，特别优秀或者工作特殊需要的一线办案岗位法官可以特别选升。

【条文主旨】

本条是关于法官等级确定和晋升原则的规定。

【背景解读】

建立法官单独职务序列，不是变相为法官“提职级、加工资”，而是要依托“四等十二级”法官等级制度，在实行法官员额制基础上，实现法官等级与行政职级脱钩，充分体现法官职业特点，实行有别于其他公务员的人事管理制度。根据我国《宪法》规定，人民法院是国家的审判机关，依法独立行使审判权。审判权不同于行政权。行政权是管理权，上下级之间是领导与被领导的服从关系，讲究上命下从、令行禁止；审判权是对案件事实和法律的判断权和裁决权，具有亲历性、中立性、程序性、终局性等特点。这就意味着，对审判工作和法官的管理迥异于行政权运行模式。长期以来，我国对法官实行与行政机关公务员基本相同的管理模式，在任免条件、职级晋升、业绩考核、职业保障等方面没有明显区别，实行行政化管理，法官之间实际存在着上下级关系。这种管理体制不利于法官平等行使审判权，也不符合法官职业特点和审判工作规律。从严格意义上讲，法官等级主要代表资历深浅，并不意味着职位高低，等级不同的法官就同一起案件行使审判权时，权力平等，共同担责，不应存在“谁级别更高，谁审批把关”的现象。因此，为确保司法公正，应按照法官职业特点，推动实现法官等级与行政职级脱钩，建立法官单独职务序列。司法是维护社会公平正义的最后一道防线。法官行使审判权时，扮演着公平正义守护者角色，应当具备较高的法律素养，具有较丰富的社会经验，并受到更严格的司法责任和职业道德约束。正是因为这个原因，无论英美法系国家，还是大陆法系国家，都对法官的任职资格条件、选任程序和管理等做出比较严格的单独规定。我国实行法官员额制改革后，对法官的职业要求将比其他公务员更加严格，主要体现在：一是入职门槛更高。初任法官必须经过国家公务员考试和国家统一法律职业资格考试，具有相应法律工作经历，并经过较长时间的任前培训。一名28周岁的大学毕业生，在市（地）以上行政机关可能已担任科级职务，但在法院却可能刚刚成为初任法官。二是肩负责任更重。根据中央统一要求，法官员额严格控制在中央政法专项编制的39%以内，入额法官将经过严格遴选。进入员额后，法官对其履行审判职责的行为承担责任，在职责范围内对办案质量终身负责。三是职业伦理更严。受审判工作特殊性影响，法官往往受到严格的职业伦理限制。改革后，新的法官等级含有德才表现、业务水平、审判工作实绩、工作年限、所任职务等丰富内涵，其核心是按照法官等级进行管理，法官等级与行政职级脱钩，与其他公务员职务层次没有对应关系。

改革前，法官、检察官和其他公务员一样具有行政级别，法官等级和行政级别并行，类似于军人军衔、人民警察警衔、海关官衔，更多体现的是法官的资历、荣誉，法官的政治待遇、生活待遇等主要还是由行政级别决定。实行法官单独职务序列以后，法官检察官的职务序列与行政职级脱钩，“四等十二级”的法官等级成为法官职级层次。法官等级的确定和晋升对于激励法官依法履行审判职责，努力提高政治业务水平，推进高素质法官队伍建设，具有重要意义。

《法官法》修订草案一审稿规定，法官等级晋升采取按期晋升和择优选升相结合的方式，特别优秀或者工作特殊需要的法官可以特别选升。有的部门提出，建议按照中央有关改革文件精神，将特别选升的范围修改为特别优秀或者工作特殊需要的“一线办案岗位法官”。立法机关经研究，修订草案二审稿采纳了这一建议，做了相应修改。

【条文释义】

建立法官单独职务序列，总体上坚持从法官职业特点和司法规律出发，通过使法官等级与行政职级完全脱钩，坚持向基层和办案一线倾斜，完善法院人员分类管理，实行有别于其他公务员的单独管理和工资制度。

一是体现职业特点，与行政职级完全脱钩。根据2011年《法官职务序列暂行规定》，原来确定法官等级的主要依据是行政职级，这就强化了法官管理行政化倾向，体现法官职业特点不够。改革后，新的法官等级是对法官进行人事管理的基本依据，也是法官依法享受保障待遇的重要基础，含有德才表现、业务水平、审判工作实绩、工作年限、所任职务等丰富内涵。法官等级不同于军衔、警衔，法官之间并不根据等级高低确定上下级关系。建立体现职业特点和司法规律的法官单独职务序列，核心是法官按照等级进行管理，法官等级与行政职级完全脱钩。这就意味着法官等级与其他公务员职务层次没有对应关系，科级、处级、局级等法官职务将不复存在。

二是完善了法官配备规格和晋升方式。在法官等级设置方面，试点方案拓宽了法官职业发展空间。与目前法官职务配备情况相比，试点方案将中级、基层法院法官等级原则上向上浮动一级，大幅提高了各级人民法院法官等级设置，提高了法官职务晋升的"天花板"。基层法院法官可晋升至三高，个别在基层长期任职、工作特别优秀的可晋升至二高。中级人民法院法官可晋升至一高，最低配备规格为三级。高级人民法院法官最低配备规格为四高。在法官等级晋升方式方面，试点方案实行按期晋升、择优选升和特别选升相结合的方式。各级人民法院法官均能按照任职年限逐级晋升到一定等级，不受职数限制。例如，基层人民法院一级及以下等级可按期晋升，中级人民法院四高及以下等级可按期晋升，高级人民法院三高及以下等级可按期晋升。最高人民法院二高以下按期晋升。这种按照工作年限晋升职务的方式，有利于广大法官安心在审判一线工作。法官只要认真履行职责，都能晋升到一定等级。晋升较高法官等级的，实行比例或者数量控制，即择优选升。

三是坚持基层导向，向办案一线倾斜。建立法官单独职务序列及工资制度，立足于法官从基层培养、基层锻炼、基层成长，坚持重点向市（地）以下法院倾斜，确保优秀人才在基层和办案一线安心专心工作。试点方案大幅提高中级、基层法院较高等级法官比例。择优选升高级法官的比例设置，越向下级法院比例越高。与综合管理类公务员职务晋升实行职数比例控制相比，法官择优选升和特别选升等级比例较大，能够保障一线办案法官即使不担任领导职务，也可晋升至较高法官等级。例如，基层人民法院四高（25%）和三高（15%）占员额人民法官的40%；中级人民法院三高20%，一高和二高占员额法官的10%；高级法院一高占员额法官的5%，二高15%。对于特别优秀或者工作特殊需要的，可以破格或者越级晋升，即特别选升。这样规定，可以保证较高等级法官是优中选优，激励工作积极性，也有利于少数优秀人才脱颖而出。同时，法官晋升年限也比其他公务员大大缩短。经测算，一名大学本科毕业生，如果23岁进入法院工作，28岁担任法官，40岁就可以晋升为三级高级法官（相当于正处级），比其他公务员晋升到正处级快9年。这些政策，为基层法官和辅助人员提供了广阔的职业发展空间，将从根本上改变千军万马过“独木桥”、争抢行政职务的状况。

根据原《法官法》第19条规定，法官的等级的确定，以法官所任职务、德才表现、业务水平、审判工作实绩和工作年限为依据。2019年修订的《法官法》，考虑到根据法官单独职务序列改革的精神，法官职务序列与行政职级脱钩，在确认法官等级的依据中删去了“所任职务”。本条共分两款。第一款是关于法官的等级确定和依据的规定。根据本法第26条第2款规定：“法官的等级分为四等十二级，依次为首席大法官、一级大法官、二级大法官、一级高级法官、二级高级法官、三级高级法官、四级高级法官、一级法官、二级法官、三级法官、四级法官、五级法官。”除首席大法官按照法律规定为最高人民法院院长外，其他法官的等级需要经过等级评定来确定。本条规定了确定法官等级的四个依据。一是德才表现。德是指法官的思想品德状况，包括政治表现，也包括个人品德，遵守社会公德、家庭美德的情况等。才是指法官的才能、能力，包括法官的法学理论专业水平、办案能力、处理复杂局面化解矛盾的能力、做群众工作的能力等。法官的德才表现同时也是法官年度考核的重要内容。二是业务水平。根据法官行使国家审判权的职业特点，法官的业务水平主要是指法官的审判业务水平，主要包括依法查明案件事实，准确适用法律，按照法定程序和时限要求作出裁判的业务水平，也包括与审判业务相关的总结审判规律，调查研究等业务水平。三是审判工作实绩。法官的审判工作实绩是指法官实际从事审判工作的成绩，包括法官的审判工作量，完成审判工作的质量情况等。对于法官审判工作实绩的考察，离不开一些数字和比率，如结案数量、结案率、上诉率、发回重审率等，但不能简单地以数字评判法官的办案质量，而应当根据具体情况做出客观全面的评价。法官的审判工作实际是法官年度考核的重点。因此，在实际操作中，法官等级的确定，包括法官等级的晋升、降低等，都要以法官的年度考核结果为重要依据。四是工作年限。法官的工作年限，体现了其工作经验的积累和资历的成长，也是确定法官等级的重要依据。根据中央有关改革文件的精神和本法规定，各级法院一定级别的法官，都可以按照法官的工作年限和考核结果确定法官等级。对于一定级别以上的法官，实行择优选升，但法官工作年限也是择优选升时考虑的重要因素。

本条第 2 款是关于法官晋升原则的规定。这一款是根据本轮司法体制改革的精神新增加的规定。这一款规定了法官晋升的两种基本方式和一种特别情形。法官晋升的两种基本方式是按期晋升和择优选升，这两种方式相结合构成法官晋升的基本特点。按期晋升，是指法官从事审判工作达到一定年限，经考核在审判工作实绩、职业道德，专业水平、工作能力、审判作风等方面合格的，就可以按期晋升到上一个法官等级。根据中央有关改革文件精神。每个层级的法院都有一定级别以下的法官可以实行按期晋升。这个实行按期晋升的法官等级，高层级的法院高一些，底层级的法院低一些。但无论是高级法院还是基层法院，与本轮司法体制改革前相比，广大法官的职业成长通道都得到了较大幅度的拓宽。择优选升，是指对于各级法院一定级别以上的法官，因工作需要和法官等级设置等原因，不能如同按期晋升那样简单按照工作年限和考核结果到期就晋升，而要由法院按照法律和规定的条件和程序，从法官中选择优秀的人选晋升。择优选升需要对符合条件的人选进行相对于按期晋升考核更严格的考察，并在不同人选之间进行比较和竞争性的选拔。确定拟晋升的人选，还需要符合规定的等级设置。实行一定级别的按期晋升和一定级别以上的择优选升相结合的法官晋升制度，既可以保证大多数的法官都有比较充分的职业发展空间，特别是改变基层法院案件数量大、工作任务重但职数少，大量法官级别低、待遇差的局面，充分调动法官队伍的积极性，又能通过竞争性选拔，将法官队伍中更优秀的人才晋升到更高的层次，激励法官努力提高政治业务素质和办案实绩，形成良好的选人用人导向，切实全面推进高素质法官队伍建设。

本条规定的法官特别选升情形，是特别优秀或者工作特殊需要的一线办案岗位法官可以特别选升。这一制度针对的对象一是特别优秀的法官，即审判工作实绩特别突出，表现优异的法官；二是工作特殊需要的一线办案岗位法官，如审理新领域新类型案件的紧缺人才等。一线办案岗位法官是指在审判工作一线，直接负责办理案件工作的法官。特别选升是指突破晋升法官等级在任职时间、等级层次等方面的限制。对于特别选升应当从严掌握，并按照规定履行审批程序，真正实现把特别优秀的或者工作特殊需要的人才选拔出来的目的。

第二十九条　法官的等级设置、确定和晋升的具体办法，由国家另行规定。

【条文主旨】

本条是关于法官等级设置、确定和晋升具体办法的规定。

【背景解读】

按照原《法官法》规定，法官实行等级管理，具体等级设为四等十二级。同时，考虑到各级人民法院法官等级设定，法官具体等级的确定，以及法官等级的晋升等，情况比较复杂，原《法官法》在原则上规定了法官等级基本制度后，作了授权规定，即法官的等级设置、确定和晋升的具体办法，由国家另行规定。2019 年《法官法》修订时保留了原来关于由国家另行制定有关法官等级设置、确定和晋升的具体办法的规定。同时，在法律中进一步明确法官实行单独职务序列，明确了法官等级晋升的按期晋升、择优选升、特别选升等方式。这也是为了全面推进高素质法官队伍建设，总结和巩固近年来司法体制改革成果，依法健全法官单独职务序列管理制度。

从近年来关于加强法官队伍建设的规定看，有关方面为了全面落实司法责任制，在《法官法》规定的法官等级制度基本框架的基础上，出台了一系列关于法官等级制设置、调整等方面的文件。这些文件多是具体落实中央要求和法律规定的举措，有力的保障和促进了高素质法官队伍建设。如《中共中央办公厅、国务院办公厅关于加强法官检察官正规化专业化职业化建设全面落实司法责任制的意见》中提出，法官、检察官单独职务序列以法官法、检察官法规定的“四等十二级”为基础，法官、检察官等级与行政职级脱钩，实行单独管理。等级晋升实行按期晋升和择优选升相结合，特别优秀或者工作特殊需要的一线办案岗位法官、检察官可以特别选升。最高人民法院，最高人民检察院二级高级法官、检察官及以下按期晋升，省级法院，检察院和直辖市中级人民法院、检察院分院三级高级法官、检察官及以下按期晋升，市地级法院、检察院和副省级城市中级人民法院、检察院以及直辖市区法院、检察院四级高等法官、检察官及以下按期晋升，县级法院、检察院一级法官、检察官及以下按期晋升。在规定等级比例内，县级法院、检察院的法官、检察官可以选升三级高等法官、检察官，市地级法院、检察院和副省级城市中级人民法院、检察院以及直辖市区法院、检察院的法官、检察官可以选升一级高级法官、检察官，省级法院、检察院和直辖市中级人民法院、检察院分院的法官、检察官可以选升一级高级法官、检察官。各级法院、检察院择优选升的高级法官、检察官中，在一线办案岗位的要保证有一定数量。

【条文释义】

为了具体落实员额制，实施法官单独职务序列管理制度，《法官法》规定了法官的等级制度。法官的等级制度涉及法官的等级划分、各级人民法院法官的等级设置、法官等级确定和晋升等一系列具体规定和办法。考虑到难以在法律中对这些操作层面的内容都作出具体明确的规定，《法官法》只对法官等级制度的一些主要原则和内容作了规定，同时规定具体办法由国家另行规定。

根据本条的规定，法官的等级设置、确定和晋升办法由国家另行规定。这里所说的法官的等级设置，主要是指本法第26条和第27条所规定的法官的等级划分，以及在各级和不同类型的人民法院中不同等级法官职位的设置。按照本法的规定，法官等级由高到低依次为首席大法官、一级大法官、二级大法官、一级高级大法官、二级高级法官、三级高级法官、四级高级法官、一级法官、二级法官、三级法官、四级法官、五级法官。关于法官等级设置的细化内容，需要国家另行规定，例如不同级别的法院、不同类型的法院，具体应设置哪些等级的法官职位，具体设置相应等级法官的数量、比例等，都需要根据实际情况进一步细化，科学设置省级、地（市）级、县级人民法院，副省级城市中级人民法院，直辖市中级人民法院分院，直辖市所属区、所属县的人民法院，副省级城市所属区人民法院的法官等级。

这里所说的法官的等级确定，是指对法官具体任哪一个等级。有关法官等级确定的规定，主要包括确定法官等级的程序和依据，如等级确定的标准、等级确定的审批程序、批准权限以及需要进行等级确定的情形等。例如，初任法官的等级确定；从符合法官条件的律师或者法学教学，研究人员等从事法律职业的人员中公开选拔的法官的等级确定；对各级人民法院领导人员，包括院长、副院长、审判委员会专职委员的等级确定等。此外，根据本法第 28 条第 1 款的规定，法官等级的确定，以法官德才表现、业务水平、审判工作实绩和工作年限等为依据。对于考核不符合法官任职要求，因工作能力或者其他原因不适合担任现任法官等级的，也需要确定如何降低法官等级。以上法官等级确定的具体办法，由国家另行规定。

这里所说的法官等级的“晋升办法”，是指法官在任职期间根据工作年限、能力、职务调整等变化相应予以晋升其法官等级的具体办法。本法第 28 条第 2 款规定，法官等级晋升采取按期晋升和择优选升相结合的方式，特别优秀或者工作特殊需要的一线办案岗位法官可以特别选升，根据上述法律规定的晋升方式，其具体的晋升条件、要求、比例、特定等级晋升的审批权限等，都有待于在另行制定的国家规定中进一步细化。

根据本条的规定，关于法官等级的设置、确定和晋升的具体办法，在《法官法》中不作具体规定，由国家另行规定，有关方面在落实《法官法》规定制定具体办法时，应按照《法官法》确定的法官等级制度的基本框架和原则，本着全面建设高素质法官队伍的总体要求，充分发挥法官单独职务序列管理中的正向激励作用，科学设定有关上述内容的详细的、具有可操作性的规定，并还应当根据实践情况和需要及时修改完善。

【相关规定】

《中华人民共和国法官法》第25条、第26条、第27条、第28条；《中共中央办公厅、国务院办公厅关于加强法官检察官正规化专业化职业化建设全面落实司法责任制的意见》。

第三十条　初任法官实行统一职前培训制度。

【条文主旨】

本条是关于初任法官统一职前培训制度的规定。

【背景解读】

根据中央组织部、最高人民法院联合印发的《人民法院工作人员分类管理制度改革意见》规定，人民法院工作人员分为法官、审判辅助人员和司法行政人员三大类别，实行分类管理。针对不同类别、不同岗位干部的特点和需求，各级人民法院分别对法官、审判辅助人员和司法行政人员进行精准化培训，使他们具备履行岗位职责所需要的理论和业务知识，更好地各司其职、各尽其能，推进审判事业科学健康发展。

党的十八大以来，随着司法体制改革特别是法院司法责任制和法官员额制改革的全面落实，法官选任等法官管理制度有了新的调整，即由以往符合选任法官条件、可经院长任命为助理审判员的法官准入机制，改革为在法官员额出现空额时、符合选任条件的人员经法官遴选委员会专业把关后择优选任法官的机制。法官入职门槛提高，对法官入职前培训也提出了新的要求。2014 年 10 月，党的十八届四中全会通过的《中共中央关于全面推进依法治国若干重大问题的决定》提出："推进法治专门队伍正规化、专业化、职业化，提高职业素养和专业水平。完善法律职业准入制度，健全国家统一法律职业资格考试制度，建立法律职业人员统一职前培训制度。"2015 年 12 月，中共中央办公厅、国务院办公厅印发《关于完善国家统一法律职业资格制度的意见》，提出建立统一职前培训制度。按照"统一标准、分系统实施"原则，建立法律职业人员任职前培训制度，国家法律职业资格主管部门会同法治实务部门制定法律职业人职前培训的统一标准和相关规范，各相关部门按统一标准和规范分别实施培训。法官、检察官职前培训时间为一年。

为适应司法体制改革对法院教育培训工作提出的新要求，2016年11月，最高人民法院政治部会同国家法官学院召开座谈会，组织部分高级人民法院政治部负责教育培训工作的同志，及部分国家法官学院分院负责人，就预备法官培训制度改革等问题进行专题研究。会后，最高人民法院政治部经研究决定，全面停止预备法官培训工作，在法律职业人员统一职前培训制度出台前，组织实施初任法官和法官助理培训，待法律职业人员统一职前培训制度出台后，制定具体的法官职前培训实施办法，对初任法官任职前进行职前培训。为贯彻落实中央文件精神，提高法院队伍政治素质、职业素养和司法能力，提高初任法官的任职资格，2019年新修订的《法官法》单列一条，明确规定“初任法官实行统一职前培训制度”。

【条文释义】

法官职前培训是对初任法官任职前的资格培训，旨在使初任法官任职前全面掌握审判实务知识、程序、方法和技能，强化法官职业意识，增强法官职业道德修养，提升法官职业技能，尽快达到初任法官的任职标准，完成向一名合格法官的转变。2019年修订的《法官法》新增一条对法官职前培训制度的专门规定，明确要求“初任法官实行统一职前培训制度”，进一步凸显了职前培训在法官培训中的重要地位和作用，对于加强高素质法官队伍建设、提高人民法院审判工作质效，实现“努力让人民群众在每一个司法案件中感受到公平正义”具有重要意义。

本条内容主要涉及培训对象、培训内容和方式、培训实施三个方面。

一、培训对象

职前培训的对象为拟任初任法官的人员，既包括法院系统内符合法官任职条件、拟任为初任法官的人员；也包括拟从律师、法学专家等从事法律职业人员中公开遴选的初任法官人选。

二、培训内容和方式

根据《关于完善国家统一法律职业资格制度的意见》的规定，法官、检察官职前培训时间为一年。统一职前培训的内容和方式，分系统实行集中教学、岗位实习、综合训练等分阶段有侧重、统分结合的职前培训。就法官职前培训而言，集中教学阶段主要讲授政治理论、职业道德和审判实务等知识。政治理论、职业道德培训主要围绕政治素养、法治信仰、职业道德、职业纪律、法院和法官工作的内涵等内容展开，目的在于使学员具备作为一名法官的基本修养。审判实务培训侧重于法院各主要审判业务工作要求和技能的训练，主要内容包括刑事、民商、行政等各大审判领域，以及立案、审监、执行等综合业务的主要工作内容、基本工作要求和各项工作技能。重点培养各业务领域法律文书制作、庭审把控、法律适用等方面的能力，以及检察和律师业务相关内容。培训方式除课堂讲授外，还应广泛采取个案分析、案例研讨、法律文书写作、模拟庭审、现场教学等形式。重点从能力培养角度出发，尽可能增加学员参与式教学的比例。岗位实习和综合训练阶段，通过参与审判业务实践和辅助参与案件办理等，训练职业技能，提高参训学员实际工作能力。

三、培训实施

根据中央文件精神，建立统一的职前培训制度，国家法律职业资格主管部门会同法治实务部门制定法律职业入职前培训的统一标准和相关规范，各相关部门利用现有法律部门培训机构按统一标准和规范分别实施培训。法官职前培训的组织实施由国家法官学院或由国家法官学院委托的有条件的省级法官培训机构负责。国家法官学院负责教学计划的制定、培训教学和教学管理的组织实施、训练大纲和教材的编写等任务。

【相关规定】

《中华人民共和国公务员法》第67条、第68条；《中华人民共和国人民法院组织法》第47条、第55条；《中华人民共和国法官法》第12条、第14条、第17条。

第三十一条　对法官应当有计划地进行政治、理论和业务培训。

法官的培训应当理论联系实际、按需施教、讲求实效。

【条文主旨】

本条是关于法官培训内容和遵循原则的规定。

【背景解读】

作为维护社会公平正义的最后一道防线，司法是保障法律有效实施的必要手段，是化解社会矛盾纠纷的重要环节，是调整社会关系、维护公正秩序的基本保障。法官是代表国家依法行使审判权的职业群体，其职责是定分止争，解决社会矛盾，肩负着维护社会公平正义和国家稳定的重任。人民法院以审判为中心的各项审判任务的圆满完成，离不开一支高素质的法官队伍。在建设高素质法官队伍中，教育培训是关键环节，是提升法官队伍整体素质的主要渠道。

为充分发挥教育培训在建设高素质法官队伍中的重要作用，1995 年第八届全国人民代表大会常务委员会通过《法官法》，用专门一章规定了法官培训的内容。2001 年修改后的《法官法》对法官培训的内容未作修改。为推动《法官法》有关法官培训相关规定的贯彻实施，2006 年，最高人民法院修订《法官培训条例》，对法官培训的组织管理、内容形式、条件保障、考核责任等进行了细化规定。党的十八届四中全会通过的《中共中央关于全面推进依法治国若干重大问题的决定》提出，全面推进依法治国，必须大力提高法治工作队伍思想政治素质、业务工作能力、职业道德水准。2019 年 1 月，习近平总书记在中央政法工作会议上讲话强调，“加快推进政法队伍革命化、正规化、专业化、职业化建设”，“要旗帜鲜明把政治建设放在首位，努力打造一支党中央放心、人民群众满意的高素质政法队伍”。为突出法官的政治素质要求，2019年，新修订的《法官法》在法官任职条件中，增加“拥护中国共产党领导和社会主义制度”；在法官培训相关内容中将“理论培训和业务培训”修改为“政治、理论和业务培训”。

【条文释义】

法官培训工作是人民法院教育培训工作的重中之重。新修订的《法官法》明确要求“对法官应当有计划地进行政治、理论和业务培训。法官的培训应当理论联系实际、按需施教、讲求实效”，进一步明确了法官培训工作的目标方向和基本原则，对于全面建设高素质法官队伍、提高法官队伍正规化专业化职业化水平、促进新时代人民司法事业发展进步具有十分重要的意义。

一、关于法官培训内容

第1款规定“对法官应当有计划地进行政治、理论和业务培训”，明确了法官培训要“有计划”；法官培训的内容包括政治、理论和业务三个方面。

（一）政治理论培训

要始终把提高法官的政治素质和政治能力放在首位，加强党的基本理论、理想信念、党章党规党纪、社会主义法治理论、宗旨作风等教育培训，教育引导法官明辨政治是非、保持政治定力、防范政治风险，坚定不移走中国特色社会主义法治道路，永葆忠于党、忠于国家、忠于人民、忠于法律的政治本色。采取政治轮训、党组中心组学习、举办形势报告会、观看时事政策专题片、开展社会实践调研、运用重大敏感案件进行案例分析等方式增强政治意识，结合办理重大疑难复杂案件、应对重大突发事件、完成急难险重任务加强政治历练，帮助干警积累政治经验，增进政治智慧，强化政治担当。

（二）职业精神培育

要结合法官职业特点和法院审判工作规律，加强社会主义核心价值观、职业道德和司法良知、司法作风等教育培训，引导干警坚定维护公平正义的价值追求，自觉秉持司法良知、恪守职业道德，增强法官运用科学理论解决审判实际问题的能力，在审判执行中始终保持廉洁操守，筑牢拒腐防变的思想防线，提高抵御腐败风险的能力。

（三）审判业务培训

要适应新时代人民法院审判工作需要，聚焦新法律法规、司法解释、司法政策以及新型、疑难、复杂案件，加强法官庭审驾驭、裁判文书说理、诉讼调解、审判规范化、类案检索、统一裁判尺度、司法礼仪等培训，提高法官的法律职业素养和审判业务能力。

二、关于法官培训的主要原则

本条第2款规定“法官的培训应当理论联系实际、按需施教、讲求实效”，明确了法官培训应遵循的原则。理论联系实际，是法官培训的目标和方向；按需施教，是对法官培训内容和形式的要求；讲求实效，是对法官培训效果的要求。

（一）理论联系实际原则

坚持理论联系实际的原则是我国干部教育培训工作的一条重要经验，也是我党一贯坚持和倡导的优良传统和行之有效的学习方法。具体到法官培训工作中，就是要注重能力建设，坚持以审判工作为立足点、以着力解决审判实际问题为落脚点、以研究探索和在审判实践中运用所学知识为目的，把提出问题、研究问题、解决问题贯穿法官培训活动全过程。在设计规划培训方案、培训目标、培训内容、培训方式时，充分贯彻中央部署要求和相关文件精神，紧密联系审判实践，重点弥补法官的知识空白、经验盲区和能力弱项，广泛运用法官教学、案例教学、现场教学等方式，使法官通过理论学习提高解决审判实际问题的能力。

（二）按需施教原则

按需施教就是把党的事业需要、组织要求和不同岗位、不同领域、不同层次法官的个性化需求有机统一起来，实现按需培训、因材施教。要聚焦服务党和国家重大决策部署及新时代人民法院使命任务，紧跟司法改革新形势新要求，坚持立足当前、着眼未来，在服务党和国家大局中系统谋划、统筹推进法官教育培训工作。把“培养锻造一支党中央放心、人民群众满意的高素质法院队伍”作为教育培训工作总目标，围绕建设革命化、正规化、专业化、职业化高素质法院队伍，部署开展政治能力、职业精神、司法能力、综合素质等培训，全面提升法官的法律政策运用能力、防控风险能力、群众工作能力、科技应用能力、舆论引导能力。坚持问题导向、实践导向，健全以需求为导向的培训计划生成机制和培训内容更新机制，把需求调研贯穿训前、训中、训后全过程，切实将法官培训的内容方式与提高法官司法能力需求对接起来，突出培训重点、创新内容形式，提高培训质效。

（三）讲求实效的原则

讲求实效就是突出实战、实用、实效导向，确保法官教育培训工作的实际效果。具体而言，包括三个方面：一是分类分级实施精准培训。结合法院系统不同类别、不同岗位、不同层级法官的差异化需求，细化培训对象，区分法院领导班子成员、法官、高层次审判人才、优秀年轻干部、西部地区法官和民族地区双语法官等，合理设计培训目标、培训内容，精选培训师资。二是创新培训方式方法。广泛推行法官教学、案例教学、现场教学，积极运用研讨式、案例式、模拟式、体验式、辩论式等互动式教学方法。加大运用典型案例开展案例教学的力度，抓好法官培训案例库建设，使教育培训精准对接审判工作需要。鼓励支持干警运用网络培训、专题讲座等形式开展各方面基础性知识学习。开展各种形式的岗位练兵，定期组织优秀庭审、优秀裁判文书、岗位能手评选和审判实务技能竞赛等活动，把丰富生动的审判实践转化为深化教育培训、提高素质能力的教学资源。三是完善培训制度体系。健全完善培训计划生成、组织调训、跟踪管理和质量评估等各环节配套衔接制度机制，加强培训教材建设，规范培训管理，增强法官培训的系统性、持续性、针对性，不断提升培训质效。

【相关规定】

《中华人民共和国公务员法》第66条、第67条；《中华人民共和国人民法院组织法》第55条。

第三十二条　法官培训情况，作为法官任职、等级晋升的依据之一。

【条文主旨】

本条是关于法官培训的具体运用的规定。

【背景解读】

1995年《法官法》第26条规定：“法官在培训期间的学习成绩和鉴定，作为其任职、晋升的依据之一。”2001年《法官法》对该条内容未作修改。2019年新修订《法官法》对文字表述进行了完善，修改为“法官培训情况，作为法官任职、等级晋升的依据之一”。

一、将法官培训情况作为法官任职、等级晋升的依据之一，是公务员培训制度在法官培训领域的具体体现

将培训与任职、职务晋升结合起来，是将培训工作落实到位的一个关键因素。《公务员法》第68条规定：公务员培训情况、学习成绩作为公务员考核的内容和任职、晋升的依据之一。《干部教育培训工作条例》第52条、第55条规定：干部接受教育培训情况应当作为干部考核的内容和任职、晋升的重要依据；组织（人事）部门在干部年度考核、任用考察时，应当将干部接受教育培训情况作为一项重要内容。干部参加脱产培训情况应当记入干部年度考核表，参加2个月以上的脱产培训情况应当记入干部任免审批表。《党政领导干部选拔任用工作条例》第8条规定：提拔担任党政领导职务的，应当经过党校（行政学院）、干部学院或者组织（人事）部门认可的其他培训机构的培训，培训时间应当达到干部教育培训的有关规定要求。确因特殊情况在提任前未达到培训要求的，应当在提任后一年内完成培训。为在法官培训领域贯彻落实公务员法等相关规定，《法官法》规定“法官培训情况，作为法官任职、等级晋升的依据之一”。

二、将法官培训情况作为法官任职、等级晋升的依据之一，是法官职业的内在要求

法官是行使国家审判权的职业群体，担任法官不仅要具有良好的政治素质、法律专业素养和职业操守，还要具有丰富的实践经验和社会阅历。近年来，随着司法责任制和法官员额制改革的全面落实，对法官履职能力也提出了新的更高的要求。实践中，为确保法官具备相应的履职能力，结合不同阶段法官职业特点和履职要求，对法官实行职前培训、任职培训、晋级培训、续职培训，作为法官任职、晋级、续职的依据之一，使法官在职业生涯中持续得到培训和提高。

三、将法官培训情况作为法官任职、等级晋升的依据之一，是加强培训管理的现实需要

目前，个别地区法官培训存在表面化、走过场的形式主义现象，个别法官参加培训的主动性积极性不高。要改变这一现象，必须尽快完善法官培训激励约束机制，将法官培训情况，作为其任职、晋升的依据之一，做到不培训不任职，不培训不晋级，充分激发法官参与学习培训的内在潜能和动力。同时，通过培训效果的评价和反馈，及时了解培训工作中存在的问题和不足，并根据新时代新形势新要求，不断改进和完善培训工作，提高培训质效。

【条文释义】

法官培训是对法官进行有组织有计划的培养和训练，以开发其潜力，改善其知识结构，提高其政治素质、职业素养和审判能力。法官培训是法官管理的重要组成部分，贯穿法官职业生涯的全过程。法官培训在提升法官素质能力的同时，全面客观地反映法官的理论水平和职业素养，为发现、培养和遴选法官提供重要依据。新修订的《法官法》明确规定“法官培训情况，作为法官任职、等级晋升的依据之一”，从制度层面对法官培训情况的运用进行规定，将培训情况与法官任职、等级晋升等环节直接挂钩，进一步建立健全法官培训的激励约束机制。

本条规定“法官培训情况，作为法官任职、等级晋升的依据之一”，是法官培训情况的运用。结合本条规定，对法官培训情况运用的相关情况介绍如下：

一、法官培训情况

法官培训情况包括学习态度和表现，理论、知识掌握程度，党性修养和作风养成情况，以及解决实际问题的能力等。培训情况考核和评估中，应注重把握几个方面：一是坚持分类与分级、定量与定性考核相结合。既要从整体上提出共性要求，又要根据不同类别培训、不同层次法官的特点，制定科学量化的考核标准，使考核工作具有较强的针对性和实效性。二是注重对培训情况全面考核。包括学员对自己学习培训的情况进行汇报和自我评价；在一定范围内让教师与其他学员对自身的学习培训情况进行评议；对学员的理论水平和审判能力进行考评。三者构成了相对完整的考核工作链条，可以比较全面地考察法官参加学习培训的情况。三是坚持配套制度的有效保障。人民法院法官管理部门应按照管理权限建立法官培训档案。法官参加培训的履历、成绩和鉴定应存入本人档案。

二、法官培训情况运用

目前，根据《中共中央办公厅、国务院办公厅关于完善国家统一法律职业资格制度的意见》《法官培训条例》等相关规定，法官培训分为职前培训、任职培训、晋级培训和续职培训。拟任法官的人员以及在职法官，经过规定的培训，并考核合格的，方可任职、晋级、续职。具体而言：一是法官职前培训。根据2015年12月《中共中央办公厅、国务院办公厅关于完善国家统一法律职业资格制度的意见》，法官实行任职前培训制度。法官职前培训时间为一年，分为集中教学、岗位实习、综合训练等阶段。集中教学阶段主要讲授政治理论、职业道德和法律实务等知识。岗位实习和综合训练阶段，主要通过参与审判、检察、律师和公证等业务实践和辅助参与案件办理等，训练职业技能，提高参训人员实际工作能力。培训合格者方可准予从事法官职业。二是法官任职培训。根据《法官培训条例》第2条规定，初任法院院长、副院长，须接受任职培训。任职培训要按照岗位规范要求，进行以提高履行岗位职责必备的管理和业务能力为主要内容的培训。培训时间不少于一个半月。任职培训合格者，方可任职。三是法官晋级培训。根据《法官培训条例》第2条规定，晋升高级法官，须接受晋级培训。晋级培训应注重高级法官履行岗位职责必备的知识和技能的培训。培训时间不少于一个月。晋级培训合格者，方可晋级。四是法官续职培训。根据《法官培训条例》第2条规定，法官履职期间，须接受续职培训。续职培训应注重所在岗位专业知识更新的培训和审判业务技能提高的培训。法官每年接受续职培训的时间累计不少于半个月。在职法官经过规定的培训，并考核合格的，方可续职。

【相关规定】

《中华人民共和国公务员法》第68条；《干部教育培训工作条例》第15条、第52条、第53条；《党政领导干部选拔任用工作条例》第8条。

第三十三条 法官培训机构按照有关规定承担培训法官的任务。

【条文主旨】

本条是关于法官培训机构职责任务的规定。

【背景解读】

培训法官的任务由法官培训机构承担。目前，法院系统的法官培训机构是国家法官学院、省级法官培训机构及地（市）级法官培训机构。国家法官学院大致经历了三个发展阶段：

一是中国特色的“法律业大”模式。党的十一届三中全会后，随着经济建设快速发展，大量经济纠纷案件、涉外案件剧增，对法院审判人员的文化水平和专业素质提出了新的要求。1985年3月，经中央批准，成立全国法院干部业余法律大学，主要开展法院系统内规模化的大学专科层次学历教育。全国法院干部业余法律大学设四级办学组织：最高人民法院设总校；各省、自治区、直辖市高级人民法院设分校；中级人民法院设分部；基层人民法院设教学班。

二是创办中国高级法官培训中心。1993年，最高人民法院提出“将学历教育向高学历、高层次转变，非学历教育向正规化岗位培训转变”的目标，决定在抓好法官队伍学历教育的同时，建立法院系统的岗位培训体系。1988年2月13日，经中央和国务院批准，最高人民法院与国家教委联合创办“中国高级法官培训中心”，主要委托北京大学、中国人民大学开展法院在职干警继续教育培训。与全国法院干部业余大学不同，中国高级法官培训中心着眼于系统、高端、应用型法律人才培养，学历层次上以硕士乃至博士为培养目标，岗位培训上以高级法官为培训对象。

三是设立国家法官学院。1995年《法官法》正式颁布施行，建立符合职业特点的法官管理制度，并在法官管理中专门对法官培训的内容、原则、机构等进行规定。其中，第25条规定“国家法官院校和其他法官培训机构按照有关规定承担培训法官的任务”。为适应审判工作和法官队伍建设发展需要，培养职业化法官队伍，1997年9月，国家教育委员会印发《关于同意成立国家法官学院的通知》（教计〔1997〕93号），整合全国法院干部业余法律大学和中国高级法官培训中心功能，在北京成立国家法官学院，撤销全国法院干部业余法律大学和中国高级法官培训中心。2019年新修订《法官法》将“国家法官院校和其他法官培训机构”修改为“法官培训机构”。

经过多年的建设和发展，目前，国家法官学院已经成为高层次审判人才的教育培训基地、法学理论与实践研究相结合的教学科研基地、国际一流司法学府、国际司法交流中心、国内外司法案例研究重要基地。国家法官学院和各分院每年培训法院工作人员近60万余人次。

【条文释义】

本条规定，“法官培训机构按照有关规定承担培训法官的任务”。其中，“法官培训机构”主要指国家法官学院及其分院；“有关规定”指党中央、中央政法委关于干部教育培训工作的部署要求，以及最高人民法院关于人民法院教育培训工作的相关规范性文件。结合本条规定，对法官培训机构的相关情况介绍如下：

一、法官培训机构设置

根据《法官培训条例》第9条规定，最高人民法院设立国家法官学院及其分院。高级人民法院设立省级法官学院、法官进修学院、法官培训学院等法官培训机构。根据需要和条件，经高级人民法院批准，可设立地（市）级法官培训机构。目前，除国家法官学院外，共设立32个省级法官培训机构、160个地（市）级法官培训机构。基本形成以国家法官学院为龙头、以省级法官培训机构为主体、地（市）级法官培训机构为补充的法官培训组织体系。

上述法院系统法官培训机构外，最高人民法院联合国家民委，分别在中央民族大学、西北民族大学、西南民族大学3所民族高校设立全国双语法官培训基地。自2014年起，已累计举办了11期维汉、藏汉双语法官培训班，累计培训双语法官400余人。

二、法官培训机构任务

根据《法官培训条例》规定，国家法官学院主要承担以下培训任务：法官职前培训；初任高、中级人民法院院长、副院长以及基层人民法院院长的任职培训；晋升高级法官的晋级培训；最高人民法院法官的续职培训；地方各级人民法院高级法官的续职培训；地方法官培训机构的师资培训；最高人民法院指定的其他培训。国家法官学院分院、省级法官学院或其他法官培训机构主要承担以下培训任务：初任基层人民法院副院长的任职培训；地方各级人民法院一级以下法官的续职培训；高级人民法院指定的其他培训；最高人民法院委托的培训。地（市）级法官培训机构承担高级人民法院授权的培训任务。

三、法官培训机构管理

最高人民法院制定印发《关于设立国家法官学院分院条件与程序的若干规定》，对国家法官学院分院的任务、设立条件、审批程序等方面进行规定。其中，在设立条件方面，规定了机构与编制条件、培训基地与设施条件、师资数量与职务比例、经费与图书条件等。在审批程序方面，明确对高级人民法院设立国家法官学院分院的申请，由国家法官学院初步审查后，会同最高人民法院政治部组成考察验收小组，实地考察申请设立分院的高级人民法院的教育培训条件。分院成立后，对分院实行动态管理机制，每隔三年由最高人民法院政治部和国家法官学院进行考核评估，评估不合格的，限期整改，整改后评估仍不合格的，予以摘牌，不再承担委托任务。

【相关规定】

《中华人民共和国公务员法》第66条；《干部教育培训工作条例》第32条。

第三十四条 法官申请辞职，应当由本人书面提出，经批准后，依照法律规定的程序免除其职务。

【条文主旨】

本条是关于法官辞职的规定。

【条文释义】

依法辞去公职，是法官的权利，法律应予以保护。对此，最高人民法院2005年11月颁布的《关于依法保障法官权利的若干规定》第12条第2款规定："法官申请辞职符合有关规定的，其所在法院应当予以批准，并及时办理相关手续。"要求各级法院保障法官的辞职权利。原《法官法》第39条也规定："法官要求辞职，应当由本人提出书面申请，依照法律规定的程序免除其职务。"

但是，任何权利皆有边界。如若超越边界行使权利，任由法官随性辞去职务，一方面会影响案件正常审理进度，另一方面也会影响法官队伍稳定。特别是法官员额制实施以后，法官选任的标准更高、要求更严，国家为培养一名合格法官投入的成本也大大增加。因此，本条强调法官申请辞职，需"经批准后"，方能按法律规定程序免除职务。当然，这并非表明新法较旧法对法官辞职要求更严。以往实践中，也是法官提出辞职申请，组织人事部门审核后，再提交院党组会议，院党组会议审议通过后，方能提请人大免除法官职务。

关于免除法官职务的程序，在《人民法院组织法》中有明确规定，故本条作出原则规定"依照法律规定的程序免除其职务"。《人民法院组织法》第42条规定："最高人民法院院长由全国人民代表大会选举，副院长、审判委员会委员、庭长、副庭长和审判员由院长提请全国人民代表大会常务委员会任免。最高人民法院巡回法庭庭长、副庭长，由最高人民法院院长提请全国人民代表大会常务委员会任免。”第 43 条规定：“地方各级人民法院院长由本级人民代表大会选举，副院长、审判委员会委员、庭长、副庭长和审判员由院长提请本级人民代表大会常务委员会任免。在省、自治区内按地区设立的和在直辖市内设立的中级人民法院院长，由省、自治区、直辖市人民代表大会常务委员会根据主任会议的提名决定任免，副院长、审判委员会委员、庭长、副庭长和审判员由高级人民法院院长提请省、自治区、直辖市人民代表大会常务委员会任免。”

第三十五条　辞退法官应当依照法律规定的程序免除其职务。

辞退法官应当按照管理权限决定。辞退决定应当以书面形式通知被辞退的法官，并列明作出决定的理由和依据。

【条文主旨】

本条是关于辞退法官的规定。

【背景解读】

辞退法官，是指各级人民法院依照法律、法规的规定，对不适合从事法院审判工作的法官，按照管理权限报经审批，解除其同所在法院的任用关系，并按规定程序免除其法官职务。

法官的辞退与法官的辞职不同，法官的辞退是单位行为，单位根据某个人的具体情况决定。而法官申请辞职则完全是个人的自愿行为，法官根据自己的实际情况，权衡利弊后决定辞职的，由法官本人向所在单位提出辞职申请。个人提出辞职的，相关法院会根据申请辞职人的具体情况和相关规定，决定是否予以批准。而辞退则不同，辞退是单位根据国家的有关规定和某个人的具体情况决定辞退或不予辞退。

原《法官法》第40条规定了辞退法官的五种情形，本次修订时，考虑到法官也是公务员，对于属于公务员管理共性的规定，《公务员法》已有规定，可以不再重复。据此，删去了有关法官辞退情形等具体规定。对此，《法官法》第68条规定："有关法官的权利、义务和管理制度，本法已有规定的，适用本法的规定；本法未作规定的，适用公务员管理的相关法律法规。"此外，本次修订时为了充分保障法官的合法权益，增加规定："辞退法官应当按照管理权限决定。辞退决定应当以书面形式通知被辞退的法官，并列明作出决定的理由和依据。"

【条文释义】

根据本条第1款的规定，辞退法官应当依照法律规定的程序免除其职务。这样规定，也是对本法第20条第（7）项规定的呼应。"法律规定的程序"是指根据宪法、相关法律及本法第四章及关于法官任免的有关规定，分别由全国人民代表大会、全国人民代表大会常务委员会、地方各级人民代表大会、地方各级人民代表大会常务委员会依照法律规定的程序免除其现任职务。新疆生产建设兵团各级人民法院、专门人民法院的院长、副院长、审判委员会委员、庭长、副庭长和审判员，依照全国人民代表大会常务委员会的有关规定免除其现任职务。这里的"职务"包括院长、副院长、审判委员会委员、庭长、副庭长和审判员等。

根据本条第2款的规定，辞退法官应当按照管理权限决定。辞退决定应当以书面形式通知被辞退的法官，并列明作出决定的理由和依据。这样规定，是对本法第11条关于法官非因法定事由、非经法定程序，不被辞退的呼应。根据《公务员法》第88条的规定，法官有下列情形之一的，予以辞退：（1）在年度考核中，连续两年被确定为不称职的；（2）不胜任现职工作，又不接受其他安排的；（3）因所在机关调整、撤销、合并或者缩减编制员额需要调整工作，本人拒绝合理安排的；（4）不履行公务员义务，不遵守法律和公务员纪律，经教育仍无转变，不适合继续在机关工作，又不宜给予开除处分的；（5）旷工或者因公外出、请假期满无正当理由逾期不归连续超过15天，或者一年内累计超过30天的。

为了保护法官的合法权益，根据《公务员法》第89条的规定，法官有下列情形之一的，不得辞退：（1）因公致残，被确认丧失或者部分丧失工作能力的；（2）患病或者负伤，在规定的医疗期内的；（3）女性法官在孕期、产假、哺乳期内的；（4）法律、行政法规规定的其他不得辞退的情形。

【实践指导】

根据本条的规定，辞退法官应当按照管理权限决定。辞退决定应当以书面形式通知被辞退的法官，并列明作出决定的理由和依据。这里的"管理权限"，是指干部任免的管理权限。有干部管理权限的法院，依法辞退法官时，应当以本单位名义作出书面辞退决定，列明作出决定的理由和法律依据，并通知被辞退法官。被辞退的法官，离职前应当办理公务交接手续，必要时按照规定接受审计，同时可以领取辞退费或者根据国家有关规定享受失业保险。法官对辞退决定不服的，可以按照《公务员法》第95条的规定申请复核，提出申诉。

【相关规定】

《中华人民共和国公务员法》第88条、第89条、第90条、第91条、第95条等。

第三十六条　法官从人民法院离任后两年内，不得以律师身份担任诉讼代理人或者辩护人。

法官从人民法院离任后，不得担任原任职法院办理案件的诉讼代理人或者辩护人，但是作为当事人的监护人或者近亲属代理诉讼或者进行辩护的除外。

法官被开除后，不得担任诉讼代理人或者辩护人，但是作为当事人的监护人或者近亲属代理诉讼或者进行辩护的除外。

【条文主旨】

本条是关于法官离任以及被开除后担任诉讼代理人、辩护人的限制性规定。

【背景解读】

本条对原《法官法》第 17 条进行了修改完善，保留了关于“法官从人民法院离任后两年内，不得以律师身份担任诉讼代理人或者辩护人”的规定，对“法官从人民法院离任后，不得担任原任职法院办理案件的诉讼代理人或者辩护人”的规定增加了但书，即“但是作为当事人的监护人或者近亲属代理诉讼或者进行辩护的除外”。

党的十八届四中全会审议通过的《中共中央关于全面推进依法治国若干重大问题的决定》指出，被开除公职的司法人员和被吊销执业证书的律师、公证员终身禁止从事法律职业。据此，本条第 3 款规定：“法官被开除公职后，不得担任诉讼代理人或者辩护人，但是作为当事人的监护人或者近亲属代理诉讼或者进行辩护的除外。”

【条文释义】

本条第1款是关于法官从人民法院离任后二年内，不得以律师身份担任诉讼代理人或者辩护人的规定。本款的规定是同《律师法》的规定相一致的。《律师法》第41条规定：“曾经担任法官、检察官的律师，从人民法院、人民检察院离任后二年内，不得担任诉讼代理人或者辩护人。”这里所规定的“离任”，包括退休、调离、辞职、辞退、开除等离开法院工作岗位的情形。“律师身份”，是指取得律师执业证书，接受委托或者指定，为当事人提供法律服务的执业人员。“诉讼代理人”，包括各类诉讼案件中的诉讼代理人，“辩护人”是指刑事诉讼中犯罪嫌疑人、被告人的辩护人。本条对法官离任后两年内不得担任诉讼代理人和辩护人的规定，只限于“以律师身份”，如果以诉讼法规定的其他身份担任诉讼代理人和辩护人则不受限制。需要注意的是，《律师法》第7条第（3）项规定，被开除公职的，不予颁发律师执业证书，因此，被人民法院开除的法官不是在二年内不得以律师身份担任诉讼代理人或者辩护人，而是无法获取律师执业资格，永远不得担任律师。

本条第2款是关于法官从人民法院离任后，不得担任原任职法院办理案件的诉讼代理人或者辩护人的规定。作出这一规定，主要是考虑到法官从人民法院离任后，如果允许其担任原任职法院办理案件的诉讼代理人或者辩护人，由于办理案件的法官往往是其过去的同事，甚至办理案件的法官还曾受其领导，这样就很难保证法官在办理案件时不受情面关系等影响，即使办理案件的法官完全是依法审判，也难以完全排除当事人的合理怀疑，会对人民法院的公正形象造成影响。同时也考虑到，法官从人民法院离任，尤其是退休后，仍然会同原任职法院保持着一定的关系，如退休后的工资福利待遇等仍然由原任职法院负责，即使办理案件的法官是离任法官所不认识的，也可能会出现前面所讲的问题。因此，有必要规定法官从人民法院离任后，不得担任原任职法院办理案件的诉讼代理人或者辩护人。这里所规定的“原任职法院”，包括法官曾任职的所有法院。这里所说的“办理案件”，既包括人民法院办理的刑事案件、民事案件、行政案件等各类案件，也包括一审案件、二审案件、申诉案件等处于不同诉讼阶段的各种案件。需要指出的是，本款规定法官从人民法院离任后，不得担任原任职法院办理案件的诉讼代理人或者辩护人，并没有限定以律师身份担任诉讼代理人或者辩护人。值得注意的是，本条增加了“但书”，即“但是作为当事人的监护人或者近亲属代理诉讼或者进行辩护的除外”，也就是说，如果法官从某人民法院离任后，其被监护人或者近亲属作为案件当事人，在该法官曾经任职的某人民法院有诉讼案件，该离任法官可以作为当事人的监护人或者近亲属代理该案件。

本条第3款是关于法官被开除后担任诉讼代理人或者辩护人的限制性规定。这里的“开除”是指开除公职，既包括人民法院给予法官的开除处分，也包括监察机关给予法官的开除处分。开除公职是在法官严重违纪违法，已不适宜担任法官，也不适宜担任公职人员的情况下，对其作出的最为严厉的处分。一般而言，被开除公职的法官已丧失基本的职业道德和法纪观念，故党的十八届四中全会审议通过的《中共中央关于全面推进依法治国若干重大问题的决定》指出，被开除公职的司法人员和被吊销执业证书的律师、公证员终身禁止从事法律职业。根据本款规定，受到开除处分的法官，除了可以作为当事人的监护人或者近亲属代理诉讼或者进行辩护之外，禁止其以任何形式担任诉讼代理人或者辩护人，这里也没有年限的限制。

【相关规定】

《中华人民共和国律师法》第41条；《最高人民法院关于审判人员在诉讼活动中执行回避制度若干问题的规定》（法释〔2011〕12号）第8条、第9条。

第三十七条　法官因工作需要，经单位选派或者批准，可以在高等学校、科研院所协助开展实践性教学、研究工作，并遵守国家有关规定。

【条文主旨】

本条是关于法官兼职开展实践性教学、研究工作的规定。

【背景解读】

法官能否在高校、科研院所兼职，是此次《法官法》修改过程中一直存在争议的问题。《法官法》修订草案曾规定“法官经过批准可以在高等学校、科研院所兼职从事教学、研究工作”。审议中，有观点认为，法官兼职对其公正履职有影响，为从严管理队伍，二审稿中将此规定删除。随后有的常委会组成人员、部门提出，法官到高等学校、科研院所开展教学研究交流工作有利于加强法治人才培养，有关方面实施了高等学校与法律实务部门人员互聘“双千计划”，部分法院还与高等学校建立战略合作研究项目，加强了法学理论与司法实践的结合，建议法律作出相关规定。全国人大宪法和法律委员会经同有关方面共同研究，并根据习近平总书记在中国政法大学座谈会上的讲话精神，在三审稿中增加规定：“法官因工作需要，经单位选派或者批准，可以在高等学校、科研院所协助开展实践性教学、研究工作，并遵守国家有关规定”。全国人大常委会经审议，通过了本条内容。

国外多数国家也准许法官从事教育等相关兼职活动，如《德国法官法》规定法官可以于学术性大专院校、公设教学机构或官办教学机构从事研究与教学之职务。根据《俄罗斯法官地位法》规定，法官不得从事其他有报酬的活动，但教育、科研和其他创造性活动除外。巴西相关法律规定法官工作之余不能从事其他职业，但教学活动除外。

【条文释义】

本条规定了法官兼职开展实践性教学、研究工作的条件。一是因工作需要，也就是说开展实践性教学、研究工作对法官的本职工作有促进作用，是更好完成工作的一个重要条件。二是需经单位选派或者批准，如果所在法院不同意、不选派、不批准，是不能兼职开展实践性教学和研究工作的。三是兼职开展实践性教学、研究工作需到高等学校、科研院所，而不是到其他学校或者单位。四是需要遵守国家有关规定，比如国家关于不得领取兼职报酬的规定等。

【相关规定】

《中华人民共和国公务员法》第 44 条；《教育部、中央政法委员会、最高人民法院、最高人民检察院、公安部、司法部关于实施高等学校与法律实务部门人员互聘“双千计划”的通知》（教高〔2013〕8 号）等。

第六章　法官的考核、奖励和惩戒

第三十八条　人民法院设立法官考评委员会，负责对本院法官的考核工作。

【条文主旨】

本条是关于人民法院设立法官考评委员会及其职责的规定。

【背景解读】

本条文对原《法官法》第 21 条和第 48 条进行了整合修订。具体包括：将原《法官法》第 21 条“对法官的考核，由所在人民法院组织实施”和第 48 条“人民法院设法官考评委员会。法官考评委员会的职责是指导对法官的培训、考核、评议工作”整合修订为“人民法院设立法官考评委员会，负责对本院法官的考核工作”。修订之后，文字更简练，体例更科学，意思也更明确，法官考评委员会的职能定位更加清晰，对法官的考核工作更具操作性。

本法将法官考评委员会职责调整为“负责对本院法官的考核工作”，主要有以下考虑：一是明确考核的主体是本院设立的法官考评委员会，不是上级法院，也不是本院某个内设机构或本院设立的其他组织；二是将指导对法官的考核修订为负责对法官的考核。与“指导”不同，“负责”的表述明确将考核职责赋予法官考评委员会；三是将“培训、考核、评议”限缩为“考核”，因此培训事宜以及与考核无关的评议法官的事宜不再由法官考评委员会负责。与本条文的修订相配套，本法第33条已明确法官培训的职责机构，即“法官培训机构按照有关规定承担培训法官的任务”。

本法修订过程中，曾有观点认为，虽原《法官法》第48条对法官考评委员会进行了专门规定，但实践中法官考评委员会一直未能有效运转，考评工作主要由人民法院组织人事部门负责，建议删除法官考评委员会设置。但最高人民法院颁布的《人民法院落实〈保护司法人员依法履行法定职责规定〉的实施办法》第8条规定，“各级人民法院应当健全完善法官考评委员会工作机制，由法官考评委员会组织、领导对法官的考核、评议工作”。正是考虑到法官考评委员会的设置更能体现法官的专业性和职业特点，有助于建立科学、合理的法官考评机制，对于实施法官员额制、推进法官单独职务序列、加强法官职业保障等改革具有重要意义，本次修订最终保留了法官考评委员会的设置，并对其职责进行了有针对性的调整和完善。

【条文释义】

本条前半段是关于人民法院设立法官考评委员会的规定。这里所说的“法官考评委员会”，是指人民法院依法设置的组织、领导对法官进行考核、评议工作的机构。根据最高人民法院颁布的《人民法院落实〈保护司法人员依法履行法定职责规定〉的实施办法》及《法官考评委员会暂行组织办法》的相关规定，最高人民法院、地方各级人民法院和军事法院等专门人民法院分别设立法官考评委员会。法官考评委员会组成人员为5~9人，一般由本院院长、相关院领导、相关部门负责人和若干法官代表组成。法官考评委员会设主任一人，副主任1~3人。主任由院长担任；副主任由主任提名，法官代表由全体法官推选产生，法官考评委员会通过。法官考评委员会由主任或受委托的副主任主持，根据工作需要，适时召开会议。法官考评委员会实行民主集中制，决定事项须经全体委员会的半数以上同意。法官考评委员会的办事机构为本院人事管理部门。实践中，多数法院成立法官考评委员会，并下设办公室，在法官考评委员会的领导下牵头组织开展考核日常工作，办公室一般设在本院人事管理部门。

本条后半段是关于法官考评委员会职责的规定。法官考评委员会负责对本院法官的考核工作，即专司本院法官的考核工作。这样规定有利于法官考评委员会职能发挥，有利于建立符合法官职业特点的考核机制，对全面深化司法体制改革意义重大。对法官的考核，是指法官考评委员会按照法定的管理权限，根据《法官法》和其他有关法律规定所确定的考核内容、原则、方法、形式和程序对所属的法官进行考察和评价的制度。实践中，我国的法官考核是按照本法有关规定，参照国家公务员考核的有关规定进行的。法官考核是对法官审判工作的考察和评价，是衡量法官素质及业务能力的重要标准。

确定由法官考评委员会对本院法官进行考核，主要是考虑到对法官的考核是对其审判工作实绩、职业道德、专业水平、审判作风的考察和评价。而本院考评委员会由院庭领导、相关部门负责人及法官代表组成，对于本院法官履行审判职能的情况及其职业道德、专业水平、审判作风等了解得最为清楚，因此，有利于从客观、公正、公平的角度进行科学评价。

实践中，法官考评委员会组织实施以下工作来完成法官考核工作：研究制定法官年度考核方案、考核办法和评价标准；组织实施具体考核工作；主持法官述职、民主评议和整体考评工作；听取法官及其他工作人员反映的问题，并根据需要作补充性的考核；汇总各方面的考评信息，形成对被考核者的考核意见；向被考核法官反馈考核意见；向参加民主评议的人员通报情况；受理被考核者的复核申请并进行核查，最终作出是否变更考核意见的决定；向院领导、被考核法官所在业务庭室汇报考核工作情况和考核结果等。

对法官的考核由法官考评委员会负责，还具有以下作用：第一，有利于全面、深入了解法官的素质、能力与贡献，通过对法官的德才表现和工作情况作出公平合理的评价，为法官调整法官等级、工资以及法官奖惩、免职、降职、辞退等提供依据；第二，有利于激励法官增强使命感，促使法官尽职尽责，注重自己工作实绩的同时，看到自己的不足，从而提高自身专业素质和水平；第三，有利于对法官进行有效监督，充分发挥院庭长审判监督管理职能，促进裁判尺度统一，防止枉法裁判。

【相关规定】

《人民法院落实〈保护司法人员依法履行法定职责规定〉的实施办法》第8条；《法官考评委员会暂行组织办法》等。

第三十九条　法官考评委员会的组成人员为五至九人。

法官考评委员会主任由本院院长担任。

【条文主旨】

本条是关于法官考评委员会组成人员的规定。

【背景解读】

本条为原《法官法》第49条，从原第16章“法官考评委员会”调整至现第六章“法官的考核、奖励和惩戒”，内容没有变化。条文也与《法官考评委员会暂行组织办法》第5条、第6条、第7条以及《人民法院落实〈保护司法人员依法履行法定职责规定〉的实施办法》第8条之规定保持一致，明确法官考评委员会主任由本院院长担任；承袭“法官考评委员会组成人数为五人、七人或九人”的传统做法，延续了“法官考评委员会的组成人员为五至九人”的规定。

【条文释义】

法官考评委员会是人民法院依法设置的考评组织，组织和领导对法官的考核和评议工作。最高人民法院、地方各级人民法院和军事法院等专门人民法院分别设立法官考评委员会。为保证法官考评委员会决策的权威性、效率性、科学性，必须首先从组织设置上予以保障。

一、人员数量

法官考评委员会的人数不宜过少，以保证一定的代表性；亦不宜太多，以保证决策效率和实效。考虑到《法官考评委员会暂行组织办法》第8条确定的“民主集中制”原则及第9条关于“决定事项须经全体委员的半数以上同意”的规定，其人数宜为单数，以便作出决策，故《法官考评委员会暂行组织办法》第7条直接规定“各级人民法院法官考评委员会组成人数为五人、七人或九人”。然而，鉴于实践中可能出现人员发生临时变动但不影响会议表决作出的情况，故本条未作调整，依然仅规定“法官考评委员会的组成人员为五至九人”。

二、人员组成

条文仅规定法官考评委员会的人员数量，未明确限定其具体构成，为实践探索留下操作空间。《法官考评委员会暂行组织办法》第5条规定，法官考评委员会由本院院长、副院长以及有关部门的主要负责人组成。《人民法院落实〈保护司法人员依法履行法定职责规定〉的实施办法》在此基础上进行了扩展，将全体法官推选产生的法官代表也纳入其中。故实践中，法官考评委员会由本院院长、相关院领导、相关部门负责人和若干法官代表组成；具体比例可结合本院考核、评议工作实际需要进行把握。

三、主任、副主任及办事机构

本条文明确规定“法官考评委员会主任由本院院长担任”。这既是沿袭传统，尊重院长在法院管理上的核心地位，也是充分考虑了法官考评工作在审判管理和队伍建设上的重要地位。同时，根据《法官考评委员会暂行组织办法》第6条之规定，法官考评委员会还可设置副主任1～3人，副主任由主任提名，法官考评委员会通过。副主任可受主任委托主持会议。此外，根据《法官考评委员会暂行组织办法》第10条之规定，法官考评委员会的办事机构可以确定为本院人事管理部门。

【实践指导】

法官考评委员会是组织、领导法官考核、评议工作的机构，因此在确定组成人选时，既要符合规定、尊重传统，又要充分考虑工作的实效性、意见的代表性以及人选的履职能力。各级法院可结合实际，将院长、主管政治工作（特别是人事管理工作）、审判管理工作等相关工作的其他院领导及相关部门负责人，全体法官推选产生的代表确定为法官考评委员会组成人员。其中，法官代表应当具有较为良好的品德和相对丰富的经验，并具有一定的代表性；可经全体法官以相对灵活的方式推选产生。

【相关规定】

《法官考评委员会暂行组织办法》第5条、第6条、第7条、第8条、第9条、第10条；《人民法院落实〈保护司法人员依法履行法定职责规定〉的实施办法》第8条。

第四十条　对法官的考核，应当全面、客观、公正，实行平时考核和年度考核相结合。

【条文主旨】

本条是关于法官考核应当遵循的基本原则和方法的规定。

【背景解读】

原《法官法》第22条规定："对法官的考核，应当客观公正，实行领导和群众相结合，平时考核和年度考核相结合。"本条对上述规定进行了两个方面的修改：一方面，增加了关于"全面性"的要求，这主要是解决实践中一些法院考核标准刻板单一、评价标准片面的问题，要求通过尽可能全方位、差异化的评估给法官以尽可能公正的评价。另一方面，删除了"领导和群众相结合"的要求。这主要是考虑到此项表述相对模糊，存在歧义，且在实践中暂无具体明确、切实有效、公认合理的机制方法，因此予以删除；条文虽然删除，但其精神可以通过全体法官推选代表参加法官考评委员会以及其他民主参与的方式实现。

【条文释义】

本条文对法官考核的基本原则和方法提出了要求，为具体开展考评工作提供了方向指引。

一、全面性原则

对法官的考核应当尽可能全面、科学、均衡、合理，形成综合性、立体化的公允评价，以发挥健康、积极的价值导向作用，绝不能以简单粗暴、以偏概全的方式搞“一刀切”式的考评。具体而言，有两个方面的要求：一是全面考核，突出重点。考核应该涵盖审判工作实绩、职业道德、专业水平、工作能力、审判作风等各方面，尤其应当突出审判工作实绩。二是全面考虑，注意差异。考核必须充分考虑地域、审级、专业、部门、岗位之间的差异，根据实际情况确定考核重点，但不能超出法官的法定职责和职业伦理。

二、客观性原则

对法官的考核应强调客观性与主观性相结合，突出客观色彩。在统一、公开、明确的规则下，以办案业绩、调研成绩等实实在在的客观表现为基础，综合考虑主观与客观、定量与定性、过程与结果诸因素。即使是对法官尽责程度、道德水准、能力水平、工作作风的主观测评，也要注意尽可能综合多方意见，体现客观性。

三、公正性原则

对法官的考核要以公正为首要原则，从考核的组织、内容、标准、方式以及结果运用上进行科学、合理、公平、公正、公开的安排。特别是要突出程序公正性，适度引入多方参与和评价，注意完善考评结果的反馈机制。

四、平时考核和年度考核相结合

对法官的考核要将平时考核与年度考核相结合，通过平时考核及时发现问题、进行纠偏、提供激励，推动工作持续向好发展，并为年度考核奠定坚实基础。年度考核要以日常考核为基础，以更加全面的考察、更加严格的程序、更加审慎的评估服务于年度考核奖励、绩效考核奖金分配等工作。

【实践指导】

科学开展绩效考评工作，要遵循全面、客观、公正原则，以平时考核和年度考核相结合的方式进行。具体实践中，要注意三个方面的问题：

一、重视以人为本，反对数据功利主义

考核工作再精细、再严格，也仅仅是“体检表”，不能唯数据、唯指标，形成一种将客观评估当成“政绩工程”，甚至不惜弄虚作假的不良导向。在绩效考评工作中，要充分尊重法官的主体地位，让法官有效参与进来，也可以尝试吸收当事人、律师等第三方的评价，让考核的维度丰满起来。

二、保持体系科学，精心设计权重与目标

特别是要区分不同层级法院、不同业务条线以及不同职务身份的法官，如院庭长、团队审判长和普通法官，给予差别化的考核。同时，要注意研究合理的案件数量折算机制和饱和工作量测算方法，兼顾短期目标和长期目标，科学设定合理的基本办案量，确保发挥考核的积极导向作用。

三、警惕人性假设，重视信息对称交流

要从被考核主体“趋利避害”的立场出发，模拟和思考考评可能带来的影响，并对信息滞后、不对称等因素予以充分考量，尤其是要注意突出审判主业，全面考虑过程与结果，结合平时情况进行综合评价，不断探索和优化法官绩效考评方式方法，对法官日常履职情况、办案效率、审判质量、司法技能、工作作风、职业道德等作出公允评价。

【相关规定】

《人民法院落实〈保护司法人员依法履行法定职责规定〉的实施办法》第8条。

第四十一条　对法官的考核内容包括：审判工作实绩、职业道德、专业水平、工作能力、审判作风。重点考核审判工作实绩。

【条文主旨】

本条是关于法官考核内容的规定。

【背景解读】

本条文针对原《法官法》第 23 条的具体表述进行了部分修订。具体包括：将“思想品德”修订为“职业道德”，将“审判业务和法学理论水平”修订为“专业水平”，将“工作态度和审判作风”修订为“工作能力、审判作风”。其余内容未作修订。

进行上述修订，主要目的在于使考核内容更明确、更有针对性，同时表述更简练、更精准，并尽量避免不同考核内容之间存在交叉。

与“思想品德”相比，“职业道德”的范围更具体、指向更明确，且与本法第 5 条关于法官应当恪守职业道德的规定以及最高人民法院印发的《法官职业道德基本准则》相互协调、配套衔接，操作性更强，表述也更严谨。

与“审判业务和法学理论水平”相比，“专业水平”表述更精简，且涵盖的内容更全面。“专业水平”除涵盖“审判业务和法学理论水平”外，还包括法官从事具体审判工作应当掌握的其他专业知识。

与“工作态度和审判作风”相比，“工作能力”和“审判作风”内容更全面、表述更周延。“审判作风”可包含“工作态度”，因此不再将“工作态度”单列。在“专业水平”和“审判作风”之外专门增加“工作能力”，是因为审判工作是一项极其复杂的智力劳动，专业性、技术性都很强，法官从事审判工作，不仅要具有扎实的专业基本功，成为法律方面的专家，而且还需要具备其他一系列实际工作能力。

【条文释义】

《公务员法》第35条规定："公务员的考核应当按照管理权限，全面考核公务员的德、能、勤、绩、廉，重点考核政治素质和工作实绩。考核指标根据不同职位类别、不同层级机关分别设置。"《法官法》第41条参照公务员考核的内容，结合法官工作的实际情况，对法官的考核内容作了明确具体的规定。

本条规定的"审判工作实绩"，是指法官从事审判工作中所取得的成绩，包括办案任务完成情况和审判工作的质量、效率、效果等。本条文专门强调将"审判工作实绩"作为考核法官的重点。这就要求考核法官时，应当重点看其办案工作量和审判的质量、效率和效果。

第一，不能将办案工作量简单等同于审结案件数，要综合考虑诉讼程序、案件类别、审执环节、结案方式等能够反映案件繁简难易程度的要素，并纳入对法官办案工作量的考核范畴。同时，应当客观认识、统筹兼顾办案工作量与审判工作质量、效率、效果等考核内容之间的辩证关系，科学合理确定法官工作量目标任务。在法官完成工作量目标任务的基础上，着重考核法官的办案质量、效率和效果。

第二，对审判工作质量的考核，应当既包括对证据采信、事实认定、法律适用等案件实体部分的考核，又包括对办案流程是否规范、办案程序是否合法、诉讼参与人诉讼权利是否得到有效保障等案件程序部分的考核。实践中，可以通过深化案件质量评查、发改案件专项分析等措施，及时发现总结办案中存在的质量问题，并纳入对法官办案质量的考核范畴。

第三，对审判工作效率的考核，应当既包括对整体办案效率、均衡结案状况的考核，又包括对刑事案件久押不决、诉讼案件长期未结等严重影响审判效率情形的考核。应当通过考核办案效率，督促引导法官培养良好办案工作节奏，提高办案效率，实现收结案良性循环。应当切实防止法官为追求考核结果而人为控制收案数量和办案进程，或者虚假结案、强迫撤诉等干扰正常办案的现象发生。

第四，对审判工作效果的考核，应当既包括对通过裁判促进社会矛盾化解、实现案结事了等基本情况的考核，又包括对办案过程是否公开透明，是否充分保障社会各界和人民群众特别是案件当事人对法院办案工作的知情权、参与权、表达权、监督权，是否因案件质量、工作差错、审判作风问题影响司法公信等内容的考核。

这里的“职业道德”，应当结合《法官职业道德基本准则》全面准确理解。法官职业道德的核心是公正、廉洁、为民，基本要求是忠诚司法事业、保证司法公正、确保司法廉洁、坚持司法为民、维护司法形象。具体内容主要包括：牢固树立社会主义法治理念，坚持和维护中国特色社会主义司法制度，牢固树立司法核心价值观，维护国家利益，遵守政治纪律，保守国家秘密和审判工作秘密；客观公正审理案件，坚持实体公正与程序公正并重，严格遵守法定办案时限，认真贯彻司法公开原则，保持公正立场；树立正确的权力观、地位观、利益观，严格遵守廉洁司法规定；牢固树立以人为本、司法为民的理念，认真执行司法便民规定，努力实现法律效果与社会效果的统一；坚持文明司法，遵守社会公德和家庭美德，维护良好声誉等。

这里的“专业水平”，主要是指法官的审判业务水平和法学理论水平。“审判业务水平”，是指法官从事审判工作的基本能力和应用能力，以及查明事实和适用法律的能力。作为法官，要想胜任自己的工作，就要勤奋钻研审判业务，特别是针对重大疑难案件，在熟练地运用法律知识的同时，能够学习其他相关的知识理论，不断地丰富自己的知识水平和提高自己的审判业务。“法学理论水平”，是指对法学理论学习、掌握和运用的程度。法学理论，既包括法学基础理论，也包括刑事法学、民事法学、经济法学、行政法学、诉讼法学等部门法。实践中主要是指该法官从事具体审判工作应当掌握的法学理论。对于担任领导职务的法官来说，该法官对所任职法院或者审判庭的工作指导水平和审判管理水平也是业务水平中的重要内容。

这里的“工作能力”，主要是指法官理解法律、适用法律的能力，通过庭审明察秋毫、查明事实的能力，通过裁判释明法律、止分定争的实际能力等。除了敏锐的洞察能力、透彻的分析能力、理性的决断能力、令人信服的说理能力外，服务大局、能动司法的能力，运用信息技术开展网上办案、进行类案检索的能力等，也属于“工作能力”的范畴。

这里的“审判作风”，主要是指法官在办理案件的过程中，是否能认真负责地对待每一件具体案件，是否能处理好工作与个人事务的关系，是否真正做到公开、公正，是否存在不平等对待当事人和诉讼代理人的行为，审理案件是否能够做到及时、尽责，等等。

【实践指导】

确定对审判工作实绩的考核内容时，应当把握以下几项原则：

一、对不同审判业务工作的考核内容，应当有所区别、突出重点

例如，对刑事审判工作，要重点考核贯彻落实宽严相济刑事政策和量刑规范化要求，准确定罪量刑，依法促进刑事自诉案件和刑事附带民事诉讼案件调解、和解和撤诉，对符合条件的刑事被害人依法开展救助的情况；对民事审判工作，要重点考核服务经济发展方式转变、维护竞争有序的市场秩序，促进社会诚信体系建设，依法审理事关经济发展、保障民生、知识产权保护等各类案件的情况；对行政审判工作，要重点考核人民法院依法受理、审理行政诉讼案件，切实保护公民、法人和其他组织合法权益，维护和监督行政机关依法行使职权的情况；对国家赔偿工作，要重点考核规范国家赔偿案件的立案、审查、决定程序，加强对赔偿请求人程序权利、实体权益的保护，促进国家机关依法履行赔偿责任，以及有效推进赔偿协商调解工作的情况；对审判监督工作，要重点考核依法开展再审案件审理工作，确保再审案件审判质量，维持正确裁判，及时纠正司法过错，维护当事人合法权益的情况；对执行工作，要重点考核规范执行行为，提高执行工作质量、效率和效果，加强执行联动

机制和威慑机制建设，从根本上化解“执行难”的情况；对涉诉信访工作，要重点考核依法受理、审查、处理立案信访案件，加强长效机制建设，通过处理涉诉信访案件，化解矛盾纠纷，切实实现案结事了、息诉罢访的情况。

二、考核内容应当符合立法价值取向，符合人民法院工作实际，尊重司法规律

应当切实避免简单采取下指标、定任务、末位淘汰等方式考核法官。应当注意考核指标体系的系统性和协调性，合理设置考核内容、项目和标准，合理确定各项具体考核内容、项目所占权重，防止出现个别工作或个别考核项目决定整体考核成绩的现象，保证科学客观全面评价法官办案工作。设置结案率、一审服判息诉率、申诉率、群众信访投诉率、案件改判率、发回重审率等受客观因素影响较大的指标时，应当坚持实事求是，区分具体情形，不宜直接用于评价法官办案工作。应当正确理解审级监督，对于因客观情况发生变化，特别是因出现新的事实、证据而导致当事人申诉、检察机关抗诉、法院重审、改判，以及法官在自由裁量权范围内作出的改判、重审决定，一般不宜对原审判工作进行负面评价。

三、注重考核内容的公开民主

考核办法、考核指标、考核项目和考核程序，都要采取适当方式向被考核的法官公开。对考核工作中的重大事宜，应充分征求被考核法官的意见。既要确保考核内容客观全面、公平公正，又要努力增强广大法官的认同感，充分发挥考核的激励与导向作用。

四、用足用好信息技术，尽量确保考核内容客观真实、考核工作简便易行

应当积极推进信息技术在考核工作中的应用，努力提高考核工作的科学化、信息化水平，探索建立并不断完善网上考核机制，加强对法官办案行为网上全方位、全过程的跟踪采集，确保考核数据及时、真实、准确。

【相关规定】

《中华人民共和国公务员法》第35条；《中华人民共和国法官职业道德基本准则》。

第四十二条　年度考核结果分为优秀、称职、基本称职和不称职四个等次。

考核结果作为调整法官等级、工资以及法官奖惩、免职、降职、辞退的依据。

【条文主旨】

本条是关于法官年度考核结果等次及其运用的规定。

【背景解读】

本条文针对原《法官法》第24条进行了全面修订。具体包括：借鉴《公务员法》相关规定，将原《法官法》规定的优秀、称职、不称职三个考评等次，调整为优秀、称职、基本称职和不称职四个等次。考核结果运用的情形中，删除了“培训”，在“免职”和“辞退”之间增加了“降职”，并将“调整法官等级、工资”的次序调整到“法官奖惩、免职、降职、辞退”之前。其余内容未作修订。

根据《公务员法》第36条至第39条的规定，公务员的考核分为平时考核、专项考核和定期考核等方式。定期考核以平时考核、专项考核为基础。非领导成员公务员的定期考核采取年度考核的方式。定期考核的结果分为优秀、称职、基本称职和不称职四个等次。定期考核的结果作为调整公务员职位、职务、职级、级别、工资以及公务员奖励、培训、辞退的依据。为使法官年度考核结果等次及考核结果运用情形与《公务员法》上述规定及本法其他条文相互衔接、相互配套，充分考虑法官职业特性，立法者对本条文进行了上述修订。

中华人民共和国成立以后，在较长一段时间内，对干部考核都采用评语的方式，考核结果不分等次，只进行定性的描述。在1993年《国家公务员暂行条例》[①] 制定后，公务员考核等次分为优秀、称职和不称职三个等次。后来在考核实践中，许多单位反映，考核结果确定为三个等次过少，希望再增加一个基本称职等次。为了解决实际问题，人事部门后来变通规定，对于那些德才表现较差，在考核中介于称职与不称职之间的人员，可以暂缓确定等次，给予 3 ~ 6 个月的考验期，待考验期满后，有明显改进的，确定为称职；没有明显改进的，则确定为不称职。后人事部门又取消了上述权宜之举，试行增设了“基本称职”等次。2005 年制定的《公务员法》确立了“基本称职”这一考核等次。本次《法官法》修订借鉴了公务员法上述规定，专门增加了“基本称职”的考核等次。

不再将“培训”作为考核结果运用的情形，主要是考虑到加强对法官的培训是帮助法官正确理解和把握法律规定的关键。根据本法第 31 条和第 32 条的规定，对法官应当有计划地进行政治、理论和业务培训；法官培训情况，作为法官任职、等级晋升的依据之一。因此，无论对法官考核结果如何，都应当确保法官有计划地参加培训。

降职是对公务员的一种人事处理措施，并不是处分种类。《公务员法》第 50 条第 2 款规定：“公务员在年度考核中被确定为不称职的，按照规定程序降低一个职务或者职级层次任职。”与此相配套，本条文将“降职”增加为考核结果运用的情形。

将“调整法官等级、工资”的次序调整到“法官奖惩、免职、降职、辞退”之前，主要是考虑到对法官的考核结果首先会作为调整法官等级和工资的依据，相对于法官奖惩、免职、降职和辞退，调整法官等级和工资是更为普遍和常见的情形。

本次修订考虑到法官也是公务员，对于与公务员管理共性的部分，例如有关法官辞退情形、降职、奖励种类、处分种类和期间计算等内容，在《公务员法》中已有明确规定，不再作重复规定。同时，本法第 68 条也予以明确，规定：“有关法官的权利、义务和管理制度，本法已有规定

---

① 本法已失效。

的，适用本法的规定；本法未作规定的，适用公务员管理的相关法律法规。”

【条文释义】

本条第1款是关于年度考核结果等次的规定。

根据本款规定，对法官的年度考核分为优秀、称职、基本称职和不称职四个等次，与公务员考核结果中关于考核结果等次的规定是一致的。这四个等次的年度考核结果，是按照法官考核的原则、内容和具体的考核程序，以平时考核为基础，最终确定的对法官个人本年度中实际表现优劣的一种高度概括性法定评价，是考核结果的具体体现。

“优秀”，主要是指法官在审判工作中正确贯彻党的方针、路线、政策，在审判工作实绩、职业道德、专业水平、工作能力、审判作风等方面都表现出色，成绩显著的。因为在实际评定优秀时，大多有人数的限制，因而被评定为“优秀”的，应当是在一定范围的法官中表现突出的法官。

“称职”，主要是指法官能够正确贯彻执行党的路线、方针、政策，自觉地遵守各项规章制度，熟悉或者比较熟悉审判业务，在职业道德、专业水平、工作能力、审判作风等方面能达到任职要求，能够完成或者比较好地完成审判工作任务。

“基本称职”，主要是指法官的政治、业务素质一般，能基本完成审判工作任务，但工作作风方面存在明显不足，工作积极性、主动性不够，完成工作的质量和效率不高，或在工作中有某些失误。

“不称职”，主要是指法官的政治、业务素质比较差，在审判工作实绩、思想品德、工作态度和工作作风等方面都达不到任职的基本要求，也就是说，法官达不到所任职务层次的要求，不能有效履行岗位职责。

本条第2款是关于考核结果运用的规定。

根据本款规定，考核结果作为调整法官等级、工资以及法官奖惩、免职、降职、辞退的依据。这样规定，有利于将法官考核与对法官的管理工作有机地结合起来，既强调了考核的重要作用，又防止了考核与管理脱节，避免考核走过场或流于形式。

考核结果作为调整法官等级、工资的依据，主要体现在以下方面：根据本法第28条和第29条的规定，法官等级晋升采取按期晋升和择优选升相结合的方式，特别优秀或者工作特殊需要的一线办案岗位法官可以特别选升；法官等级晋升的具体办法由国家另行规定。这里的“择优选升”“特别优秀”，一般要求年度考核结果为“优秀”等次。这里的“按期晋升”，一般也要求年度考核结果达到“称职”等次。根据本法第59条的规定，法官实行定期增资制度，法官经年度考核评定为称职的，即可按照规定晋升工资档次。对于经年度考核评定为优秀的，可以在规定的幅度内提前晋升法官等级、调升工资级别等。一般情况下，法官无违法违纪情况且完成全部岗位工作目标任务，即应当被评定为称职，实践中大多数法官年度考核均被评定为称职。

考核结果作为法官奖惩的依据，主要是指根据法官考核的结果，人民法院采取相应的奖励或者惩罚措施，以激励在审判工作中表现突出的法官，惩罚不称职的法官，从而达到考核的目的。本法第45条和第46条具体规定了对法官给予奖励或处分的情形。《公务员法》第53条、第57条和第62条具体规定了奖励、监督和处分的种类，这些规定同样适用于对法官的奖惩。实践中，法官年度考核为优秀等次，一般当年度即给予嘉奖。

考核结果作为免职、降职、辞退的依据，主要是指对经考核评定为不称职的法官，根据其具体情况，采取免职、降职、辞退等处置措施。根据本法第11条规定，法官非因法定事由、非经法定程序，不被调离、免职、降职、辞退或者处分。因此，一般情况下，年度考核结果评定为不称职，是对法官免职、降职、辞退的重要依据。具体而言：根据本法第20条的规定，经考核不能胜任法官职务的，应当依法提请免除其法官职务。经考核不能胜任法官职务，一般就是指年度考核结果评定为不称职，通过降低法官等级仍然无法胜任法官职务的情形。这种情况下就应当提请免除法官职务。根据《公务员法》第50条第2款规定，公务员在年度考核中被确定为不称职的，按照规定程序降低一个职务或者职级层次任职。根据《公务员法》第 88 条和第 89 条规定，除法定特殊情形外，在年度考核中连续两年被确定为不称职的，应当予以辞退。以上规定同样适用于法官。一般情况下，法官年度考核评定为不称职，即降低一个法官等级，例如从一级法官降为二级法官；法官连续两年年度考核评定为不称职，除法定特殊情形外，应当予以辞退。

【相关规定】

《中华人民共和国公务员法》第 36 条、第 37 条、第 38 条、第 39 条、第 53 条、第 59 条、第 62 条、第 88 条、第 89 条。

第四十三条　考核结果以书面形式通知法官本人。法官对考核结果如果有异议，可以申请复核。

【条文主旨】

本条是关于法官对考核结果具有知情权和异议权，以及对提出异议的程序规定。

【背景解读】

本条文针对原《法官法》第25条进行了部分修订。具体包括：将原条文“可以申请复议”的表述修改为“可以申请复核”。

本法修订过程中，考虑到原条文只规定法官对考评结果有异议可以申请复议，但未明确可向哪个机关申请复议，曾在研究讨论稿中明确法官可以向法官考评委员会申请复议一次。但最终本着“对一些实践不够、尚未形成共识的问题，只作原则性规定或者暂不作规定”的精神，未作上述修改。

之所以将“复议”调整为“复核”，主要是参照《公务员法》相关规定。根据《公务员法》第95条的规定，公务员对“定期考核定为不称职”的人事处理不服的，可以自知道该人事处理之日起30日内向原处理机关申请复核。为了与该规定协调一致，本条文修订为：法官对考核结果如果有异议，可以申请复核。

对法官的年度考核，是对其一个年度内的工作、思想、作风、业务水平的评价。事关法官的切身利益。因此，必须做到公开、公平、公正。本条规定考核结果一定要以书面形式通知被考核者本人，也是基于考核的公开性考虑的。这样规定既体现了考核的严肃性，同时也有利于被考核者维护自身的合法权益。

为了保证考核结果的正确性，维护被考核者的合法权益，本条规定本人对考核结果有异议的，可以申请复核。针对考核结果申请复核，是被考核者的法定权利。专门规定通知法官考核结果的义务和法官申请复核的权利，是法官考核中一项重要、具体的措施，有助于防止考核中的暗箱操作、打击报复等不公正的情况发生，也体现了对被考核者的尊重和对被考核结果认定的慎重。

【条文释义】

强调考核等次的结果要以书面的形式通知法官本人，是对法官知情权的保护。由于考核等次的结果直接与法官的等级、工资待遇等挂钩，因此对法官来说，有权及时知道影响自己重大权益的考核结果。根据《公务员法》第106条的规定，不按照规定程序进行公务员考核的，由县级以上领导机关或者公务员主管部门按照管理权限，区别不同情况，分别予以责令纠正或者宣布无效；对负有责任的领导人员和直接责任人员，根据情节轻重，给予批评教育、责令检查、诫勉、组织调整、处分。因此，如果考核机关不及时将考核结果通知法官，将承担法律责任。

根据本条规定，法官对考核结果如果有异议，可以申请复核。另根据《公务员法》第95条的规定，对定期考核定为不称职的人事处理决定不服的，公务员有权向原处理机关申请复核或提出申诉。只有知道考核结果，法官才有可能行使申请复核权或申诉权。因此，及时以书面的形式通知法官考核结果实际上也是对法官申请复核权或申诉权的保护。

申请复核的前提是被考核者对考核结果持有异议，在实践中主要表现在对于“不称职”或“基本称职”的考核结果提出异议。本人申请复核除了对考核结果应当明确提出异议外，还应提出存在异议的理由、实际情况，以供法官考评委员会或者其他考核负责部门在复核时考虑。对于被考核者的复核申请，一般均由作出考核结果的人民法院的法官考评委员会受理。本法未对如何“复核”作出具体规定，根据实际情况，对考核结果的复核主要应进行以下三方面的工作：一是就申请复核提出的理由、情况进行核查，看本人申请是否属实，理由是否充分；二是再次听取群众意见；三是由法官考评委员会或者其他考核负责部门对考核结果是否作出变更，进行研究并作出决定。

【相关规定】

《中华人民共和国公务员法》第 86 条、第 88 条、第 95 条、第 106 条。

第四十四条　法官在审判工作中有显著成绩和贡献的，或者有其他突出事迹的，应当给予奖励。

【条文主旨】

本条是关于对法官奖励的规定。

【背景解读】

法官的奖励，是人民法院或其他机关对在审判工作中表现突出，有显著成绩和贡献，或者有其他突出事迹的法官给予一定的精神和物质利益以示鼓励的制度。根据《公务员法》第51条规定，对工作表现突出，有显著成绩和贡献，或者有其他突出事迹的公务员或者公务员集体，给予奖励。《公务员奖励规定（试行）》第2条明确指出，公务员奖励是指对工作表现突出，有显著成绩和贡献，或者有其他突出事迹的公务员，给予奖励。法官作为公务员范畴中的一类职业，适用《公务员法》和《公务员奖励规定（试行）》的相关规定。

【条文释义】

一、奖励的原则

根据现行公务员法的相关规定，奖励坚持定期奖励与及时奖励相结合，精神奖励与物质奖励相结合、以精神奖励为主的原则。一是既注重定期奖励，又注重及时奖励。在奖励工作中，对履行职责的定期奖励比较规范，但对在特定环境、专项任务和突发事件中做出贡献的奖励，则存在着奖励不及时的问题，一定程度上影响奖励的效果。因此，对在本职工作中做出突出成绩的，实行定期奖励，结合考核工作和周期性评选表彰进行；对在特定环境、专项任务和突发事件中做出突出贡献的，应当及时给予奖励。二是既注重以精神奖励为主，又要与物质奖励相结合。物质奖励与精神奖励分别承担不同的激励功能，发挥不同类型的作用。物质奖励满足对物质生活方面的需求，精神奖励满足人民法官荣誉感、责任感、成就感等心理方面的需求。物质需求的相对满足，将激发对精神需求满足的追求。《公务员法》第53条规定的奖励分为嘉奖、记三等功、记二等功、记一等功、授予称号五类，这都属于精神奖励。同时，伴随着五种精神奖励，规定对受奖励的个人给予一次性奖金或者其他待遇，这属于物质奖励。

二、奖励的种类和奖励的比例

一是关于奖励的种类。对法官的奖励分为嘉奖、记三等功、记二等功、记一等功、授予称号五种。除了上述公务员法规定的奖励种类外，由中央及地方党委政府开展的劳动模范和先进工作者的评选按相关规定进行。评比达标表彰活动清理规范后保留下来的法院系统周期性表彰奖励项目，按照相关规定进行。对符合奖励条件的已故人员，可以追授奖励。

对获得奖励的法官，按照规定标准给予一次性奖金。其中对获得称号的法官，按照有关规定享受相应待遇。

二是关于奖励的比例。个人嘉奖为同一单位人数的15%，三等功为2%，二等功为0.5%，一等功为0.03%以内，授予个人称号的比例由最高人民法院商人力资源和社会保障部确定。厅（局）级以上领导干部原则上不授予称号。对二级高级法官以上人员的奖励，从严掌握。

三、奖励的权限

根据《人民法院奖励暂行规定》相关规定，关于对法官个人的奖励，奖励权限如下：

1. 最高人民法院审批以下奖励事项：高级人民法院院级领导的奖励；

中级人民法院院长的个人一等功；军事法院系统个人的一等功；最高人民法院内设机构和个人的奖励；其他奖励。评选表彰全国优秀法官、全国法院先进个人和全国法院办案标兵。

授予全国模范法官称号，由人力资源社会保障部、最高人民法院共同审核批准；需要由国务院授予称号的，按有关规定报批。

2. 高级人民法院审批以下奖励事项：中级人民法院院级领导的记功或嘉奖，中级人民法院院长一等功奖励除外；中级人民法院和基层人民法院法官的个人一、二等功；高级人民法院除院级领导外个人的奖励；其他奖励。

3. 中级人民法院除直辖市中级人民法院外，审批以下奖励事项：基层人民法院院级领导的三等功、嘉奖；基层人民法院法官的个人三等功；中级人民法院法官的三等功。

4. 基层人民法院审批以下奖励事项：除院长外的本院法官的嘉奖。

5. 必要时，上级人民法院可以直接对下级人民法院的法官实施奖励。

四、奖励的考察

根据《公务员法》《公务员奖励规定（试行）》《人民法院奖励暂行规定》，关于奖励的考察有明确的规定：上级人民法院政治部门负责考察下级人民法院呈报的奖励对象。必要时，上级人民法院政治部门可以委托下级人民法院政治部门代为考察，也可以指定下级人民法院政治部门交叉考察。考察采取领导与群众、外部与内部相结合的方法，一般以个别谈话为主。

考察拟获一等功及以上奖励的法官，按下列范围和内容考察并撰写考察报告。要全面了解德、能、勤、绩、廉等方面的真实情况。要听取上级法院有关领导和所在法院领导、中层干部以及所在庭室全体人员意见，并征求当地政法委、纪检监察、人大、政协和检察等有关部门的意见。必要时，查阅档案及有关资料。考察拟获其他奖励的对象，实行“谁推荐、谁负责”的原则。

五、奖励的实施和奖励的标准

关于奖励的实施。人民法院实施奖励，一般结合年度工作总结进行。对法官个人的奖励，原则上应由低往高梯次给予；完成特定任务或处理突发事件贡献特殊的可以予以及时奖励。对同一情形，原则上不重复给予同等级奖励。

对个人的奖励，要发扬民主，进行公开测评或评选，经政治部门考察提出意见，报党组批准。要按照奖励审批权限，呈报奖励审批表、考察报告、本院党组意见等有关材料。殉职或病故、生前工作成绩突出或做出特殊贡献的，可按奖励审批程序给予追记奖励。

奖励批准机关在对个人作出奖励决定之前，应采取不同方式予以公示，公示期不少于5个工作日。

关于奖励的标准。对获得嘉奖的个人，颁发证书，给予一次性的奖金；对记三等功、二等功、一等功的个人，颁发证书、奖章，给予一次性奖金；对授予称号的个人，颁发证书、奖章，给予一次性奖金，符合《功勋荣誉表彰奖励获得者待遇规定（试行）》的，按照规定享受相关待遇。

六、奖励的监督

各级人民法院要严格执行相关奖励规定，上级人民法院应对下级人民法院的奖励工作进行监督和指导。

凡发生较大错案、重大过失和严重违法、违纪的个人，2年内不能获得嘉奖和三等功，3年内不能获得二等功，5年内不得获得一等功及以上奖励。

获得奖励的个人出现下列情形之一的，应当撤销其奖励：表彰奖励获得者有严重违纪违法行为、受到开除处分、刑事处罚、发生重大事故或错案，影响恶劣的；隐瞒情况、弄虚作假骗取奖励或严重违反奖励程序的，以及法律、法规规定应当撤销奖励的其他情形。

奖励的撤销坚持"谁审批、谁撤销"，由原申报单位上报原批准机关批准撤销；必要时，审批机关可以直接撤销奖励。称号的撤销按有关规定执行。审批机关应当下发撤销奖励的决定。对被撤销奖励的个人应当收回其奖章、证书等，按规定终止相关待遇并追缴其所获奖金等物质奖励。

此外，根据《公务员奖励规定（试行）》第19条第2款规定，对在奖励工作中有徇私舞弊、弄虚作假、不按规定条件和程序进行奖励等违法违纪行为的人员，以及负有领导责任的人员和直接责任人员，根据情节轻重，给予批评教育或者处分；构成犯罪的，依法追究刑事责任。

【实践指导】

在法律适用上，本条可以作为各级人民法院对本院法官进行奖励时的参考，但是因为各省（自治区、直辖市）主管公务员奖励的单位或部门根据本辖区特点，也有相应地方性奖励规定，因此，地方各级人民法院在参照本条进行奖励时，也必须遵循本辖区的相关规定，要与本辖区主管公务员奖励的单位或部门进行沟通，以更加综合全面地考量本地区法官奖励工作。

第四十五条　法官有下列表现之一的，应当给予奖励：

（一）公正司法，成效显著的；

（二）总结审判实践经验成果突出，对审判工作有指导作用的；

（三）在办理重大案件、处理突发事件和承担专项重要工作中，做出显著成绩和贡献的；

（四）对审判工作提出改革建议被采纳，效果显著的；

（五）提出司法建议被采纳或者开展法治宣传、指导调解组织调解各类纠纷，效果显著的；

（六）有其他功绩的。

法官的奖励按照有关规定办理。

【条文主旨】

本条是关于对法官进行奖励具体情形的规定。

【背景解读】

在第44条的条文释义中，已经对奖励的原则、种类、比例、权限、标准以及奖励的实施和监督作了比较详细的解释。本条在修改时，主要是因为原《法官法》规定法官在审判工作中有显著成绩和贡献的，或者有其他突出事迹的，应当给予奖励，并列举了应给予奖励的情形。但是，关于“保护国家、集体和人民利益，使其免受重大损失，事迹突出的”“用于同违法犯罪行为作斗争，事迹突出的”“保护国家秘密和审判工作秘密，有显著成绩的”等三项内容，作为对法官奖励的情形显得要求过低。同时，考虑到新修订的《公务员法》对此已有规定，因此在本次新修订的《法官法》中将上述三种情形予以删除。同时，根据《最高人民法院关于及时奖励工作的规定》（法办发〔2013〕9号），修改形成上述条文中的内容，将之作为法官奖励的情形。

【条文释义】

本条规定的奖励的情形中，重大案件指在全国或本地区有重大社会影响的案件。突发事件指突然发生，造成或者可能造成严重社会危害，需要立即处置的自然灾害、事故灾难、社会安全事件。专项重要工作指中央或者本辖区组织开展的，对推进国家法治建设和人民法院工作有特别重大影响的专项活动、任务。总结审判实践经验成果突出的，对审判工作有指导作用的，要有相关业务部门作出专业评判，确实对本审判领域起到了指导示范作用。对审判工作提出改革建议被采纳，效果显著的，要有本辖区承担司法改革工作的部门出具的相关证明材料，或本人直接参与了全国或本辖区重大司法改革项目且取得显著成绩等。提出司法建议被采纳或者开展法治宣传、指导调解各类纠纷，效果显著的，要有相关单位或部门出具的证明材料，并且该司法建议或参与的相关活动确为推进相关领域法治建设做出重要贡献。

关于及时奖励的问题。现行公务员法明确规定，奖励坚持定期奖励与及时奖励相结合的原则。本条所列奖励情形也是参照了《最高人民法院关于及时奖励工作的规定》的相关内容，旨在通过人民法院及时奖励工作，更好地发挥表彰奖励鼓舞和激励法官队伍的正向作用。

一是关于及时奖励的标准。基本等同于第44条条文释义中已明确的标准，及时奖励分为嘉奖、记个人三等功、二等功、一等功四类。表现突出的，可以予以嘉奖；做出较大贡献的，可以给予记个人三等功；做出重大贡献的，可以给予记个人二等功；做出杰出贡献的，可以给予记个人一等功。对获得嘉奖的个人，颁发证书，给予一次性的奖金；对记三等功、二等功、一等功的个人，颁发证书、奖章，给予一次性奖金。及时奖励一般不授予称号。二是关于及时奖励的比例。各等级奖励的数量，纳入年度所在单位各等级奖励总数，即严格执行个人嘉奖为同一单位人数的15%，三等功为2%，二等功为0.5%，一等功为0.03%以内的比例要求。三是关于及时奖励的程序。在执行第44条条文解释中的奖励审批程序的同时，坚持一事一报，并由所在单位或部门征求群众意见，报分管院领导同意后，报院主要领导审定。涉密工作可不征求群众意见。因工作职责分工，办理重大案件、处理突发事件和承担专项重要工作较多的部门，应当适当控制申报及时奖励的次数，对未申报及时奖励的有关集体和个人可以由本部门在年度考评时予以综合考虑。各级法院政治部门根据有关法官的工作事迹，研究提出具体奖励意见，并征求纪检监察部门、组织人事部门等的意见。在此基础上，根据奖励权限层报审批机关批准。

对因同一事由已经获得其他机关奖励的，原则上不再重复奖励。在作出奖励决定之前，要公示不少于5个工作日；因涉密不宜公示的，可不予公示。对在申报及时奖励时隐瞒严重错误或者弄虚作假，骗取奖励的，以及严重违反规定程序的，撤销奖励并按规定追究有关人员责任。

【实践指导】

在法律适用上参照第44条的实践指导部分。

第四十六条　法官有下列行为之一的，应当给予处分；构成犯罪的，依法追究刑事责任：

（一）贪污受贿、徇私舞弊、枉法裁判的；

（二）隐瞒、伪造、变造、故意损毁证据、案件材料的；

（三）泄露国家秘密、审判工作秘密、商业秘密或者个人隐私的；

（四）故意违反法律法规办理案件的；

（五）因重大过失导致裁判结果错误并造成严重后果的；

（六）拖延办案，贻误工作的；

（七）利用职权为自己或者他人谋取私利的；

（八）接受当事人及其代理人利益输送，或者违反有关规定会见当事人及其代理人的；

（九）违反有关规定从事或者参与营利性活动，在企业或者其他营利性组织中兼任职务的；

（十）有其他违纪违法行为的。

法官的处分按照有关规定办理。

【条文主旨】

本条是关于对法官予以处分的具体情形的规定。

【背景解读】

法官是公平正义的守护者，必须具备优良的职业道德和职业素养，必须做到公道正派、刚直不阿，遵纪守法、清正廉洁。对于违反职业道德和行为规范的法官进行惩戒，是各国司法制度的通例。如美国惩戒联邦法官的方式包括暂时不分配审理案件、私下谴责或者训斥、以公告的形式谴责或者训斥等，法官如符合被弹劾的条件时，可以启动弹劾程序罢免法官职务。俄罗斯规定可以对违反纪律的法官进行批评、警告或者提前终止法官的职权等。德国规定可以适用于联邦法官的惩戒措施包括警告、罚款或者免职等。法国规定可对法官适用的惩戒措施包括训斥且记入档案、调动、撤销部分职务、降级、降职、剥夺获得退休金权利的强制退休或停职、罢免等。韩国规定对法官的惩戒处分分为停职、减薪和谴责等。日本规定可以对法官施以戒告或1万日元以下的罚金，有严重违反职务上的义务，以及严重丧失法官威信的其他不当行为的，可通过弹劾程序罢免法官。巴西对法官规定了警告、谴责、强制调离、附带工作年限补偿金的强制离职、附带工作年限补偿金的强制退休、辞退等处罚方式。

本条对原《法官法》第32～35条进行了合并修改，对其中《公务员法》已经规定了的，如不得散布有损宪法权威、中国共产党和国家声誉的言论，不得组织或者参加旨在反对宪法、中国共产党领导和国家的集会、游行、示威等活动，不得组织或者参加非法组织，不得组织或者参加罢工等禁止性规定，以及对违纪违法人员的调查处分等内容进行了删减。同时，对法官的违纪违法行为作了一些补充完善，如将“隐瞒证据或者伪造证据”修改为“隐瞒、伪造、变造、故意损毁证据、案件材料”，将“泄露国家秘密或者审判工作秘密”修改为“泄露国家秘密、审判工作秘密、商业秘密或者个人隐私”，将“私自会见当事人及其代理人，接受当事人及其代理人的请客送礼”修改为“接受当事人及其代理人利益输送，或者违反有关规定会见当事人及其代理人”，将“从事营利性的经营活动”修改为“违反有关规定从事或者参与营利性活动，在企业或者其他营利性组织中兼任职务”，将“滥用职权，侵犯自然人、法人或者其他组织的合法权益”和“玩忽职守，造成错案或者给当事人造成严重损失”，分别修改为“故意违反法律法规办理案件”和“因重大过失导致裁判结果错误并造成严重后果”等。

【条文释义】

根据本条第1款第（1）项规定，法官不得贪污受贿、徇私舞弊、枉法裁判。这是较为常见，群众反映强烈的三种法官违纪违法形式。法官利用职务上的便利，侵吞、窃取、骗取或者以其他手段非法占有公共财物的，属于贪污。法官利用职务上的便利，索取他人财物的，或者非法收受他人财物，为他人谋取利益的，属于受贿。法官为了本人或者他人的私利，故意违反规定弄虚作假，属于徇私舞弊。法官在审判活动中，故意违背事实和法律作出错误裁判的，属于枉法裁判。

根据本条第1款第（2）项规定，法官不得隐瞒、伪造、变造、故意损毁证据、案件材料。证据和案件材料是法官认定案件事实、依法作出裁判的重要依据，其完整性是确保司法公正的重要保障。法官故意损害证据和案件材料的行为是性质较为严重的违纪违法行为。这里的隐瞒、伪造、变造、损毁等行为表现，都是出于故意，包括私藏、丢弃、销毁、删除、无中生有编造、对原有证据进行涂改、篡改等。

根据本条第1款第（3）项规定，法官不得泄露国家秘密、审判工作秘密、商业秘密或者个人隐私。本法第10条将“保守国家秘密和审判工作秘密，对履行职责中知悉的商业秘密和个人隐私予以保密”作为法官的义务之一。同时，刑事诉讼法、民事诉讼法和行政诉讼法均规定，对涉及国家秘密、商业秘密、个人隐私的证据，应当保密，需要在法庭出示的，不得在公开开庭时出示。“国家秘密”是指关系国家的安全和利益，依照法定程序确定，在一定时间内只限一定范围的人员知悉的事项。根据《保守国家秘密法》第3条第2款规定，一切国家机关、武装力量、政党、社会团体、企业事业单位和公民都有保守国家秘密的义务。“审判工作秘密”主要是指与审判工作有关、在特定时间内不应对外公开的事项。审判工作秘密中有的按照法律规定属于国家秘密，但除此之外，在审判工作中还有许多没有被列为国家秘密的事项，为了保证审判工作的正常进行，保护有关当事人的合法权利等，在一定时间内也只限于特定的人员知悉的秘密，对此法官有义务不得泄露。本次《法官法》修订时，增加了法官不得泄露商业秘密和个人隐私的规定。这主要是考虑到，法官在履行职责过程中，不仅会接触到国家秘密、审判工作秘密，也会知悉当事人的商业秘密和个人隐私，如果当事人商业秘密和个人隐私被法官泄露，会对当事人的商业利益和个人名誉等造成一定的损害，故要求法官对履行职责中知悉的商业秘密和个人隐私予以保密。

根据本条第1款第（4）项规定，法官不得故意违反法律法规办理案件。法官是依法行使国家审判权的审判人员，必须忠实执行宪法和法律，其审判案件应当以事实为根据，以法律为准绳，秉持客观公正的立场。"故意"是指明知故犯，有意为之。违反的法律法规，既包括程序性的法律法规，也包括实体性的法律法规。

根据本条第1款第（5）项规定，法官不得因重大过失导致裁判结果错误并造成严重后果。本法第5条规定，法官应当勤勉尽责，这就要求法官在办案过程中，尽到足够的注意义务，避免在认定事实和适用法律上出现重大过失，避免裁判结果错误。法官如果在办案过程中，严重不负责任，就有可能出现裁判错误的结果，不仅会侵害案件当事人的合法权益，也会严重损害司法公信力。法官构成本项的行为，需具备三个条件，一是法官具有重大过失，比如对重要证据认定错误，对法律条文的适用出现重大偏差。二是出现裁判结果错误并造成严重后果，也就是说，不仅要裁判结果错误，而且要造成严重的后果。三是法官的重大过失与裁判结果错误并造成严重后果之间具有因果关系，也就是说，裁判结果错误并造成严重后果是由于法官的重大过失导致的。

根据本条第1款第（6）项规定，法官不得拖延办案，贻误工作。这主要是指法官办理案件或者办理其他工作时，在没有正当理由的情况下，有意或无意长期拖延，使案件得不到解决，相关工作被贻误。比如有的法官为了达到某些个人目的，故意通过拖延审判或者拖延执行来刁难当事人；有的法官本来完全有条件结案或者完成工作，但是存在官僚主义作风，忙于个人私事等，而将案件和相关工作丢在一边，造成案件被拖延，工作被贻误。

根据本条第1款第（7）项规定，法官不得利用职权为自己或者他人谋取私利。这主要是指法官不得利用职务上的便利，尤其是行使审判权的便利，为自己或者他人谋取私人利益。这种利益可以是物质性的，也可以是非物质性的，有可能是法官本人接受了这些利益和好处，也有可能是法官的亲属、朋友或其他关系人接受了这些利益和好处。这里应说明的是，法官“谋取私利”必须是利用了自己的职权，如果获得私利与自己的工作职权没有关系，不属于这里规定的情况。

根据本条第1款第（8）项规定，法官不得接受当事人及其代理人利益输送，或者违反有关规定会见当事人及其代理人。这是对法官廉洁自律的基本要求，也是防止司法腐败的有效措施。这里的代理人，应做扩大解释，不仅包括诉讼代理人，也包括刑事案件的辩护人。当事人和代理人与案件的审理结果存在程度不同的利害关系或其他利益关系，法官应当以事实为根据、以法律为准绳，秉持客观公正的立场，不偏不倚，居中断案。法官职务的廉洁性和职业操守要求，不论在任何情况下，法官都不能接受当事人或代理人的请客送礼，不能借用当事人及其代理人的款物，不能接受当事人及其代理人提供的其他利益和好处。法官因工作需要会见当事人或代理人的，应当按照规定的程序、在规定的场所进行，如果违反规定私下会见当事人或代理人，因缺少监督，容易出现各种舞弊的情况。

根据本条第1款第（9）项规定，法官不得违反有关规定从事或者参与营利性活动，在企业或者其他营利性组织中兼任职务。这与《公务员法》第59条第（16）项的规定完全一致。同时，本法第22条也明确要求法官不得兼任企业或者其他营利性组织、事业单位的职务。法官是国家公职人员，应当全心全意为人民服务，国家为其履职提供了必要的工资福利等待遇，因此，法官不应违反有关规定从事或者参与营利性活动，在企业或者其他营利性组织中兼任职务。同时，法官从事上述活动，也会与其履行审判职责产生利益冲突，妨害司法公正，损害法官职业的纯洁和尊严。“违反规定从事或者参与营利性活动”，主要是指违反中共中央、国务院以及最高人民法院等发布的关于党政机关工作人员从业相关规定，从事或者参与经商办企业、有偿中介活动、拥有非上市公司（企业）的股份或者证券、买卖股票或者进行其他证券投资、在国（境）外注册公司或者投资入股等。

根据本条第1款第（10）项规定，法官不得有其他违纪违法行为。"其他违纪违法行为"，主要是指除以上九项行为以外的其他不应有的行为，如公务员法中规定的"散布有损宪法权威、中国共产党和国家声誉的言论，组织或者参加旨在反对宪法、中国共产党领导和国家的集会、游行、示威等活动；组织或者参加非法组织，组织或者参加罢工；挑拨、破坏民族关系，参加民族分裂活动或者组织、利用宗教活动破坏民族团结和社会稳定；不担当，不作为，玩忽职守，贻误工作；拒绝执行上级依法作出的决定和命令；对批评、申诉、控告、检举进行压制或者打击报复；弄虚作假，误导、欺骗领导和公众；违反财经纪律，浪费国家资财；滥用职权，侵害公民、法人或者其他组织的合法权益；在对外交往中损害国家荣誉和利益；参与或者支持色情、吸毒、赌博、迷信等活动；违反职业道德、社会公德和家庭美德；违反有关规定参与禁止的网络传播行为或者网络活动；旷工或者因公外出、请假期满无正当理由逾期不归"等。本条第1款前九项禁止性行为，主要局限于法官履行职务当中，具有较强的针对性，但并不是说其禁止性行为就只有这九项。无论在工作上还是现实生活中，法官与每个国家机关工作人员一样，还必须遵守法律和纪律的有关规定，由于这些法律和纪律规定涉及各个方面，不可能在本款规定中一一列举，因此本款除了在前九项中针对法官在行使审判权过程中可能发生、危害性较大或者人民群众反映强烈的一些行为作出具体规定外，还在本项作了兜底规定。

【实践指导】

根据本条第1款规定，法官有本条所列十项行为之一的，应当给予处分；构成犯罪的，依法追究刑事责任。因此，法官如果存在上述行为的，原则上应区分为两种情形处理。首先是对一般违纪违法的处理，即对有上述行为已构成违纪违法但尚未达到构成犯罪程度的，应当由监察机关给予政务处分或者由法院给予处分，包括警告、记过、记大过、降级、撤职和开除。其次，对于法官有上述行为且已构成犯罪的，应当依法追究刑事责任。本条规定的行为，多数在刑法中都有明确的罪名，如贪污罪，受贿罪，徇私枉法罪，民事、行政枉法裁判罪，执行判决、裁定失职罪，执行判决、裁定滥用职权罪，帮助毁灭、伪造证据罪，徇私舞弊减刑、假释罪，故意泄露国家秘密罪，过失泄露国家秘密罪，泄露不应公开的案件信息罪，滥用职权罪、玩忽职守罪等。

本条第2款规定法官的处分按照有关规定办理。这种规定十分原则。那么，究竟法官的处分如何办理，《法官法》第68条给出了解决方案，即“有关法官的权利、义务和管理制度，本法已有规定的，适用本法的规定；本法未作规定的，适用公务员管理的相关法律法规”。据此，法官的处分适用《公务员法》及公务员管理部门和最高人民法院等制定的相关规定，法官因违纪违法应当承担纪律责任的，由法院依照《公务员法》等相关法律法规给予处分或者由监察机关依法给予政务处分；违纪违法行为情节轻微，经批评教育后改正的，可以免予处分。对同一违纪违法行为，监察机关已经作出政务处分决定的，法院不再给予处分。法官违纪违法的，应当由处分决定机关决定对法官违纪违法的情况进行调查，并将调查认定的事实以及拟给予处分的依据告知法官本人。法官有权进行陈述和申辩；处分决定机关不得因法官申辩而加重处分。处分决定机关认为对法官应当给予处分的，应当在规定的期限内，按照管理权限和规定的程序作出处分决定。处分决定应当以书面形式通知法官本人。对法官的处分，应当事实清楚、证据确凿、定性准确、处理恰当、程序合法、手续完备。处分分为：警告、记过、记大过、降级、撤职、开除。受处分的期间为：警告，6个月；记过，12个月；记大过，18个月；降级、撤职，24个月。公务员在受处分期间不得晋升职务、职级和级别，其中受记过、记大过、降级、撤职处分的，不得晋升工资档次。受撤职处分的，按照规定降低级别。受开除以外的处分，在受处分期间有悔改表现，并且没有再发生违纪违法行为的，处分期满后自动解除。解除处分后，晋升工资档次、级别和职务、职级不再受原处分的影响。但是，解除降级、撤职处分的，不视为恢复原级别、原职务、原职级。法官对处分不服的，有权申请复审、复核或者提出申诉。

【相关规定】

《中华人民共和国公务员法》第57条、第59条、第61条、第62条、第63条、第64条、第65条、第95条、第96条；《中华人民共和国刑法》第307条、第307条之一、第308条之一、第382条、第385条、第397条、第398条、第399条、第401条等。

第四十七条　法官涉嫌违纪违法，已经被立案调查、侦查，不宜继续履行职责的，按照管理权限和规定的程序暂时停止其履行职务。

【条文主旨】

本条是关于法官涉嫌违纪违法暂停履职的规定。

【背景解读】

本条是《法官法》的新增内容。法官依法履行职责，受法律保护。但法官在适用法律定分止争的同时，自身也必须是遵纪守法者，也要接受监督，包括有关机关的纪律监督和法律监督。如果法官没有依法履行职责，违反有关规定，涉嫌违纪违法，并已经被立案调查、侦查，失去了公正司法的公信力或者缺少了履职必需的基本条件，不宜继续履行职责时，有关机关可以按照管理权限和规定的程序暂时停止其履行职务。

【条文释义】

暂时停止法官履行职务，不是对法官的处分，而是一种组织处理措施。根据本条的规定，法官被暂时停职需同时具备以下条件：一是法官涉嫌违纪违法。既包括涉嫌违纪，也包括涉嫌违法甚至犯罪。二是已经被立案调查、侦查。这里的立案表明，法官违纪违法的事实已经被初步查实，并可能会被追究违纪责任、违法责任，甚至刑事责任。这里立案调查的主体主要是指纪检监察机关或者人民法院等，立案侦查的主体主要是指检察机关或者公安机关等。三是法官不宜继续履行职责。法官被立案调查或者侦查后，其有可能已经丧失了公正司法的公信力，无法再继续办理案件，也可能因配合调查、侦查，无法办案。四是要按照管理权限和规定的程序。让法官暂时停职既要符合实体要件，也要符合程序要件。对法官的暂时停职，一般由有干部管理监督权限的纪检监察机关、人民法院等作出，一般要经过集体研究决定。

【相关规定】

《公职人员政务处分暂行规定》第 12 条；《行政机关公务员处分条例》第 38 条。

第四十八条　最高人民法院和省、自治区、直辖市设立法官惩戒委员会，负责从专业角度审查认定法官是否存在本法第四十六条第四项、第五项规定的违反审判职责的行为，提出构成故意违反职责、存在重大过失、存在一般过失或者没有违反职责等审查意见。法官惩戒委员会提出审查意见后，人民法院依照有关规定作出是否予以惩戒的决定，并给予相应处理。

法官惩戒委员会由法官代表、其他从事法律职业的人员和有关方面代表组成，其中法官代表不少于半数。

最高人民法院法官惩戒委员会、省级法官惩戒委员会的日常工作，由相关人民法院的内设职能部门承担。

【条文主旨】

本条是关于法官惩戒制度的规定。

【背景解读】

法官惩戒制度是《法官法》中新增的内容，也是最具有开创性的部分之一。从广义的惩戒概念上来看，多数国家都确立了法官惩戒制度，旨在通过专门机构适用专门程序对法官的违反审判职责及其他不当行为进行追究和惩处，维护司法的权威和公信力。世界各国对法官予以惩戒主要包括两种程序，一种是法官弹劾程序，另一种是普通法官惩戒程序。前者主要针对法官较为严重的违法或犯罪行为，后者主要针对法官较为轻微的违纪违法行为。尽管不同国家在弹劾和普通程序上的选择各不相同，但均呈现出司法化的特征，即通过设置惩戒主体、惩戒程序和标准，并以法律的形式对法官惩戒制度作出规定，目标是既要维护审判权独立运行，又要遏制司法不当行为。

就广义的法官惩戒来说，我国长期以来对法官的惩戒和处分是混为一体的，形成了行政色彩较浓的法官惩戒体系，将法官惩戒权交由各级法院的纪检监察部门行使，惩戒程序和救济程序也采用行政化的模式。在2009年最高人民法院出台的《人民法院工作人员处分条例》中，对法官的惩戒与所有法院工作人员的惩戒并无区别，且与处分混为一体。在多年的实践中，这种体系的弊端逐渐显现。

司法责任制是司法体制改革的核心。2015年8月15日，中央全面深化改革领导小组通过了《关于完善人民法院司法责任制的若干意见》，要求建立权责统一、权责明确、权力制约的司法责任制体系，解决责任主体、责任内容问题，建立主体适格、事由充分、程序公正的责任追究体系。其中，建立法官惩戒制度正是落实司法责任制的关键环节，是加强法官正规化、专业化、职业化建设的重要举措，是促进法官依法履行职责，保障司法公正的有力抓手，是构建和完善符合司法规律、法官职业特点和时代精神，建设公正高效权威的社会主义司法制度的必然要求。通过设置中立的惩戒主体、规范的惩戒程序、明确的惩戒标准和司法化的惩戒程序，构建公正高效的法官惩戒制度，建立权责一致的审判责任追究机制，真正实现让“让审理者裁判、由裁判者负责”，确保人民法院依法独立公正行使审判权。

本条所规定的法官惩戒制度和惩戒委员会专门机构，是根据党的十八届三中、四中、五中全会精神和相关法律规定，总结违法审判责任追究经验，在落实中共中央办公厅、国务院办公厅印发的《保护司法人员依法履行法定职责规定》，最高人民法院、最高人民检察院印发的《关于建立法官、检察官惩戒制度的意见（试行）》及最高人民法院印发的《关于全面深化人民法院改革的意见——人民法院第四个五年改革纲要(2014—2018)》《关于完善人民法院司法责任制的若干意见》《人民法院落实〈保护司法人员依法履行法定职责规定〉的实施办法》等一系列规定的基础上进行的总结和归纳。通过立法的形式将设立法官惩戒委员会作为落实司法责任制，健全法官履行法定职责保护机制的重要内容。

【条文释义】

本条所称的法官惩戒，指的是依据《法官法》及相关法律规定，对法官故意违反法律法规办理案件或因重大过失导致裁判结果错误并造成严重后果的，根据不同性质、情节，给予一定惩处，以示警戒的法官管理制度。法官惩戒是一项创设性的制度，修订前的《法官法》中并不包含法官惩戒的相关规定。

一、关于法官惩戒的主体

本条规定，法官惩戒委员负责对当事法官构成故意违反职责、存在重大过失、存在一般过失或者没有违反职责提出审查意见。根据人民法院和法官惩戒委员在法官惩戒工作中的职能分工，人民法院负责对法官涉嫌违反审判职责行为进行调查核实，并根据法官惩戒委员会的意见作出处理决定。据此，法官惩戒的主体包括人民法院和法官惩戒委员会。惩戒委员会对法院的调查进行听证审查，根据查明的事实提出应否对当事法官作出惩戒的审查意见，属于惩戒的判断权内容，也是法官惩戒最核心的部分。人民法院负责对法官违反审判职责行为进行调查，并根据惩戒委员会的建议作出惩戒决定，属于惩戒的调查权和决定权内容。

二、法官惩戒制度的特点

从总体上看，法官惩戒制度与法官奖励制度一同构成了法官行为模式的标准、方向和规范，与奖励制度相比，它具有法律规范性、法律强制性和法律权威性的特点，由国家强制力保证其实施，对所有法官具有普遍约束力。这种制度的特点还表现在，它规范和约束的对象只包括法官这一特殊群体，并与其行使职权行为密切相关。与以往的审判责任追究和纪律处分等制度相比，《法官法》所规定的法官惩戒制度最显著的特点在于，惩戒的主体与惩戒对象不再同属于人民法院。法官惩戒的核心判断权，即评判法官是否违反审判职责、是否应当受到责任追究，必须由法官惩戒委员会根据法院调查的情况，按照规定程序从专业角度进行审查认定，法院必须依据惩戒委员会的审查意见作出处理决定。这种制度模式既尊重了司法的自治性，又体现了对惩戒权力的约束，强调了司法追责过程中对专业认定的尊重，彰显了对法官依法履行职责的保护。

三、惩戒机构的名称、管辖对象及职责

根据本条规定，在最高人民法院和省（自治区、直辖市）设立法官惩戒委员会，名称分别为最高人民法院法官惩戒委员会和省级法官惩戒委员会，两级法官惩戒委员会的日常工作，由相关人民法院的内设职能部门承担。设立两个层级的惩戒委员会，主要考虑到惩戒主体的级别和惩戒工作的需要，并与最高人民法院出台的《关于全面深化人民法院改革的意见》提出的两级模式相一致。

根据本条和《最高人民法院关于完善人民法院司法责任制的若干意见》第45条的规定，法官惩戒的对象为已经进入员额序列的法官，不包括执行员、法官助理、书记员、司法警察等审判辅助人员和司法行政人员。其中，最高人民法院惩戒委员会审查对象为最高人民法院法官，省级法官惩戒委员会审查对象为省级及以下法院法官。

两级法官惩戒委员负责对审查对象是否违反审判职责、是否应当承担违法审判责任进行听证和审议，提出是否构成故意违反职责、存在重大过失、存在一般过失或者没有违反职责的审查意见。惩戒委员会还负责制定和修订惩戒委员会章程，受理法官对审查意见的异议并作出决定等工作。惩戒委员会不直接受理对法官的举报、投诉。如收到对法官的举报、投诉材料，应当根据受理权限，转交有关部门按规定处理。

四、法官惩戒委员会的人员构成

根据本条规定，法官惩戒委员会由法官代表、其他从事法律职业的人员和有关方面代表组成，其中法官代表不少于半数。本条体现了法官惩戒的专业性、自治性特点。在已成立的省级法官惩戒委员会中，惩戒委员会委员的选人标准主要是政治素质高、专业能力强、职业操守好，

多数惩戒委员会的组成人员包括人大代表、政协委员、法学专家、律师代表以及法官代表。

五、法官惩戒的范围

根据本条规定，法官是否存在本法第46条第（4）项、第（5）项规定的违反审判职责的行为，是法官应否受惩戒的主要依据。第46条第（4）项、第（5）项即：故意违反法律法规办理案件的；因重大过失导致裁判结果错误并造成严重后果的。两类行为中，前者如法官制造虚假案件，或向合议庭、审委会汇报案情时故意隐瞒重要证据、重要情节等行为；后者如法官在审判过程中因重大过失遗漏重要证据、重要情节导致裁判结果错误并造成严重后果。此规定的出发点是法官惩戒的核心定位，即针对司法审判行为，其他法官可能受到处分的广泛事由，包括司法内和司法外的不当行为，并不能全部纳入法官惩戒的范围，体现了法官惩戒的专业化、专门化特征。《最高人民法院关于完善人民法院司法责任制的若干意见》规定："法官有违反职业道德准则和纪律规定，接受案件当事人及相关人员的请客送礼、与律师进行不正当交往等违纪违法行为，依照法律及有关纪律规定另行处理。"

第四十九条　法官惩戒委员会审议惩戒事项时，当事法官有权申请有关人员回避，有权进行陈述、举证、辩解。

【条文主旨】

本条是关于惩戒程序中法官享有权利的规定。

【背景解读】

长期以来，人民法院的法官和其他国家公务员在性质和定位上并无差异，法官的专业性和职业性并未得到足够重视，对法官的处理缺乏听证、审理等必要环节。随着经济社会的发展，法官的专业性和职业性逐渐被人们所认识。首先，法官在从事审判活动时，以公平公正的审判程序保证控辩双方当事人的合法权益，因此，当法官面临可能对自身利益产生重大影响的惩戒事项时，其应当受到与审判他人一样的同等待遇，即以审判程序来查明事实，尽可能减少其他人为因素涉入，最大程度保障法官的合法权益不受侵犯。要严格避免一味强调惩戒而导致的错误追责。其次，作为行使国家审判权的人员，保障法官合法权益是维护司法公正的前提，对法官采取行政化的惩戒程序无法实现对法官正当权益的充分保护。为使人民法院及有关机关能够慎重处理涉及法官权益的问题，在法官惩戒委员会审议惩戒事项时，应赋予当事法官申请有关人员回避以及进行陈述、举证、辩解等程序性权利。本条规定充分反映了法官惩戒制度符合司法规律的要求，保证了法官惩戒程序的司法性和公正性。

【条文释义】

法官惩戒委员会审议惩戒事项时，当事法官有权申请有关人员回避，有权进行陈述、举证、辩解。本条主要是对当事法官在法官惩戒程序中的权利进行规定。除此以外，法官惩戒程序中当事法官的权利还应包括：（1）在人民法院调查过程中，当事法官享有知情、辩解和举证的权利。（2）惩戒委员会审议惩戒事项时，当事法官有权出席听证，并进行陈述、举证、辩解。惩戒委员会的审议意见，应当送达当事法官。（3）当事法官对惩戒委员会的审查意见有异议的，可以向惩戒委员会提出异议。惩戒委员会应当对异议及其理由进行审查，作出决定，并回复当事法官。

关于当事法官申请有关人员回避的原因和事由，应参照《监察法》的相关规定，回避人员的范围应限定在参与法官惩戒工作的惩戒委员会委员和法院内部监督部门调查人员，包括：（1）本人是当事法官近亲属的；（2）本人或其近亲属与当事法官有利害关系的；（3）担任过当事法官审理案件的辩护人、诉讼代理人的；（4）在该惩戒事项中担任过证人的；（5）与当事法官有其他可能影响惩戒公正的关系的。

【相关规定】

《中华人民共和国监察法》第 58 条。

第五十条　法官惩戒委员会作出的审查意见应当送达当事法官。当事法官对审查意见有异议的，可以向惩戒委员会提出，惩戒委员会应当对异议及其理由进行审查，作出决定。

【条文主旨】

本条是关于惩戒程序中法官享有权利的规定。

【背景解读】

法官是行使国家审判权的人员，对法官提供必要的法律保护是保障法官合法权益的前提。但实践中，对法官错误处分或者错误处理的情况还个别存在，为此，人民法院及有关机关应审慎处理涉及法官切身利益问题。对法官在惩戒程序中享有的对审查意见知情权、异议权作出规定，就是通过法官惩戒程序的公正和公开，保障法官的合法权益，防止对法官的错误惩戒和处理发生。

【条文释义】

本条是对当事法官在法官惩戒中的知情权、异议权作出规定。由于法官受到惩戒必将对其职务、职级和等级晋升以及名誉等切身利益造成一定影响，因此，法官惩戒必须贯彻审慎原则，避免因错误惩戒影响法官依法履行职责、损害司法权威和公信力。为保障法官的合法权益不受侵害，在法官惩戒程序中赋予当事法官对审查意见的知情权、异议权，通过程序权利落实对法官权益的保障，维护司法的公平公正。

对异议程序，相关具体规定还应包括：

审查意见书应当送达当事法官。当事法官对审查意见有异议的，可以自收到审查意见书之日起一定期限内以书面形式通过法官惩戒工作办公室向法官惩戒委员会提出。

当事法官对审查意见有异议的，法官惩戒委员会应当重新召开会议或者采取书面审理方式对异议及其理由进行审查，经全体委员一定比例以上多数通过，作出异议审查决定。认为异议成立的，决定变更原审查意见；认为异议不成立的，决定维持原审查意见。

法官惩戒委员会审查异议期间，人民法院应当暂缓对当事法官作出处理决定。

法官惩戒委员会认为惩戒事项需要补充调查的，可以要求人民法院补充调查。人民法院也可以申请补充调查。

第五十一条　法官惩戒委员会审议惩戒事项的具体程序，由最高人民法院商有关部门确定。

【条文主旨】

本条是关于法官惩戒程序的规定。

【背景解读】

第一，在《法官法》出台前，中央审议通过的《关于建立法官、检察官惩戒制度的意见（试行）》，明确规定“最高人民法院、最高人民检察院根据本意见，结合实际，分别制定法官、检察官惩戒工作办法”。惩戒工作办法主要是指法官惩戒委员会审议惩戒事项的具体程序。为此，最高人民法院已起草了《法官惩戒工作程序规定》和《最高人民法院惩戒委员会章程》，并征求了中央政法委、中央纪委、最高人民检察院等相关部门的意见建议，待适当时机出台。

第二，目前，全国绝大部分省（自治区、直辖市）已经设立了法官惩戒委员会，但大多数地区尚未实质开展法官惩戒工作，主要原因是法官惩戒程序性规则，特别是法官惩戒委员会审议惩戒事项的程序性规则仍不完善，法官惩戒工作难以实际运行。因此，需要建立细化的、具有可操作性的法官惩戒程序性规则，指导各地科学推进法官惩戒工作。

第三，法官惩戒工作程序规定以及惩戒委员会章程规定是规范法官惩戒工作开展的重要保障。开展法官惩戒工作，需要制定体现司法规律和法官职业特点的程序规则，加强调查核实、责任认定和惩戒决定的规范化、科学化和专业化，确保法官惩戒工作公平公正。

【条文释义】

将法官惩戒委员会审议惩戒事项的具体程序交由最高人民法院商有关部门确定，体现了对法官惩戒工作的重视和对最高人民法院的信任，同时，也为一些需要部门间协调统筹的问题保留一定空间。为此，在制定《法官惩戒工作程序规定》和最高人民法院、省级法官惩戒委员会章程时，应严格遵循以下指导思想和基本原则：一是努力体现司法体制改革成果，全面落实司法责任制，保障法官依法履行法定职责，确保法官惩戒工作符合法律规定、司法规律和法官职业特点。二是相关规定应科学、规范、操作性强，成为巩固司法责任制改革的重要制度成果。三是紧密契合改革背景，妥善处理与《监察法》《人民法院组织法》等法律法规的关系。四是对一些争议较大、目前无法形成定论的问题，目前只作原则性规定。

第七章 法官的职业保障

第五十二条 人民法院设立法官权益保障委员会，维护法官合法权益，保障法官依法履行职责。

【条文主旨】

本条是关于设立法官权益保障委员会的规定。

【条文释义】

法官是社会公平正义的捍卫者。法官权益保障事关人民法院依法独立公正行使审判权，事关中国特色社会主义司法制度，事关法治中国建设。强化司法人员权益保障是确保司法公正的现实需求，是提升司法权威的必要条件，是完善法治体系的题中之义。近年来，法官遭受侵害的恶性事件屡屡发生，湖南永州法官遭枪击、湖北十堰法官遇刺、北京昌平法官被害等事件，对法官群体造成极大伤害，最终伤害的是法治，伤害的是我们共同营造的社会安全感。

党的十八大以来，党中央对司法人员权益保障高度重视。十八届四中全会通过的《中共中央关于全面推进依法治国若干重大问题的决定》提出，建立健全司法人员履行法定职责保护机制。2016 年 7 月，中共中央办公厅、国务院办公厅印发的《保护司法人员依法履行法定职责规定》要求，对干扰阻碍司法活动，威胁、报复陷害、侮辱诽谤、暴力伤害司法人员的行为，应当依法从严惩处。同时，将依法履职保障对象从法官延伸到包括司法辅助人员在内的所有承担办案职责的司法人员，将人身、财产权益保护对象从司法人员延伸至司法人员的近亲属，将依法履职保障空间从法庭延伸至法院和工作时间之外，充分体现了党中央对人民司法事业的高度重视和对司法人员的亲切关怀。

法官权益保障涉及方方面面，亟需成立专门机构统一协调法官权益保障工作。为贯彻落实中央要求，最高人民法院印发《人民法院落实〈保护司法人员依法履行法定职责规定〉的实施办法》（法发〔2017〕4号），对设立法官委员会作出规定，要求“各级人民法院应当设立法官权益保障委员会”。法官权益保障委员会成立后，在加强法官权益保障工作，保障人民法院依法独立公正行使审判权，维护司法公正和司法权威等方面发挥了重要作用。新修订的《法官法》规定设立法官权益保障委员会，既是通过法定程序使党的主张成为国家意志，又是将司法体制改革的举措上升为法律，确认了改革的成果，巩固了改革的成效。

关于法官权益保障委员会的组成及职责，新修订《法官法》囿于篇幅未作明确规定。根据《人民法院落实〈保护司法人员依法履行法定职责规定〉的实施办法》规定，法官权益保障委员会由本院院长、相关院领导、相关部门负责人和若干法官代表组成。主任由院长担任，法官代表由全体法官推选产生。法官权益保障委员会的职能是：（1）集中受理法官与依法履职保护相关的诉求和控告；（2）组织对法官或其近亲属可能面临的侵害风险进行评估，并采取相应措施；（3）组织对本人或其近亲属的人身、财产、住所安全受到威胁的法官提供援助；（4）组织对本人或其近亲属的人身、财产权益受到侵害的法官给予救助；（5）帮助法官依法追究侵犯其法定权利者的责任；（6）统筹安排为受到错误处理、处分的法官恢复名誉、消除不良影响、给予赔偿或者补偿；（7）指导法官正确有效维护自身合法权益，组织开展相关培训和心理疏导工作；（8）督促对本院安全检查设施、防护隔离系统、安全保障设备、安全保卫机制建设情况开展检查；（9）统筹指导本院司法警察部门、机关安全保卫部门做好庭审秩序维护、机关安全保卫、法官人身保护和各类应急处置工作；（10）与公安机关、新闻主管、网络监管等部门建立与法官依法履职保护相关的预警、应急和联动机制；（11）其他与法官和审判辅助人员依法履职保护相关的事务。对上述规定，各级法院可参照执行。

第五十三条 除下列情形外，不得将法官调离审判岗位：

（一）按规定需要任职回避的；

（二）按规定实行任职交流的；

（三）因机构调整、撤销、合并或者缩减编制员额需要调整工作的；

（四）因违纪违法不适合在审判岗位工作的；

（五）法律规定的其他情形。

【条文主旨】

本条是关于法官非因法定事由不被调离审判岗位的规定。

【条文释义】

法官职业权利保障的内涵丰富，包括职业权利保障、职业地位保障、职业安全保障、职业尊严保障等方面。非因法定情形，不被调离审判岗位是对法官职业地位的重要保障。法官职业的稳定性、独立性、专属性等特点，要求必须有效保障法官职业地位和法官身份的稳定性，保证法官地位和身份非因法定事由、非经法定程序不被动摇。

为确保法官依法正确独立行使审判权，保障法官的正当职业地位，中共中央办公厅、国务院办公厅印发的《保护司法人员依法履行法定职责规定》第4条规定："法官、检察官依法履行法定职责受法律保护。非因法定事由，非经法定程序，不得将法官、检察官调离、免职、辞退或者作出降级、撤职等处分。"第5条规定："只有具备下列情形之一的，方可将法官、检察官调离：（一）按规定需要任职回避的；（二）因干部培养需要，按规定实行干部交流的；（三）因机构调整或者缩减编制员额需要调整工作的；（四）受到免职、降级等处分，不适合在司法办案岗位工作的；（五）违反法律、党纪处分条例和审判、检察纪律规定，不适合在司法办案岗位工作的其他情形。”

为落实中央文件精神，最高人民法院出台《人民法院落实〈保护司法人员依法履行法定职责规定〉的实施办法》，进一步规定：“非因法定事由，非经法定程序，不得将法官调离、免职、辞退或者作出降级、撤职等处分，也不得以办案数量排名、末位淘汰等方式和接待信访不力等理由调整法官工作岗位。法官非因法定事由，非经法定程序被调离、免职、辞退或者受到降级、撤职等处分的，其所在人民法院应当及时予以纠正，或者建议有关机关予以纠正；有关机关不予纠正的，应当报告上一级人民法院商请有关机关纠正。”

本条以列举的方式，明确了法官可以被调离审判岗位的五类情形（第五类属于兜底性规定），基本原文保留了《保护司法人员依法履行法定职责规定》第5条的内容，体现了国家意志与党的意志的高度统一。

一、关于任职回避的情形

1. 法官作为公务员，要遵守《公务员法》关于任职回避的规定。《公务员法》第74条规定：“公务员之间有夫妻关系、直系血亲关系、三代以内旁系血亲关系以及近姻亲关系的，不得在同一机关双方直接隶属于同一领导人员的职位或者有直接上下级领导关系的职位工作，也不得在其中一方担任领导职务的机关从事组织、人事、纪检、监察、审计和财务工作。公务员不得在其配偶、子女及其配偶经营的企业、营利性组织的行业监管或者主管部门担任领导成员。因地域或者工作性质特殊，需要变通执行任职回避的，由省级以上公务员主管部门规定。”第75条规定：“公务员担任乡级机关、县级机关、设区的市级机关及其有关部门主要领导职务的，应当按照有关规定实行地域回避。”

2. 法官行使审判权，承担着公平正义守护者的角色，受到更严格的职业伦理的限制。新修订的《法官法》第22条规定：“法官不得兼任人民代表大会常务委员会的组成人员，不得兼任行政机关、监察机关、检察机关的职务，不得兼任企业或者其他营利性组织、事业单位的职务，不得兼任律师、仲裁员和公证员。”第23条规定：“法官之间有夫妻关系、直系血亲关系、三代以内旁系血亲以及近姻亲关系的，不得同时担任下列职务：（一）同一人民法院的院长、副院长、审判委员会委员、庭长、副庭长；（二）同一人民法院的院长、副院长和审判员；（三）同一审判庭的庭长、副庭长、审判员；（四）上下相邻两级人民法院的院长、副院长。”第24条规定：“法官的配偶、父母、子女有下列情形之一的，法官应当实行任职回避：（一）担任该法官所任职人民法院辖区内律师事务所的合伙人或者设立人的；（二）在该法官所任职人民法院辖区内以律师身份担任诉讼代理人、辩护人，或者为诉讼案件当事人提供其他有偿法律服务的。”符合上述法律规定情形的，法官应当主动提出任职回避申请，未主动提出的，人民法院应按照有关程序将其调离审判执行岗位。

二、关于任职交流的情形

所谓任职交流，是指各级党委（党组）及其组织（人事）部门按照干部管理权限，通过调任、转任对党政领导干部的工作岗位进行调整。中共中央办公厅2006年8月颁布的《党政领导干部交流工作规定》，适用于最高人民法院的副职领导成员及其机关内设机构的领导干部，县级以上地方人民法院的领导成员及其机关内设机构的领导干部。《公务员法》第69条规定：“国家实行公务员交流制度。”“交流的方式包括调任、转任。”第71条规定：“对担任机关内设机构领导职务和其他工作性质特殊的公务员，应当有计划地在本机关内转任。”第73条第1款规定：“公务员应当服从机关的交流决定。”

三、关于因机构调整、撤销、合并或者缩减编制员额需要调整工作的情形

《公务员法》第88条规定：“公务员有下列情形之一的，予以辞退：……（三）因所在机关调整、撤销、合并或者缩减编制员额需要调整工作，本人拒绝合理安排的……”因此，对于因机构调整、撤销、

合并或者缩减编制员额需要调整工作，调离审判岗位的，法官本人应当遵照执行。

四、关于违纪违法的情形

新修订的《法官法》第47条规定：“法官涉嫌违纪违法，已经被立案调查、侦查，不宜继续履行职责的，按照管理权限和规定的程序暂时停止其履行职务。”

第五十四条　任何单位或者个人不得要求法官从事超出法定职责范围的事务。

对任何干涉法官办理案件的行为，法官有权拒绝并予以全面如实记录和报告；有违纪违法情形的，由有关机关根据情节轻重追究有关责任人员、行为人的责任。

【条文主旨】

本条是关于保障法官依法行使审判权的规定。

【条文释义】

提升司法权威，维护司法公正，必须确保依法独立公正地行使审判权。根据我国《宪法》规定，人民法院依法独立行使审判权，不受行政机关、社会团体和个人的干涉。保障法官依法行使审判权，一方面要确保法官从事法定职责范围内的事务，另一方面要确保法官办理案件不受干涉。

一、依法保障法官从事法定职责范围内的事务

《人民法院组织法》第2条明确了人民法院的职能定位，规定："人民法院是国家的审判机关。人民法院通过审判刑事案件、民事案件、行政案件以及法律规定的其他案件，惩罚犯罪，保障无罪的人不受刑事追究，解决民事、行政纠纷，保护个人和组织的合法权益，监督行政机关依法行使职权，维护国家安全和社会秩序，维护社会公平正义，维护国家法制统一、尊严和权威，保障中国特色社会主义建设的顺利进行。"新修订的《法官法》第8条第1款进一步明确了法官的职责，规定："……（一）依法参加合议庭审判或者独任审判刑事、民事、行政诉讼以及国家

赔偿等案件；（二）依法办理引渡、司法协助等案件；（三）法律规定的其他职责。”

依法行使审判权，是法院的职责所在、使命所系。而在实践中，长期以来，一些法院有时却不得不承担法定职责之外的工作。2015 年 11 月 2 日，第十二届全国人民代表大会常务委员会第十七次会议上，最高人民法院院长周强指出，有的地方仍视法院为政府的工作部门，要求法院承担司法职权之外的强制拆迁、城管执法、招商引资等工作。这些超出法定职责范围的事务，消耗了司法人员的时间和精力，一定程度上影响了法院正常司法工作的开展。尤其是新一轮司法改革以来，立案登记制、司法责任制、法官员额制等重大改革举措对法官履行职责能力提出了更高要求。如果再要求法官从事非法定职责范围内的事务，势必加重法官负担，透支法官精力，不可避免会影响案件审理质效，损害司法权威和司法公信。

为此，2016 年中共中央办公厅、国务院办公厅联合印发《保护司法人员依法履行法定职责规定》，要求任何单位或者个人不得要求法官从事超出法定责任范围的事务，人民法院有权拒绝任何单位或者个人安排法官从事超出法定责任范围事务的要求。2018 年修订的《人民法院组织法》第 52 条第 1 款将上述规定以法律形式固定下来，规定“任何单位或者个人不得要求法官从事超出法定职责范围的事务”。新修订的《法官法》第 54 条第 1 款的规定与《人民法院组织法》的表述保持一致，充分体现了《宪法》及中央相关改革文件的精神。

关于哪些属于超出法定职责范围的事务，在 2017 年 2 月 7 日最高人民法院印发的《人民法院落实〈保护司法人员依法履行法定职责规定〉的实施办法》（以下简称《实施办法》）中有所体现。《实施办法》以列举方式，将招商引资、行政执法、治安巡逻、交通疏导、卫生整治、行风评议等界定为“超出法定职责范围的事务”。人民法院不仅应当拒绝任何单位、个人安排法官从事上述事务的要求，也不得以任何名义安排法官从事上述活动。此外，《实施办法》还严禁人民法院工作人员参与地方招商、联合执法，严禁提前介入土地征收、房屋拆迁等具体行政管理活动，杜绝参加地方牵头组织的各类“拆迁领导小组”“项目指挥部”等临时机构。

二、依法保障法官办理案件不受外界干涉

长期以来，由于历史和文化传统的原因，我国的司法权在一定程度上受地方化、行政化的影响，一些单位和个人通过“打招呼”“批条子”“递材料”等方式干涉法官办理案件，干预司法机关依法独立办案，影响了司法权威和司法公正。

党的十八大以来，党中央以前所未有的决心，下大力气革除影响公正司法的种种弊端。党的十八届四中全会审议通过了《中共中央关于全面推进依法治国若干重大问题的决定》，强调公正是法治的生命线。司法公正对社会公正具有重要引领作用，司法不公对社会公正具有致命破坏作用。《中共中央关于全面推进依法治国若干重大问题的决定》提出，“建立领导干部干预司法活动、插手具体案件处理的记录、通报和责任追究制度。任何党政机关和领导干部都不得让司法机关做违反法定职责、有碍司法公正的事情，任何司法机关都不得执行党政机关和领导干部违法干预司法活动的要求。”

为贯彻落实十八届四中全会通过的《中共中央关于全面推进依法治国若干重大问题的决定》要求，2015年，中共中央办公厅、国务院办公厅印发了《领导干部干预司法活动、插手具体案件处理的记录、通报和责任追究规定》，为防止领导干部干预司法活动、插手具体案件处理，要求对领导干部干预司法活动、插手具体案件处理的情况，司法人员应当全面、如实记录，做到全程留痕，有据可查。同年，中央政法委印发了《司法机关内部人员过问案件的记录和责任追究规定》，明确“对司法机关内部人员过问案件的情况，办案人员应当全面、如实记录，做到全程留痕，有据可查”，防止司法机关内部人员干预办案，确保公正廉洁司法。

上述文件出台以后，不能过问案件、不敢干预司法成为一项必须遵守的政治规矩、政治纪律，在防止干预司法、确保司法公正、维护司法

权威方面发挥了重要作用。2018 年修订的《人民法院组织法》将这一内容上升为法律，第 52 条第 2 款规定：“领导干部等干预司法活动、插手具体案件处理，或者人民法院内部人员过问案件情况的，办案人员应当全面如实记录并报告；有违纪违法情形的，由有关机关根据情节轻重追究行为人的责任。”

新修订的《法官法》基本延续了《人民法院组织法》的有关表述，本条第 2 款规定：“对任何干涉法官办理案件的行为，法官有权拒绝并予以全面如实记录和报告。”值得注意的是，本款规定将法官有权拒绝并记录和报告的范围扩展至任何干涉法官办理案件的行为，不再限于领导干部和司法机关内部人员过问案件的情况，这样的表述与《宪法》规定的精神是一致的。本款之规定，是对依法行使审判权的保障。对法官而言，一方面是赋予权利，即对于干涉法官办理案件的行为，法官有权拒绝；另一方面是规定义务，即法官有义务全面如实记录和报告干涉案件办理的行为，如果法官没有尽到上述义务，也会被追究相应责任。

关于对干涉办案行为的处理，本条第 2 款规定与《人民法院组织法》略有不同，《人民法院组织法》第 52 条第 2 款规定：“有违法违纪情形的，由有关机关根据情节轻重追究行为人的责任。”新修订的《法官法》规定：“有违纪违法情形的，由有关机关根据情节轻重追究有关责任人员、行为人的责任。”对比可以发现，新修订的《法官法》增加了追究责任的客体，即对于单位干涉办案的，有关责任人也要被追究责任。

【实践指导】

中央政法委公开通报的领导干部干预司法活动、插手具体案件处理和司法机关内部人员过问案件的典型案件有如下两个：

1. 湖南省益阳市委原书记马勇等受贿、滥用职权、徇私枉法、干预司法活动案。2012 年 11 月 3 日晚，犯罪嫌疑人胡氏兄弟 2 人因故与受害人袁某发生争执，对袁某进行殴打，其中 1 人持水果刀将袁某捅死。案发后，益阳市赫山区公安分局以涉嫌故意伤害罪对两名犯罪嫌疑人立案侦查，并于2013年1月23日将该案移送益阳市赫山区检察院审查起诉。2013年8月1日，益阳市赫山区法院以故意伤害罪分别判处两名被告人有期徒刑五年、有期徒刑三年缓刑三年。后经查明，在该案办理过程中，时任益阳市委书记马勇收受被告人亲属贿赂，违法干预司法活动、插手具体案件处理；益阳市多名政法干警和案件辩护律师违法帮助被告人减轻罪责，导致该案重罪轻判。目前，马勇因涉嫌滥用职权、受贿罪，被检察机关依法立案侦查。益阳市赫山区法院、检察院、资阳区公安分局、益阳市第一看守所等政法单位相关领导和办案责任人员以及胡氏兄弟辩护律师，因涉嫌徇私枉法罪、滥用职权罪、帮助伪造证据罪，被司法机关依法立案侦查。胡氏兄弟故意伤害案已进入再审纠错程序。

2. 陕西省西安市公安局党委委员、副局长王安群受贿、干预司法案件处理案。王安群担任西安市公安局党委委员、副局长期间，于2008年7月受陕西某实业有限公司法人代表请托，要求西安市公安局雁塔分局对该公司下属物业公司保安被砍伤尽快以刑事案件立案查处，案件告破后收受请托人贿赂；2012年12月至2013年6月收受陕西某投资有限公司实际控制人的贿赂，干预西安市公安局经济犯罪侦查支队立案侦办该公司涉嫌合同诈骗案件。目前，王安群已被开除党籍、开除公职。其涉嫌犯罪问题，已移交司法机关处理。

第五十五条　法官的职业尊严和人身安全受法律保护。

任何单位和个人不得对法官及其近亲属打击报复。

对法官及其近亲属实施报复陷害、侮辱诽谤、暴力侵害、威胁恐吓、滋事骚扰等违法犯罪行为的，应当依法从严惩治。

【条文主旨】

本条是关于法官及近亲属人身安全保障的规定。

【背景解读】

英国著名法学家丹宁勋爵说："在所有必须维护法律和秩序的地方，法院是最需要法律秩序的。司法过程必须不受干扰或干涉。冲击司法正常进行就是冲击我们社会的基础。"根据我国《宪法》规定，人民法院行使审判权，法官代表国家依法履行审判权。法官是社会公平正义的捍卫者，依法保障法官权益，不仅事关司法权的正常行使，更关乎国家法治建设和法律权威。然而，近年来法官遭受侵害的恶性事件屡屡发生，这些危害法官的人身安全、对法官的伤害甚至杀害的行为，是对司法秩序最直接、最粗暴的藐视与对抗，进一步凸显了加强法官权益保障，切实维护法官职业尊严和人身安全的必要性、迫切性。

党的十八届四中全会通过的《中共中央关于全面推进依法治国若干重大问题的决定》提出，建立健全司法人员履行法定职责保护机制。2016 年 7 月，中共中央办公厅、国务院办公厅印发的《保护司法人员依法履行法定职责规定》要求，对干扰阻碍司法活动，威胁、报复陷害、侮辱诽谤、暴力伤害司法人员的行为，应当依法从严惩处。同时，将依法履职保障对象从法官延伸到包括司法辅助人员在内的所有承担办案职责的司法人员，将人身、财产权益保护对象从司法人员延伸至司法人员的近亲属，将依法履职保障空间从法庭延伸至法院和工作时间之外。

2017年2月，最高人民法院印发《人民法院落实〈保护司法人员依法履行法定职责规定〉的实施办法》（以下简称《实施办法》）。《实施办法》就履职保障设施建设提出了明确要求：一是办公区域与公共区域的隔离，要求各级人民法院的立案信访、诉讼服务、审判区域应当与法官办公区域相对隔离，并配备一键报警装置，便于及时处置突发事件。二是配备安检设备和人员，要求各级法院严格执行《人民法院安全保卫工作人员和装备配置标准》和《人民法院司法警察不同执勤岗位警用装备配备标准》，普遍设立安全检查岗，配备相应安全设备，强化安检人员责任意识、规范意识和操作水平。三是配备关于录音电话和记录设备，要求各级法院为法官、审判辅助人员配备具有录音功能的办公电话和具有录像功能的执法记录仪等设备，及时记录、存储相关信息。四是提供专门会见、接待场所，要求各级法院为法官、审判辅助人员提供配备录音录像设施的专门会见、接待场所。法官在审判法庭外会见、接待当事人及其代理人的，可以要求在专门场所进行，并有权拒绝当事人及其代理人单方面会见、接待的要求。

《实施办法》就保护法官及近亲属人身安全作出明确规定，要求人民法院对于干扰阻碍司法活动，恐吓威胁、报复陷害、侮辱诽谤、暴力侵害法官及其近亲属的违法犯罪行为，应当依法从严惩处。要求对于法官因依法履行法定职责，本人或其近亲属遭遇恐吓威胁、滋事骚扰、跟踪尾随，或者人身、财产、住所受到侵害、毁损的，所在人民法院应当及时采取保护措施，并商请公安机关依法处理；对构成故意杀人罪、故意伤害罪、寻衅滋事罪、故意毁坏财物罪、非法侵入住宅罪等犯罪的，依法追究刑事责任；行为人是精神病人的，依法决定强制医疗。

新修订的《法官法》第55条吸收借鉴了上述规范性文件关于保障法官及近亲属人身安全的内容。

【条文释义】

一、法官职业尊严和人身安全受法律保护

本条第 1 款明确提出，“法官的职业尊严和人身安全受法律保护”。法律保护包括两方面内容，一是法官的职业尊严，二是法官的人身安全。

（一）对法官职业尊严的保护

新修订的《法官法》重点从六个方面保护法官职业尊严：一是设立法官权益保障委员会专门负责保障法官权益；二是确保法官非因法定事由、非经法定程序，不被调离审判岗位；三是确保法官办案不受内外部干预；四是保障法官及其近亲属人身安全；五是确保法官依法履行职责不受名誉损害；六是确保法官工资、福利待遇以及休息休假的权利。新修订的《法官法》用专门一章规定对法官权益的保障，事实上就是对法官职业尊严的保护。

（二）对法官的人身安全予以保护

法官处在调解裁决各种社会矛盾纠纷的第一线，职业风险很大。近年来，一些地方当事人扰乱法庭秩序，冲击法庭、报复、围攻、故意伤害法官的事件屡有发生，法官人身安全受到严重威胁。安全，是人的基本生存需求。人身安全是基本人权。司法人员依法履行职责，必须确保其人身权利不受侵犯。如果司法人员需要屈从于威胁才能换取自己及其家人的人身安全，那么法律的正确实施、裁判的公平公正就是无本之木、无源之水。因此，保障法官权益，首要就是保护法官人身安全。

二、禁止对法官及其近亲属打击报复

本条第 2 款规定：“任何单位和个人不得对法官及其近亲属打击报复。”法官的职责是居中裁判、定分止争。诉讼有输有赢，这是必然结果，然而对于败诉当事人来说，即便法官再客观中立、不偏不倚，也很难对判决结果感到满意，这也是人之常情。然而，一些当事人及相关人

员因不满诉讼结果，向法官随意发泄不满情绪，无理纠缠、侮辱威胁甚至直接侵害法官人身安全，给正常履职的司法人员造成沉重的心理负担和挥之不去的安全压力，不仅社会影响极其恶劣，而且日益成为影响司法公正的重要因素。为此，本条明确规定不得打击报复法官及其近亲属。

三、针对法官及其近亲属实施的违法犯罪行为，坚持从严惩治原则

本条第3款规定："对法官及其近亲属实施报复陷害、侮辱诽谤、暴力侵害、威胁恐吓、滋事骚扰等违法犯罪行为的，应当依法从严惩治。"对于上述对法官及其近亲属实施的违法犯罪行为，从中共中央办公厅、国务院办公厅的规定，到最高人民法院的《实施办法》，再到新修订的《法官法》，处理态度都是一致的，即应当"依法从严惩治"。然而，当前我国法律并没有专门规定可以惩治上述违法犯罪行为，还需借助《刑法》《民事诉讼法》等法律法规中的相关条文，追究相应责任。

【实践指导】

江苏张某威胁法官案：江苏省南京市高淳区人民法院依法对被执行人邢某的抵押房产进行拍卖后，依法通知邢某将拍卖房产腾空。2016年5月18日，案外人张某通过手机与执行法官通话，称其为邢某的亲戚，并扬言"你作为一个高淳人，走在路上当心点。你也是有家人的，不好好处理这件事，你将邢某的房子强制处理了，我就到你家里去"。5月19日，经多方查找，威胁法官的张某被带至高淳区人民法院。经询问，张某承认其实施威胁行为的事实。

《民事诉讼法》第111条第1款规定："诉讼参与人或者其他人有下列行为之一的，人民法院可以根据情节轻重予以罚款、拘留；构成犯罪的，依法追究刑事责任：……（五）以暴力、威胁或者其他方法阻碍司法工作人员执行职务的……"根据以上法律规定，高淳区人民法院认为，张某的行为属于以暴力、威胁方法阻碍司法工作人员执行职务，于2016

年5月20日决定对张某司法拘留5日。后张某经教育真诚悔过，向法院出具悔过书，高淳区人民法院提前对其解除司法拘留，并决定对其罚款3000元。

第五十六条　法官因依法履行职责遭受不实举报、诬告陷害、侮辱诽谤，致使名誉受到损害的，人民法院应当会同有关部门及时澄清事实，消除不良影响，并依法追究相关单位或者个人的责任。

【条文主旨】

本条是关于依法维护法官正当名誉的规定。

【条文释义】

人的名誉是指具有人格尊严的名声，是人们对于公民品德、才干、声望、信誉和形象等各方面的综合评价。公民的名誉权是人格权的一种，依法受到法律保护；任何个人或单位不得损害他人名誉，侵犯他人名誉权的应负法律责任。法官作为公民依法享有名誉权，依法保护法官正当名誉权不受损害，及时消除损害法官名誉造成的不良影响，既是维护法官权益的重要内容，也是维护司法公信的必然要求。全社会都应当强化规则意识，形成尊崇法律、尊重法院、崇尚法官的法治观念。

然而，实践中，以不实举报、诬告陷害、侮辱诽谤等方式损害法官名誉权的事件屡有发生。一些当事人在对诉讼结果不满时，不是通过正常渠道依法理性表达诉求，而是在法院周边拉横幅、喊口号，聚众喧闹、散发材料，播放高音喇叭、招徕围观注意，严重扰乱法院办公秩序，或是在互联网和各种媒介上夸大事实、捏造谎言，侮辱法官人格尊严、肆意诋毁法院工作，以求达到其个人目的。这些错误行为不仅会妨碍社会公众对司法裁判形成客观评价，也不利于全民法治观念的塑造，还会削弱法律在维护群众权益、化解社会矛盾中的权威地位。

对此，2016年7月，中共中央办公厅、国务院办公厅印发《保护司法人员依法履行法定职责规定》，第15条规定：“法官、检察官因依法履职遭受不实举报、诬告陷害、利用信息网络等方式侮辱诽谤，致使名誉受到损害的，人民法院、人民检察院、公安机关应当会同有关部门及时澄清事实，消除不良影响，维护法官、检察官良好声誉，并依法追究相关单位或者个人的责任。”

2017年2月，最高人民法院印发《人民法院落实〈保护司法人员依法履行法定职责规定〉的实施办法》，第13条规定：“法官因依法履职遭受不实举报、诬告陷害，或者被利用信息网络等方式实施侮辱诽谤，致使名誉受到损害的，其所在人民法院应当通过官方网站、微博、微信公众号或者新闻发布会等形式及时澄清事实，消除不良影响，维护法官良好声誉，并会同有关部门依法追究相关单位或者个人的责任。”

《保护司法人员依法履行法定职责规定》和《人民法院落实〈保护司法人员依法履行法定职责规定〉的实施办法》颁布后，对保障法官免受依法履职造成的名誉损害发挥了重要作用。因此，新修订的《法官法》借鉴了上述文件的有关表述，将维护法官正当名誉写入法条。

一、关于及时澄清事实，消除不良影响

根据本条规定，对于法官依法履职引起的不实举报、诬告陷害、侮辱诽谤等损害法官名誉的行为，人民法院应当会同有关部门及时澄清事实，消除不良影响。具体可以采取以下措施：（1）人民法院通过官方网站、微博、微信公众号或者新闻发布会等形式及时澄清事实；（2）人民法院商请新闻宣传、网络监管等部门及时删除、屏蔽网络上的不实言论；（3）对于纪检监察部门介入调查的，应当及时通报并告知当事法官调查结论，并在一定范围内澄清事实。

二、关于依法追究相关单位或者个人的责任

人民法院可适用以下法律追究相关单位或个人的责任：

一是《民法总则》，根据第110条规定，自然人、法人享有名誉权。公民的名誉权受到侵害时，有权要求停止侵害，恢复名誉，消除影响、

赔礼道歉。

二是《侵权责任法》，其中第2条规定："侵害民事权益，应当依照本法承担侵权责任。本法所称民事权益，包括生命权、健康权、姓名权、名誉权、荣誉权、肖像权、隐私权、婚姻自主权、监护权、所有权、用益物权、担保物权、著作权、专利权、商标专用权、发现权、股权、继承权等人身、财产权益。"

三是《刑法》，其中第243条规定："捏造事实诬告陷害他人，意图使他人受刑事追究，情节严重的，处三年以下有期徒刑、拘役或者管制；造成严重后果的，处三年以上十年以下有期徒刑。国家机关工作人员犯前款罪的，从重处罚。"第246条规定："以暴力或者其他方法公然侮辱他人或者捏造事实诽谤他人，情节严重的，处三年以下有期徒刑、拘役、管制或者剥夺政治权利。"

【实践指导】

河南宋某诬告陷害案：宋某因交通事故纠纷于2009年10月19日向法院提起民事诉讼，郑州市二七区人民法院经审理，判决李某强支付宋某各项损失9万余元。由于李某强未履行判决确定的赔偿义务，宋某向法院申请执行。由于李某强一直未到案，经查找其名下无财产可供执行，法院在执行过程中先后申请救助基金5万元发放给宋某。后经对担保人李某军（李某强父亲）采取执行措施，李某军交纳了执行款3.8万元。加上此案在审理期间已向宋某发放救助金1万元，截至2014年4月30日，宋某领取案件款项达9.8万余元，已实现判决确定的全部债权，宋某亦向法院出具结案证明。

2014年6月3日以来，宋某多次向市区两级纪委、党委政法委、检察院、新华社等单位领导发送举报信息，称二七区人民法院工作人员孙某宁、李某欢克扣、截留其执行款4.5万元，意图使其受到刑事追究。2014年6月5日，二七区纪委接到市纪委转来的署名短信举报后，立即成立调查组对反映的问题进行了核实。经查，并未发现孙某宁、李某欢有任何克扣、截留执行款项的行为。

《刑法》第243条规定："捏造事实诬告陷害他人，意图使他人受刑事追究，情节严重的，处三年以下有期徒刑、拘役或者管制；造成严重后果的，处三年以上十年以下有期徒刑。"根据上述规定，新郑市人民检察院对宋某依法提起公诉，新郑市人民法院经审理，认定宋某捏造犯罪事实、意图陷他人于刑事追诉之中，造成恶劣社会影响，其行为已构成诬告陷害罪，故判处宋某有期徒刑一年六个月。一审判决宣告后，宋某不服，提起上诉。郑州市中级人民法院经审理，裁定驳回上诉，维持原判。

第五十七条　法官因依法履行职责，本人及其近亲属人身安全面临危险的，人民法院、公安机关应当对法官及其近亲属采取人身保护、禁止特定人员接触等必要保护措施。

【条文主旨】

本条是关于法官人身安全保障的规定。

【背景解读】

原《法官法》未对法官人身安全保障作出专门规定，只在第 8 条第 5 款规定法官的人身、财产和住所安全受法律保护。近年来，随着市场经济的发展和全民法律意识、维权意识的增强，法院已成为社会各类矛盾的汇集地，作为纷争裁决者的法官处在矛盾的焦点和漩涡的中心，当事人报复伤害法官的事件时有发生，手段越发极端，后果越发严重。2016 年 2 月，北京市昌平区人民法院法官马彩云在自家楼下遇害。2017 年初，先后发生广西壮族自治区陆川县人民法院退休法官傅明生在其住所遭歹徒持刀杀害，江苏省沭阳县人民法院法官周龙在法院门口被当事人持刀捅成重伤两起恶性事件。2018 年 11 月，重庆市南川区人民法院法官田晓在法院大门附近，被刑满释放人员持刀刺伤，见义勇为的监狱民警刘彦不幸牺牲。频频发生的伤害法官事件，加大了法官的心理压力，挫伤了法官队伍的工作积极性，严重损害了法官的职业尊严和人民法院的司法权威。

党的十八届四中全会审议通过的《中共中央关于全面推进依法治国若干重大问题的决定》明确提出“建立健全司法人员履行法定职责保护机制”。2016 年 7 月 21 日，中共中央办公厅、国务院办公厅正式印发了

《保护司法人员依法履行法定职责规定》。2017年2月7日，最高人民法院印发了《人民法院落实〈保护司法人员依法履行法定职责的规定〉的实施办法》，该实施办法是贯彻落实《中共中央关于全面推进依法治国若干重大问题的决定》和《保护司法人员依法履行法定职责规定》的重要举措，从制度上保障了法官的人身安全，健全完善了法官依法履行法定职责的保护机制。新修订的《法官法》中关于法官人身安全保障的规定，将上述政策在立法层面予以明确，充分体现了党中央对司法工作和司法人员人身安全保障的高度重视和亲切关怀，对于全面推进以司法责任制为核心的司法体制改革，维护司法权威和法官队伍稳定，确保广大法官依法独立公正行使审判权，具有重要而深远的意义。

【条文释义】

归纳近年来发生法官遇袭事件的共性，绝大多数袭击事件发生的时间地点往往不在庭审中、也不在法庭内，而是在法官上下班途中、家中或其他地点。为更加全面有效地保障法官人身安全，本条规定将人身安全保护的空间和时间从法庭延伸至法院和工作时间之外，并将保护对象范围从法官延伸至法官的近亲属。

根据新修订的《法官法》第52条关于设立法官权益保障委员会的规定，以及《人民法院落实〈保护司法人员依法履行法定职责的规定〉的实施办法》，人民法院法官权益保障委员会是人民法院对法官及其近亲属人身安全进行保护的主体，具体职能包括：组织对法官或其近亲属可能面临的侵害风险进行评估，并采取相应措施；组织对人身安全受到威胁的法官或其近亲属提供援助和给予救助；帮助法官依法追究侵犯其法定权利者的责任；督促对法院安全检查设施、防护隔离系统、安全保障设备、安全保卫机制建设情况开展检查；统筹指导本院司法警察部门、机关安全保卫部门做好机关安全保卫、法官人身安全保护和各类应急处置工作；与公安机关建立与法官依法履职保护相关的预警、应急和联动机制。

人民法院司法警察作为一支具有武装性质的纪律部队，是负责法院安全保障和维护法官人身安全的重要力量。根据《人民法院组织法》第 50 条规定，人民法院的司法警察负责法庭警戒、人员押解和看管等警务事项。《人民法院司法警察条例》第 7 条规定了司法警察的八项具体职责，包括：（1）维护审判秩序；（2）对进入审判区域的人员进行安全检查；（3）刑事审判中押解、看管被告人或者罪犯，传带证人、鉴定人和传递证据；（4）在生效法律文书的强制执行中，配合实施执行措施，必要时依法采取强制措施；（5）执行死刑；（6）协助机关安全和涉诉信访应急处置工作；（7）执行拘传、拘留等强制措施；（8）法律、法规规定的其他职责。在庭审中，司法警察承担维护庭审秩序的重要职责，对于违反法庭规则行为，扰乱法庭秩序的人，司法警察根据法官的指令，依法采取强行带出法庭、罚款、拘留等措施。当发生危及法庭内人员人身安全等紧急情况时，司法警察可以直接采取必要的处置措施。在审判法庭之外的人民法院其他区域，发生当事人非法携带管制器具或者危险物品，逃避、抗拒安全检查；未经允许，强行进入法官办公区域或者审判区域；威胁、殴打法官等行为时，司法警察将采取训诫、制止、控制、带离现场等处置措施，收缴、保存相关证据，及时移送公安机关处理。对于在人民法院周边实施危害法官人身安全的，司法警察将会同机关安全保卫部门做好相关应急处置工作，及时商请公安机关依法处理。

在保障法官人身安全方面，美国的经验比较突出。美国国会于 2007 年通过了《法院安保促进法案》，从健全安保协调机制、个人信息的特别保护、提高刑罚、为法官及家人在家中提高保卫、建立和维护威胁评估数据库、增加安保拨款等多方面对法院安保体系进行了改进，全面升级改造了美国法院的安保系统。从司法保护层面，以设立专有罪名、立法上单独列明法官特别保护、加重刑罚力度等方式加强对法官及其家属人身安全的保护；从行政保护层面，由美国法警局负责法官和法院安全。其作为司法部内的一个局，受司法部长（总检察长）的领导和指挥，局长由总统直接任命。法警局下设司法安保署，负责全美范围内司法人员住所的安全保卫，对司法公务员的人身安全保护，对司法公务员所受威胁的评估，以及对所有其他司法人员的保护。法警局对法官的安全保卫不限于法官本人在法院内部的工作时间内，保护举措扩及法官在下班之后的家庭生活中。建立针对法官安全威胁评估的数据库，预测针对法官人身伤害行为发生的概率，并开发有效降低其发生概率的方法和程序。对法官个人身份信息进行特别保护，立法专门就法官的个人身份信息设立特别的隔离保护条款，对法官的居住地址、社会保障号码、电话号码、个人电子邮件等信息进行严格隔离。从经济保障层面，建立法官特别保险制度，由政府负担法官部分的人身保险费用。设置特别补偿制度，对法官因为履职行为，在任职期间、领取退休金期间被刺杀的情况，给予其亲属经济补偿。这种比较全面的保护，在一定程度上降低了法官个人人身安全的困扰，使针对法官的人身安全威胁呈逐年减少的趋势。①

【实践指导】

在法官人身安全保护相关政策和法律实施后，各地人民法院采取有效措施，加强法官人身安全保障工作。主要做法有：第一，加强履职保障设施建设。人民法院的立案信访、诉讼服务、审判区域与法官办公区域相对隔离，并配备一键报警装置，便于及时处置突发事件。为法官提供配备录音录像设施的专门会见、接待场所。法官在审判法庭外会见、接待当事人及其代理人的，可以要求在专门场所进行，并有权拒绝当事人及其代理人单方面会见、接待的要求。严格执行《人民法院安全保卫工作人员和装备配置标准》和《人民法院司法警察不同执勤岗位警用装备配备标准》，普遍设立安全检查岗，配备相应安全设备，强化安全检查人员的责任意识、规范意识和操作水平。第二，完善维护法官人身安全联动机制。对于恐吓威胁、暴力侵害法官及其近亲属的违法犯罪行为，依法从严惩处。法官因依法履行法定职责，本人或其近亲属遭遇恐吓威胁、跟踪尾随，或者人身、财产、住所受到侵害、毁损的，其所在人民

---

① 参见涂龙科：《美国法官人身安全保护制度之借鉴》，载《法学》2016 年第 4 期。

法院及时采取保护措施，并商请公安机关依法处理；行为人是精神病人的，依法决定强制医疗。第三，对执行特定类型案件审判任务的法官采取特别保护措施。人民法院审理恐怖活动犯罪、黑社会性质组织犯罪、重大毒品犯罪、邪教组织犯罪等危险性高的案件，对法官及其近亲属采取出庭保护、禁止特定人员接触和其他必要保护措施。对法官近亲属还可以采取隐匿身份的保护措施。办理危险性较高的其他案件，经法官本人申请，也应当对法官及其近亲属采取同样的保护措施。

【相关规定】

《中华人民共和国人民法院组织法》第50条；《人民法院司法警察条例》。

第五十八条　法官实行与其职责相适应的工资制度，按照法官等级享有国家规定的工资待遇，并建立与公务员工资同步调整机制。

法官的工资制度，根据审判工作特点，由国家另行规定。

【条文主旨】

本条是关于法官工资制度的规定。

【背景解读】

改革前，法官工资保障水平与法官任职要求高、审判工作任务重、案件审理责任大不相适应，突出表现在：一是法官执行普通公务员的工资制度和工资标准，未能充分体现法官职业特点。改革前，法官工资主要依据行政职务和级别确定，与反映法官业务能力和素质的法官等级并不挂钩，未能充分体现法官的职业特点。另外，与域外法官工资普遍大幅高于同等资历公务员的情况相比，我国法官工资水平也明显偏低。二是法官专业津补贴项目少、标准低、档差小，占工资比重较低，对法官激励作用有限。改革前，与其他公务员相比，法官只是多了三项津补贴项目，每项津贴补贴标准不高，占法官工资比重较低，不能对法官起到有效激励的作用。三是向审判一线倾斜不够，不利于充分调动一线法官工作积极性。基层一线法官处于审判工作最前沿，条件艰苦，任务繁重，但由于级别、职级低，工资福利待遇却没有得到相应的政策倾斜，导致基层一线优秀人才不愿来，高素质人员留不住，人才流失现象较为严重。

建立与法官单独职务序列相配套的工资制度，是党的十八届四中全会确定的改革任务。结合我国国情和法官队伍实际，按照权责利相统一的原则，建立符合司法职业特点、有别于普通公务员的工资福利制度，不断完善法官职业保障制度，为法官依法公正履行职责提供必要的保障。根据中央要求，2015年12月，最高人民法院配合人社部、财政部研究出台了《法官、检察官工资制度改革试点方案》，明确了法官工资水平高于当地其他公务员一定比例的工资政策。

【条文释义】

法官工资制度改革的基本原则涉及以下几个方面：一是坚持统一制度，根据员额制改革的精神，建立全国统一的法官工资制度，并合理体现地区工资差异。二是体现职业特点，建立与法官职业性质、等级、考核相适应的工资制度。三是体现激励和约束，建立与工作职责、实绩和贡献紧密联系的工资分配制度，在提高法官积极性的同时，健全完善约束机制。四是注重向一线倾斜，加大对一线办案人员的工资政策倾斜力度，形成合理的政策导向。总的看，工资制度包括工资组成结构、工资标准、分配原则、工资档次晋升条件、特殊性质工资、与其他分类管理的司法人员工资制度的关系、工资来源、地方的实施方式及实施时间等。“按照法官等级享有国家规定的工资待遇”，是指根据法官所任职级、工作实绩和资历等确定与等级相一致的工资档次，执行相适应的职务等级工资标准。此外，本款规定要“建立与公务员工资同步调整机制”。根据《公务员法》规定，公务员的工资水平应当与国民经济发展相协调、与社会进步相适应。国家实行工资调查制度，定期进行公务员和企业相当人员工资水平的调查比较，并将调查比较结果作为调整公务员工资水平的依据。根据公务员法，公务员工资会根据国民经济发展水平和社会进步程度予以调整。其他公务员调整工资标准时，法官作为单独职务序列管理的公务员，也应按相应比例同步调整法官的工资水平。

改革后，法官工资分为基本工资、津贴补贴和奖金三部分；基本工资从公务员职务工资、级别工资两项变为职务等级工资一项，每个职务等级内设若干工资档次，并以法官职务序列等级为基础，实行全国统一的标准；津贴补贴按照现有政策执行，包括地区附加津贴（规范津贴补贴）、艰苦边远地区津贴、西藏特殊津贴、高海拔地区折算工龄补贴、改革性补贴等；奖金除年终一次性奖金和公务员相关奖励外，设置绩效考核奖金；法官增资额一部分通过提高基本工资实现，一部分通过发放绩效考核奖金实现。绩效考核奖金的发放，遵循工作实绩导向，坚持公开、公平、公正的原则，不与法官等级、行政职级挂钩，注重向一线人员倾斜，一方面不能搞平均主义，另一方面也不能搞繁琐主义，注重科学合理、简便实用，推动形成良好的激励导向。

【相关规定】

《中华人民共和国公务员法》第79条、第80条、第81条、第82条；人社部、财政部《法官、检察官工资制度改革试点方案》；人社部、财政部《人力资源社会保障部、财政部关于印发法官、检察官和司法辅助人员工资制度改革试点实施办法的通知》。

第五十九条 法官实行定期增资制度。

经年度考核确定为优秀、称职的，可以按照规定晋升工资档次。

【条文主旨】

本条是关于法官定期增资制度的规定。

【背景解读】

一、相关背景情况

《中共中央关于全面推进依法治国若干重大问题的决定》中提出，要加快建立符合职业特点的法治工作人员管理制度，完善职业保障体系，建立法官、检察官、人民警察专业职务序列及工资制度。改革法官工资制度，是本轮司法体制改革的一项重要内容。其中，关于法官定期增资制度，1995年《法官法》规定，经考核确定为优秀、称职的，可以按照规定晋升工资；有特殊贡献的，可以按照规定提前晋升工资。2001年、2017年《法官法》均未作修改。2019年新修订的《法官法》做了两处修改：一是将“经考核”进一步明确为“经年度考核”；二是删除了“有特殊贡献的，可以按照规定提前晋升工资”的规定。

二、各方面提出的意见

关于“有特殊贡献的，可以按照规定提前晋升工资”的规定，有意见提出，2006年公务员工资制度改革和法官、检察官工资制度改革有关文件均没有提前晋升工资档次的规定，建议删除。新修订的《法官法》采纳了这一建议。

【条文释义】

一般来说，工资增长的机制主要有：一是公务员晋升职务，按职务确定相应的工资；二是公务员晋升级别，按级别相应确定工资；三是根据考核结果，按照相关规定对符合条件的公务员给予定期增资；四是国家根据经济发展水平和财力状况，相应提高工资标准，使公务员工资增长与国民经济发展、财政收入增长、消费水平、社会工资水平相适应。为了保证法官工资的正常增长，调动法官履职的积极性，本条确认了法官实行定期增资的制度原则。所谓定期增资制度，就是指法官的工资在规定的期限内，按照规定定期增加工资的一项工资基本制度。原则上讲，在法官任职期间，只要符合相关条件，就应当享受定期增加工资的待遇。至于"定期"为多长时间、每个级别增加多少工资等，可由国家有关部门制定具体详细的实施办法。

根据本条第 2 款规定，经年度考核确定为优秀、称职的，可以按照规定晋升工资档次。这是法官定期增资制度的具体内容。年度考核，是指本法第 40 条规定的每一年度对法官进行的阶段性综合评价。考核内容包括：审判工作实绩、职业道德、专业水平、工作能力、审判作风等。重点考核审判工作实绩。年度考核结果分为优秀、称职、基本称职和不称职四个等次。作为调整法官等级、工资、以及法官奖惩、免职、降职、辞退的依据。根据本条规定，只要年度考核确定为优秀、称职的法官，都将根据法律和有关规定获得晋升工资档次的待遇。

【相关规定】

《中华人民共和国公务员法》第 35 条、第 36 条、第 37 条、第 38 条、第 39 条；《中共中央关于全面推进依法治国若干重大问题的决定》。

第六十条　法官享受国家规定的津贴、补贴、奖金、保险和福利待遇。

【条文主旨】

本条是关于法官津贴、补贴、奖金、保险等经济待遇及福利保障的规定。

【背景解读】

法官依法享受国家规定的津贴、补贴、奖金、保险等物质待遇及各项福利保障，是法官职业保障体系的一项关键内容，是本轮司法体制综合配套改革全面深化进程中，法官工资福利待遇改革及司法人事管理制度完善方面的重要工作之一。[①] 提升法官的经济待遇，保障法官依法享受国家规定的各项福利待遇，既是深入推进司法体制综合配套改革的内在要求，又是确保人民法院实现司法为民、公正司法工作目标的必要前提和重要保证。

我国《法官法》对于法官经济待遇及福利保障方面的规定大致经历了如下发展阶段。1995年《法官法》在第十二章“工资保险福利”第36条明确规定，法官享受国家规定的审判津贴、地区津贴、其他津贴以及保险和福利待遇。在2001年、2017年两次修正的《法官法》中，本条内容从第36条调整为第38条，但条文内容本身未有变化。本次《法官法》修订，对条文内容进行了较大改动，除了将本条规定调整至第60条，统一纳入第七章“法官的职业保障”专章之外，另将“审判津贴、地区津贴、其他津贴”等表述整合为“津贴”，不再具体列举津贴类型；同时增

① 参见蒋惠岭：《全面深化司法体制综合配套改革》，载《法制日报》2017年12月6日。

补了“补贴”和“奖金”两项内容。修订后的条文表述与现行《公务员法》第80条、第82条、第83条实现了更好的呼应和衔接。[①]

【比较研究】

法官是法治建设的重要力量，是既具有专业能力，又肩负定分止争职责的一类“特殊公务员”。为了维系司法体系的正常运转，保障法官享受较为优厚的物质待遇，包括工资收入之外的各项津贴、补贴、奖金、保险等福利项目，已成为世界上许多国家，尤其是法治发达国家的共识。比如，加拿大法官每年可以享受一定限额的职务补贴、无需报销的补贴及零星花费、交通及其他补助、养老金、法官遗孀及遗留子女的养老金等待遇。[②] 德国、法国法官的待遇比照文官，但为与文官相区别，采取了司法补助费的方式使法官的薪酬略高于相应级别的文官。[③] 匈牙利法官补贴列入财政预算，补贴在工资基础上确定，且根据法官的级别不同而不同。[④] 在日本，国家会为法官提供医疗保险，法官在住房和交通等方面享受优厚待遇。[⑤] 印度法官则享受带薪假期、免费住宿和旅行等福利。鉴于法官的经济保障对司法公正的实现殊为重要，有些国家还在宪法中明确对法官薪俸作出规定。比如《巴拿马宪法》第208条规定：“最高法院法官的薪金和津贴不得低于国务部长。”[⑥]《印度宪法》第125条第2款明确，法官享有津贴与年金的权利由议会随时制定法律加以规定，并在“第二附表”中具体规定了法官享有的“特别津贴”的具体内容；在法官任命后，该权利不得出现不利的变更。[⑦]

---

① 新修订实施的《公务员法》第80条第1款规定：“公务员工资包括基本工资、津贴、补贴和奖金。”第82条规定了福利待遇和工时制度，第83条规定了社会保险及优抚制度。

② See Judges Act of Canada, Article 26～27. 杨小利：《司法体制改革背景下法官养成机制研究》，中国政法大学出版社2018年版，第44页。

③ 参见周道鸾主编：《外国法院组织与法官制度》，人民法院出版社2000年版，第104页。

④ 参见周泽民主编：《国外法官管理制度观察》，人民法院出版社2012年版，第38～39页。

⑤ 参见董华：《日本国的法官制度》，载《人民司法》1999年第7期。

⑥ 姜士林等主编：《世界宪法全书》，青岛出版社1997年版，第1378页。

⑦ 参见陈文兴：《法官职业与司法改革》，中国人民大学出版社2004年版，第175～176页。

【条文释义】

一、完善法官福利保障制度体系的重要意义

近年来，随着司法体制综合配套改革的推进、社会经济文化各项事业的纵深发展和新型、复杂、疑难案件数量大幅攀升，对法官的专业素养及职业能力提出了日臻严格的要求。法官超负荷工作已经渐渐成为常态，职业风险进一步加剧。根据权利与义务相统一的原则，在通过司法责任制对法官职业权力予以严格约束的同时，保障法官享有与其身份地位相符的经济待遇，有利于法官真正受到社会各界的尊重与信赖，提高法官队伍的整体素质，维护司法权威。本条规定与《法官法》第58条、第59条共同构建起法官薪酬福利制度体系的主要内容，是对《法官法》第11条第（3）项规定的法官享有“履行法官职责应当享有的职业保障和福利待遇”的具体回应。

由于司法裁判职业的复杂性、专业性，法官的养成要历经一段相对漫长的过程，法官相较于其他公务员具有更高的任职条件和职业责任，需要具备丰富的司法经验、扎实的理论功底和广博的社会阅历。此外，法官的职业转换和兼职活动还受到法官职业伦理的严格限制。基于法官职业的特点，建立和完善与其他类型公务员有所区别的、科学合理的法官经济待遇和福利保障制度体系，既与法官职业的高门槛、承担的繁重工作和肩负的司法责任相适应，也能进一步激发和保护法官履职的积极性，保持法官队伍的稳定性，涵养法官勤勉尽责、清正廉明、恪守职业道德的良好风气。从经济层面上提升法官的职业尊荣感，确保法官更好地担当宪法赋予的使命，促使法官的作风更廉洁、立场更中立、心态更超脱、裁判更公正。

另外，保障法官的经济待遇和福利水平，是持续优化法官队伍精英化、职业化建设的重要基础。根据《法官法》第15条规定，法院可以根据审判工作需要，从律师或者法学教学、研究人员等从事法律职业的人

员中公开选拔法官。但相应地，若法官的待遇保障与律师的收入差距超出了合理范围，甚至过于悬殊，则难以真正地持续吸引高素质的法律人才加入法官队伍，不利于法律职业共同体的形成，将大大制约相关规定和改革设想的实现。[①] 适当提升并保障法官的经济待遇，能够为进一步推进法律职业共同体的形成创造有利条件，推进中国特色社会主义法治体系的进一步完善。

二、法官的经济福利待遇

本条文规定的法官享受国家规定的津贴、补贴、奖金、保险等福利待遇保障，是法官总体经济待遇的一个具体方面。根据中央司法体制改革精神和《法官、检察官工资制度改革试点方案》，法官的福利待遇应当高于其他公务员。津贴、补贴、奖金、保险和福利待遇应与其单独职务序列改革相配套，应当依照法律法规等规范性文件及相关政策规定具体标准。

法官的经济福利待遇包括：

一是津贴。津贴是法官薪酬结构的重要组成部分，主要用以弥补工资收入的不足。津贴项目主要包括国家和地方规定的规范性津贴、岗位津贴、地区附加津贴、艰苦边远地区津贴以及其他因职务工作享受的津贴，如审判津贴等。

二是补贴。法官依照国家规定享受住房、医疗等补贴、补助以及改革性补贴等。

三是奖金。奖金是法官薪酬的重要补充来源，是对作风严谨、认真负责、实绩突出的法官作出的、区别于精神嘉奖的物质奖励。奖金包含绩效考核奖金、年度奖励等内容。

四是保险。在司法实践中，由于生育、工伤、年老退休、疾病、非本人原因导致的失业等客观因素造成法官中断工作、不能工作乃至暂时或永久地丧失办案工作能力，对法官的基本生活造成影响时，国家应当

① 参见蒋惠岭：《司法改革能否改出强大的法律职业》，载《中国法律评论》2014年第3期。

给予法官一定的物质帮助和补偿。除了上述客观因素之外，法官在办案过程中，有时也会面临本人及近亲属人身安全、财产安全等方面的突发风险，容易遭受威胁。为了消除法官的后顾之忧，安心办案，法律及相关政策规定，法官有权在人身、财产等方面享受相应的生活保障。基于上述原因，人民法院及相关部门应当严格依据本法规定确定保险的具体标准及内容。需要注意的是，此处的“保险”在现阶段主要指的是社会保险。依据《公务员法》第83条第1款规定，公务员依法参加社会保险，按照国家规定享受保险待遇。在实践中，各级法院可以根据实际情况，逐步探索为法官提供商业保险的制度可行性。

五是法官按照规定应当享受的其他方面的各项福利待遇。这是国家和社会改善、提升法官物质生活和精神文化生活水平的一项制度，包括休假、补助、医疗、住房等方面的具体福利。国家应当根据经济社会发展程度相应提高法官福利待遇水平，积极为法官创造与其工作、生活有关的较便利、优厚的条件。

【实践指导】

在具体实践开展过程中，首先，各级法院应当深入贯彻公平合理的按劳分配原则，注意将法官享受的经济保障及福利待遇与法官办案实绩、工作能力、工龄等绩效考核评价机制相衔接，注重各项福利待遇政策的合法、合规发放。其中，津贴与补贴和法官等级、法官任职资格条件相关，具体标准应当参照国家政策文件确定；奖金则应当主要依据法官办案质量、办案数量和案件审理复杂程度及难度等因素综合考量、合理确定，不必与法官职级直接挂钩。

其次，要立足现实，综合考量，提高法官津补贴等各项经济保障及福利待遇工作的规范化程度，科学设立评估指标体系，与财政负担能力相适应，确保相关经费充足，使法官的经济保障和福利待遇保持较为优厚和稳定的水平，能够体现法院工作的特点，做到与其他公务员有所区别。此外，根据各地法院系统工作实际和法官工作强度之间存在的实际差异，在具体实施过程中，应当注意在不同地区之间、不同法院之间要有所区分，与工作贡献的大小、工作实绩相结合，各项待遇及保障应当有意识地向办案工作强度较大的基层法院和一线办案人员倾斜。同时，要根据经济发展水平、经费增长情况及工作进展需要，进行适时的必要调整。

【相关规定】

《中华人民共和国法官法》第 11 条、第 58 条、第 59 条、第 61 条；《中华人民共和国公务员法》第 15 条、第 79 条、第 80 条、第 81 条、第 82 条、第 83 条、第 84 条等。

第六十一条　法官因公致残的，享受国家规定的伤残待遇。法官因公牺牲、因公死亡或者病故的，其亲属享受国家规定的抚恤和优待。

【条文主旨】

本条是关于法官的伤残待遇以及对法官亲属的抚恤优待的规定。

【背景解读】

1995年《法官法》中没有就法官的抚恤优待作出专门规定，实践中对于法官因公致残、牺牲、死亡或者病故的，虽然可以依照国家有关优抚法规、政策的相关规定处理，但《法官法》规定的缺位，带来两方面的问题：一是法官履职保障体系上不完整，二是实践操作上不明确。

随着社会经济发展对司法诉求的增多以及立案登记制改革的施行，人民法院受理案件的数量逐年大幅攀升，各级法院干警特别是基层法院审判执行岗位的法官，承担着超乎寻常的工作压力，由于长时间高强度工作，身心健康状况不容乐观。各地法院干警积劳成疾、因病死亡的状况多发，且呈上升态势。近年来，社会上侵害法官合法权益的违法犯罪行为时有发生，法官被侮辱诽谤、威胁伤害，甚至流血牺牲的事件也时有发生。2017年最高人民法院工作报告指出，85名法官积劳成疾或遭受暴力伤害因公牺牲。2018年最高人民法院工作报告指出，三年来，全国各级法院有46名干警牺牲在执行岗位上。由于人民法院的审判工作和司法环境发生较大变化，建立在原《法官法》基础上的法官队伍职业保障已经难以适应司法审判工作新要求。

中央及最高人民法院一直高度重视法官履职保障问题。[①] 对法官的职业保障应当是全方位的，既包括事前预防，也包括事中保障，更应当有事后优恤，抚恤优待是法官履职保障的重要组成部分。司法责任制全面推开后，要提出更优更实更细的综合配套政策措施，完善落实司法职业保障制度，把职业化建设的重点放到落实从优待警政策上来，新修订的《法官法》针对法官履职保障作了全面系统的规定，并明确将抚恤优待保障制度覆盖到法官群体，为法官尽职履责提供了坚实的后盾，解除了后顾之忧，提升了队伍的战斗力，也起到了抚慰家属的作用，增强了干警对法院的归属感，更好地推动了人民法院队伍建设，为我国法治事业提供了坚强有力的司法保障。

【条文释义】

本条包含两方面内容，一是因公致残的，享受国家规定的伤残待遇，二是因公牺牲、因公死亡或者病故的，其亲属享受国家规定的优恤和优待。当前针对法官并没有专门的伤残、抚恤优待规定，理解本条要结合国家对公务员有关抚恤优待的规定和政策来把握，因此首先要梳理相关依据，其次要结合相关规定具体阐述分析。

一、法官抚恤优待主要依据及标准

目前针对公务员的抚恤优待主要有以下规定：

（一）《公务员法》

《公务员法》对涉及公务员的保险待遇的规定作了相应修改，修订前的《公务员法》第77条第1款规定，国家建立公务员保险制度，保障公务员在退休、患病、工伤、生育、失业等情况下获得帮助和补偿。现行

① 党的十八届三中全会提出健全法官、检察官、人民警察职业保障制度，十八届四中全会再次提出，要建立健全司法人员履行法定职责保护机制。2016年，中共中央办公厅、国务院办公厅联合印发《保护司法人员依法履行法定职责规定》，涵盖了加强履职安全保护等多个方面内容。2017年，为落实该规定，最高人民法院印发具体实施办法，进一步细化了法院人员依法履职的保护机制。

《公务员法》第83条规定，公务员依法参加社会保险，按照国家规定享受保险待遇。公务员因公牺牲或者病故的，其亲属享受国家规定的抚恤和优待。也就是说，修订前的《公务员法》规定的公务员保险制度独立于社会保险制度，涉及因公伤亡的有：（1）因公致残的公务员，完全丧失工作能力的，可以提前退休并发给因公伤残抚恤费，部分伤残的，发给本人标准工资一定比例的护理费。因公伤残的待遇高于非因公伤残的待遇。（2）公务员死亡的，国家给予其遗属丧葬费、抚恤金和生活困难补助费三种待遇，具体标准由国家规定。[①] 2018年修订的《公务员法》则规定公务员依法参加社会保险。

（二）《社会保险法》

根据《社会保险法》相关规定，职工应当参加工伤保险，职工因工作原因受到事故伤害或者患职业病，且经工伤认定的，享受工伤保险待遇，经劳动能力鉴定丧失劳动能力的，享受伤残待遇。根据《社会保险法》及相关规定，公务员参加社会保险主要包括养老保险、医疗保险、失业保险、工伤保险、生育保险。

（三）民政部《伤残抚恤管理办法》

该办法明确，"因战因公负伤时为公务员以及参照《中华人民共和国公务员法》管理的国家机关工作人员"是伤残抚恤对象，对残疾等级评定、伤残证件和档案管理、伤残抚恤关系转移、抚恤金发放等程序性事务均有详细规定，规范了抚恤程序和标准。一般来说，民政部、财政部每年会更新优抚标准，结合各地经济发展水平和不同形势予以调整，提高优抚对象抚恤和生活补助标准。[②] 现在执行的是2017年10月1日起调整的标准（民发〔2017〕154号），提高了残疾军人（含伤残人民警察、伤残国家机关工作人员、伤残民兵民工）的残疾抚恤金、烈属（含因公牺牲军人遗属、病故军人遗属）的定期抚恤金。

---

① 参见郑功成主编：《〈中华人民共和国公务员法〉释义》，人民出版社2019年版，第180~181页。

② 通常由民政部、财政部在每年的9~10月份发布《关于调整部分优抚对象等人员抚恤和生活补助标准的通知》。

（四）《民政部关于国家机关工作人员伤亡抚恤工作有关问题的通知》①

该通知明确了国家机关工作人员因公伤残、因公牺牲、死亡、病故的抚恤优待执行的具体规定。（1）国家机关工作人员因战因公负伤致残，按照《伤残抚恤管理办法》办理；（2）其评残条件、伤残性质的认定、伤残等级评定标准、伤残抚恤金标准等参照《军人抚恤优待条例》《军人残疾等级评定标准》等有关规定办理；（3）国家机关工作人员因公牺牲的，拟评定为烈士的，按照《烈士褒扬条例》规定的条件和程序办理；（4）因公牺牲和病故的确认，参照《军人抚恤优待条例》办理；（5）明确国家机关工作人员死亡一次性抚恤金标准、发放办法的具体文件依据，包括《民政部、财政部关于调整一次性抚恤金发放办法的通知》（民发〔2001〕317号），《民政部、人事部、财政部关于国家机关工作人员及离退休人员死亡一次性抚恤金发放办法的通知》（民发〔2007〕64号）和《民政部、人力资源和社会保障部、财政部关于国家机关工作人员及离退休人员死亡一次性抚恤金发放有关问题的通知》（民发〔2011〕192号）等有关规定。具体来说，烈士和因公牺牲的，为上一年度全国城镇居民人均可支配收入的20倍加本人生前40个月基本工资，病故的，为上一年度全国城镇居民人均可支配收入的2倍加本人生前40个月基本工资。

（五）《军人抚恤优待条例》②

《伤残抚恤管理办法》和《民政部关于国家机关工作人员伤亡抚恤工作有关问题的通知》均规定相关事项参照《军人抚恤优待条例》，从立法

① 从历史沿革看，1988年7月国务院发布《军人抚恤优待条例》（已废止），规范了军人的抚恤优待，民政部根据解释权限和保障国家机关工作人员、人民警察伤亡抚恤工作的延续性，于1989年8月下发了《关于国家机关工作人员、人民警察伤亡抚恤有关问题的通知》（民〔1989〕优字34号）（已废止），后根据2004年新修订的《军人抚恤优待条例》，于2004年12月24日发布《关于国家机关工作人员、人民警察伤亡抚恤有关问题的通知》（民函〔2004〕334号），该通知已于2016年5月31日经民政部清理公告宣布废止（见民政部政策性文件清理结果公告373号）。2014年11月21日，民政部发布的《关于国家机关工作人员伤亡抚恤工作有关问题的通知》（民函〔2014〕343号）现行有效。

② 需要说明的是，根据2019年3月18日国务院发布《关于修改部分行政法规的决定》（国令第709号），《军人抚恤优待条例》《烈士褒扬条例》中“民政部门”修改为“退役军人事务部门”。

技术上来说，“参照”是仿照、参考，该条例适用对象为军人，因此对国家机关工作人员相关问题的处理，要结合实际情况有条件地适用。

二、法官因公致残的，享受国家规定的伤残待遇

伤残分为因公伤残和非因公伤残，这里仅涉及因公伤残，“因公”要求同时具备“人”和“事”的两个方面“公”的要素，下文的因公牺牲等同样如此。一是身份为公务员。根据《公务员法》规定，各级审判机关包括最高人民法院和地方各级人民法院的法官均属于公务员。法官及其亲属依照有关规定享受相关待遇。二是认定为“因公”的情形。《伤残抚恤管理办法》未对公务员“因公”的具体情形作出细化规定。鉴于《工伤保险条例》未将公务员纳入覆盖范围，公务员不直接适用《工伤保险条例》，但实践中，公务员因公伤残情形一直是参照企业的有关政策办理，也就是说参考《工伤保险条例》第14条[①]、第15条[②]规定把握，包括“认定为工伤”以及“视同工伤”，此处要注意对工作原因、场所等的把握。根据最高人民法院指导案例，[③]《工伤保险条例》第14条第（1）项规定的“因工作原因”，是指职工受伤与其从事本职工作之间存在关联关系，“工作场所”，是指与职工工作职责相关的场所，有多个工作场所的，还包括工作时间内职工来往于多个工作场所之间的合理区域。另外，根据《社会保险法》规定，职工因故意犯罪、醉酒或者吸毒、自残或自杀以及法律、行政法规规定的其他情形导致本人在工作中伤亡的，

---

① 《工伤保险条例》第14条规定：“职工有下列情形之一的，应当认定为工伤：（一）在工作时间和工作场所内，因工作原因受到事故伤害的；（二）工作时间前后在工作场所内，从事与工作有关的预备性或者收尾性工作受到事故伤害的；（三）在工作时间和工作场所内，因履行工作职责受到暴力等意外伤害的；（四）患职业病的；（五）因工外出期间，由于工作原因受到伤害或者发生事故下落不明的；（六）在上下班途中，受到非本人主要责任的交通事故或者城市轨道交通、客运轮渡、火车事故伤害的；（七）法律、行政法规规定应当认定为工伤的其他情形。”

② 《工伤保险条例》第15条第1款规定：“职工有下列情形之一的，视同工伤：（一）在工作时间和工作岗位，突发疾病死亡或者在48小时之内经抢救无效死亡的；（二）在抢险救灾等维护国家利益、公共利益活动中受到伤害的；（三）职工原在军队服役，因战、因公负伤致残，已取得革命伤残军人证，到用人单位后旧伤复发的。”

③ “孙立兴诉天津新技术产业园区劳动人事局工伤认定案”，见最高人民法院第九批指导性案例（法〔2014〕337号）。

不认定为工伤，但要注意，职工在从事本职工作中存在过失，不属于上述规定情形的，不影响工伤的认定。

关于因公致残问题，还要同时注意与其他规定结合，例如1978年全国人大常委会批准通过的《国务院关于颁发〈国务院关于安置老弱病残干部暂行办法〉和〈国务院关于工人退休、退职的暂行办法〉的通知》（国发〔1978〕104号）至今仍在执行，根据《国务院关于安置老弱病残干部暂行办法》第4条第（3）项规定，党政机关、群众团体、企业、事业单位的干部，因公致残，经过医院证明完全丧失工作能力的，可以退休。

三、法官因公牺牲、因公死亡或者病故的，其亲属享受国家规定的抚恤和优待

（一）因公牺牲、因公死亡、因公病故的

三者有共同的要素：一是具备因公的前提，即履行公务、执行公务；二是非因个人原因导致；三是从自然结果来讲均为死亡。但三者也有明显区别：一是主观意愿方面。从《军人抚恤优待条例》第9条对因公牺牲的认定情形来看，因公牺牲包含主动的为公因素，其他二者不作此要求。二是内涵外延方面。因公死亡的外延最广，包含因公牺牲，因公病故。三是认定程序和要求的严格程度不同，因公牺牲是特定的概念，不可随意使用。

关于因公病故。《军人抚恤优待条例》第10条规定了“病故”，未规定“因公病故”[①]，那么针对法官群体的因公病故，通常可以理解为包括因患职业病死亡的，在工作岗位上因病猝然死亡，或者因医疗事故死亡的。

关于因公牺牲的认定。1. 对于“因公牺牲”的把握可以参照《军人

① 《军人抚恤优待条例》第10条规定：“现役军人除第九条第一款第（三）项、第（四）项规定情形以外，因其他疾病死亡的，确认为病故。现役军人非执行任务死亡或者失踪，经法定程序宣告死亡的，按照病故对待。现役军人病故，由军队团级以上单位政治机关确认。”

抚恤优待条例》。该条例第 9 条规定："现役军人死亡，符合下列情形之一的，确认为因公牺牲：（一）在执行任务中或者在上下班途中，由于意外事件死亡的；（二）被认定为因战、因公致残后因旧伤复发死亡的；（三）因患职业病死亡的；（四）在执行任务中或者在工作岗位上因病猝然死亡，或者因医疗事故死亡的；（五）其他因公死亡的。现役军人在执行对敌作战、边海防执勤或者抢险救灾以外的其他任务中失踪，经法定程序宣告死亡的，按照因公牺牲对待。现役军人因公牺牲，由军队团级以上单位政治机关确认；属于本条第一款第（五）项规定情形的[①]，由军队军级以上单位政治机关确认。"

2. 因公牺牲拟评定为烈士的。根据《烈士褒扬条例》第八条规定："公民牺牲符合以下情形之一的，评定为烈士：（一）在依法查处违法犯罪行为、执行国家安全工作任务、执行反恐怖任务和处置突发事件中牺牲的；（二）抢险救灾或者其他为了抢救、保护国家财产、集体财产、公民生命财产牺牲的；（三）在执行外交任务或者国家派遣的对外援助、维持国际和平任务中牺牲的；（四）在执行武器装备科研试验任务中牺牲的；（五）其他牺牲情节特别突出，堪为楷模的。"

（二）亲属享受国家规定的抚恤和优待

抚恤是指（国家或组织）对因公受伤或致残的人员，或因公牺牲以及死亡或者病故的人员的亲属进行安慰并给予物质帮助。通常包括慰问、发放慰问金等方式。抚恤金包括一次性发放抚恤金和定期抚恤金。优待是指对因公牺牲、死亡或者病故人员的亲属从政治和物质上给予不低于或高于其他人员的良好的待遇、广泛的关怀照顾和物质帮助，包括社会活动、子女教育、工作安置、交通出行等方面的优待，例如《军人抚恤优待办法》第 39 条、第 40 条规定相关人员在报考普通高中、中等职业学校、高等学校，在录取时按照国家有关规定给予优待，在承租、购买住房享受优先、优惠待遇等。

① 《军人抚恤优待条例》第 9 条第 1 款规定："……（五）其他因公死亡的。"

【实践指导】

一、《法官法》与《公务员法》在伤残待遇部分的衔接

修订后的《公务员法》删除了“公务员因公致残的，享受国家规定的伤残待遇”的表述，《法官法》新增规定中保留伤残待遇的表述，二者本质上是一致的：《公务员法》这一修订明确了我国建立公务员参加社会保险的制度，对伤残待遇表述的修改不意味取消了公务员的因公伤残待遇，当前因公致残伤残抚恤制度和公务员保险制度并存，保险待遇与伤残待遇并行，要结合其他规范性文件、部门规章作为整体看待。《法官法》则从法条衔接和体系逻辑及完整性的角度考虑仍保留“伤残待遇”的规定。

二、伤残待遇与保险待遇的衔接

《社会保险法》虽然规定了工伤保险，但相对原则，还需要对范围对象、参加保险要求、领取待遇条件、待遇计发标准等具体实施细则予以明确，目前对于法官因公伤残的残疾等级评定和抚恤等问题具体按照《伤残抚恤管理办法》规定办理。

有的地方探索实行公务员和参公单位工作人员参加工伤保险，享受工伤保险待遇。据统计[①]，截至2018年，已有18个省份出台相关办法将公务员纳入工伤保险参保范围，如北京市、广西壮族自治区[②]出台的办法中都规定，公务员和参照公务员法管理的事业单位、社会团体的工作人员，参照《工伤保险条例》的规定参加工伤保险。江苏省则直接将国家机关及其工作人员纳入参保范围。最高人民法院印发的《关于进一步关

① 参见郑功成主编：《〈中华人民共和国公务员法〉释义》，人民出版社2019年版，第185～186页。

② 北京市于2011年12月5日公布的《北京市实施〈工伤保险条例〉若干规定》（北京市人民政府第242号令）、广西壮族自治区2017年1月4日公布的《广西壮族自治区实施〈工伤保险条例〉办法》（广西壮族自治区人民政府令第117号）。

爱干警身心健康保障法官正当权益的通知》也鼓励各地法院为干警投保工伤保险和人身意外伤害保险。

那么针对这种情况，根据《伤残抚恤管理办法》第2条、《工伤保险条例》第65条规定的精神，我们倾向于认为，上述情况恰恰说明此两种待遇在制度层面并存，但在具体适用上不能共享，也就是说，法官因"工作时间、工作地点、工作原因"负伤的待遇有两个层次，一是参加工伤保险的，享受工伤保险待遇，即"工伤保险待遇 + 工资福利"，按照《工伤保险条例》具体规定办理；二是未参加工伤保险的，享受待遇为"基本医疗保险待遇 + 伤残待遇 + 工资福利"。相关费用由所在单位支付，具体办法由国务院社会保险行政部门会同国务院财政部门规定。

【相关规定】

《公务员法》第83条；《社会保险法》第33条、第36条、第37条；《伤残抚恤管理办法》（民政部令第50号）；《民政部关于国家机关工作人员伤亡抚恤工作有关问题的通知》（民函〔2014〕343号）；《军人抚恤优待条例》（国务院、中央军事委员会令第602号）；《民政部、财政部关于调整一次性抚恤金发放办法的通知》（民发〔2001〕317号）；《民政部、人事部、财政部关于国家机关工作人员及离退休人员死亡一次性抚恤金发放办法的通知》（民发〔2007〕64号）；《民政部、人力资源和社会保障部、财政部关于国家机关工作人员及离退休人员死亡一次性抚恤金发放有关问题的通知》（民发〔2011〕192号）等。

第六十二条　法官的退休制度，根据审判工作特点，由国家另行规定。

【条文主旨】

本条是关于法官退休制度的规定。

【背景解读】

法官退休制度，指的是法官工作到一定年限，达到国家法律或相关政策规定的年龄，符合法定的退休条件，依照国家规定履行完毕相关手续后退职并享受一定数额的退休金及其他退休待遇等保障的规范体系。法官退休制度包括退休条件、退休方式、退休待遇、退休人员管理等方面的内容，是法官职业保障体系的重要方面。完备的法官退休制度，能够有效解除法官的后顾之忧，为在职法官提供稳定的职业预期，对于吸收高素质人才进入法官队伍并维护队伍稳定性、激励在职法官群体的工作积极性具有十分重要的意义。

相较于1995年颁布实施的《法官法》第40条规定，在2001年、2017年两次修正的《法官法》中，本条规定的表述未有变化，且都将本条文作为第十四章“退休”的首个规定予以明确。① 本次修订《法官法》将“退休”专章两个条文统一纳入第七章“法官的职业保障”中，具体内容维持了先前的表述，未作修改，只是调整至第62条对法官退休制度进行规定。

① 1995年《法官法》第40条规定：“法官的退休制度，根据审判工作特点，由国家另行规定。”2001年、2017年两次修正《法官法》，将本条内容从第40条调整至第42条，表述不变。

【比较研究】

中国古代社会的官员退休制度始于殷商时期，成熟于汉代，在唐宋两代得以发展并逐步完善。中国古代官员退休亦称为“致仕”或“致事”，意味着官员将官位交还给君主。但是，在古代中国社会只有少数上层官员能够享受“致仕”的待遇。[①] 当前，世界上多数国家都建立起职工退休安置休养制度，部分国家还专门制定有“退休法”。[②] 具体到法官的退休制度而言，许多国家和地区根据法官职业特点，建立了比较完善的法官退休制度。

为确保司法公正，保障法官的审判活动不受其他国家机关尤其是行政机关、个人或组织的影响和干扰，以英国、德国为代表的许多国家和地区的法律规定，法官职业为终身制，但与此同时伴有法官退休的相关规定，即法官达到退休年龄或出现其他符合退休条件的情况时，应当退休。比如，德国实施法官强制退休制度，联邦最高法院法官68岁退休，其他法官65岁退休，退休年龄不可推迟。英国法官为终身任职，职位受法律保护，只有当其出现不正当行为且经由上下议院共同要求时，才能由国王（女王）予以免职。自20世纪50年代开始，英国法官的任职年龄上限被规定为75岁。巴西法官的退休取决于年龄、工龄和个人身体状况等多种因素，巴西法律规定，法官任满30年可以提出退休，但年满70岁的法官必须退休；如因身体原因，则法官在任何时间都可以提出退休。奥地利宪法法院法官70岁退休，最高法院和行政法院法官65岁退休。比利时最高法院大法官退休年龄为70岁，其他法官退休年龄为67岁。印度在宪法中对法官退休年龄作了规定：最高法院大法官退休年龄为65岁，高等法院法官62岁，地区以下法院法官58岁。以上实行法官终身制国家的法官法规定的退休年龄均高于所在国的其他公职人员的法定退休年龄。

与法官终身制相对的是法官任期制，实施法官任期制的国家和地区

---

① 参见陈文兴：《法官职业与司法改革》，中国人民大学出版社2004年版，第177页。

② 比如，英国有《年老退休法》，美国有《文官退休法》，苏联有《国家退休法》等。

中，典型代表有日本、韩国。日本宪法规定，最高裁判所和地方裁判所法官任期 10 年，期满交付国民审查通过后可以连任，但法官达到法定年龄时需要退休。日本最高裁判所法官和简易裁判所法官年满 70 岁退休，其余法官年满65 岁退休。韩国法律规定，法官的任期一般为10 年，可连续任职。大法院大法官和宪法裁判所大法官的任期均为 6 年，可连任，但大法院首席大法官任期不得超过 6 年。同时，韩国法律也对不同职级法官的退休年龄进行了划分。比如，大法院首席大法官退休年龄为 70 岁，大法官则为65 岁，其他法官为63 岁。纵观任期制下的法官退休年龄规定，一般相对而言较为笼统，且大多为法官连任留下了通道和可能。

美国是兼采法官终身制和任期制两种制度的典型国家。为保证联邦法官的独立性，解除法官的后顾之忧，美国联邦宪法规定，联邦法官除非自动辞职或因违法犯罪受到弹劾，均为终身任职。相应地，美国法律并未对联邦法官退休年龄作明确限制，但联邦法官年满 65 周岁、任职 15 年；或者年满70 周岁、任职10 年的，可以自愿、全薪退休。美国州法院则一般实行法官任期制，只有少数州法院实施法官终身制。州法院法官任期为 4 年至 15 年不等，多数任期规定集中在 6 年到 8 年。法官可以谋求连任，但需要在任期届满 3 个月前提交候选资格声明，由法官资格和任期审查委员会评议，经参议员同意后方可连任。

我国香港特别行政区法官分为常任法官与非常任法官两种类型，常任法官的退休年龄为 65 岁。高等法院法官、终审法院法官或上诉法庭法官退休后可以继续担任非常任法官；非常任法官任期 3 年，可以连任，没有退休年龄限制。我国澳门特别行政区法官任免制度采委任、定期委任和合同聘任三种方式。其中，定期委任满 3 年可续期；合同聘任期 2 年，没有退休年龄限制，但法官可以自愿退休，也可以强制退休。我国台湾地区法官实行终身制，任职 5 年以上年满 60 岁或任职满 25 年的法官可以自愿退休；任职 15 年以上年满 70 岁或任职 15 年以上年满 65 岁、身体衰弱无法胜任职务的法官则会被强制退休。

总体而言，法官退休年龄在全世界范围内一般要比其他类型公务员高出较多。而在退休法官的待遇保障方面，无论是实施法官终身制还是法官任期制的国家和地区，法官退休后享受的各项保障和福利待遇都处于社会范围内的较高水平，相对于其他类型公务员而言也更为优厚。比如，巴西相关法律规定法官退休后和在职时享受同等薪金、退休后可以担任律师、竞选议员；日本最高裁判所和地方裁判所法官退休后，可以在简易裁判所继续担任法官或另谋律师职业；美国联邦法官退休后，经首席法官批准，可以自愿在除联邦最高法院外的其他联邦法院、巡回上诉法院、地区法院继续担任法官，同时享受法官权利和福利待遇。我国香港特别行政区法官退休金也十分优厚，但退休后两年内根据香港有关规定，会有一定的从业限制。我国台湾地区法官自愿退休后，亦可享受十分丰厚的退休金和退养金。

【条文释义】

一、本条规定与公务员法相关规定的衔接适用

本条规定表明，法官退休制度可以根据审判工作特点由国家另行规定。这意味着，有关国家机关或部门对法官退休制度作出特别规定的，应当适用该特别规定。需要注意的是，法官在公务员系统中作为单独职务序列管理，是公务员的一类特殊组成部分，故而法官退休制度应当与《公务员法》对公务员退休的具体规定相协调、相衔接，法官退休制度的特别规定应当符合《公务员法》的立法精神及规定，不能与之产生原则性冲突。[①] 在法官退休制度特别规定尚未出台时，法官退休制度主要依循公务员法及与公务员退休相关的政策文件规定，即公务员退休的有关规定适用于法官。

二、对“审判工作特点”的理解和把握

在中国传统社会的文化语境中，受“德主刑辅”“无讼”等礼法思

① 参见《公务员法》第92~94条规定。

想的主导影响，法官在相当长一段时间内并非一类独立的公职人员。尤其在地方层面上，司法裁判、定分止争职权和行政权力往往集于地区行政长官一人。行政权与司法权的集中，导致中国传统社会司法审判活动与其他政务间的界限模糊。这一制度惯性使法官退休制度长期不受关注，缺乏专门规定。进入当代社会，法学学科的深入研究发展和争议纠纷类型的多样化、复杂化都对法官的工作技能、审判经验和知识水平提出了更高的专业化、精细化要求。这些在很大程度上有赖于长期的系统学习、专业深耕、思维训练和经验积累。现阶段，我国的法官退休制度建设还处于发展初期，根据我国法官队伍建设实际，各级法院应当在现行法律制度框架内，立足法官职业特点和审判工作的实际需要，持续关注我国法官退休制度体系内容的深入完善。

一般认为，法官退休制度包括法官退休条件、退休后的待遇保障、退休法官安置等多方面的内容，[①] 新修订的《法官法》第62条、第63条则主要是对法官退休制度作原则性规定。国家可以结合司法实践发展的具体情形，以出台配套文件、政策办法等多种措施进一步改革和丰富法官退休制度的具体内容，包括但不限于增设法官退休条件与方式、创新发展退休法官的监督管理机制、适当开发退休法官的智力资源，改善和提升退休法官的各项待遇保障等。[②] 与此同时，各级法院要注意关心、关注退休法官的发展动态，必要时可对退休法官的管理与再就业作合理限制和适度探索，强化对退休法官合法权益的保障，以提振在职法官的信心和工作积极性，维护司法权威，使退休法官的价值得到更充分的发挥。

三、对“国家另行规定”的理解和把握

本条中的“国家另行规定”，除《法官法》等法律以外，还包括由最高人民法院、中央公务员主管部门等部门制定、颁布施行的一系列规范性文件、政策中的具体规定。

考虑到法官职业、审判工作相较于其他类型的公职人员和一般公务

① 参见王爱立主编：《中华人民共和国法官法解读》，中国法制出版社2019年版，第306页。
② 参见谭世贵等：《中国法官制度研究》，法律出版社2009年版，第601~610页。

工作具有的特殊规律，培养一名优秀法官往往需要耗费更长的时间成本和更多的社会资源，而当其他公职人员达到退休年龄时，往往正是一名资深法官从事高难度复杂案件审判工作的最成熟、最活跃时期。无论是对于身心健康情况符合继续在审判岗位从事审判工作的条件、办案业绩优良、法律功底深厚、自身也有较强烈意愿继续从事审判工作却已届退休年龄的法官本人，还是对于国家的司法工作全局而言，无疑都是很大的损失。因此，法官退休年龄与其他公职人员退休年龄“一刀切”式的规定从长远来看不甚合理。为此，国家应当逐步探索、逐渐过渡、逐次实现法官退休制度与其他公职人员退休规定的相对独立、有所区别；在确保法官合法权益的前提下制定专门适用于法官队伍的、更符合我国审判工作规律和特点的法官退休制度，促使法官退休制度与司法体制综合配套改革的长远方向和要求，与我国司法工作的现实需要和发展更相适应，推进法官退休制度的深入改革发展。

【实践指导】

退休既是法官的权利，也是义务。一方面，因年老、疾病或其他客观原因难以继续正常履行审判工作职责、符合退休条件的法官享有退休权利，国家应当给予一定待遇保障其退休生活；另一方面，《公务员法》第 92 条规定了强制退休制度，对于符合退休条件的法官，应退而未退则不利于保持法官队伍的整体活力，国家可以依照法律及相关规定强制法官退休，此时退休就成为法官的一项义务。

法官退休制度在实践操作中应当注意以下几点：一是要渐次加强相关制度的规范化、科学化建设。法官退休制度是法官职业保障体系中的重要组成部分，相关规定应力求严谨、规范、科学，做到法官退休制度及相关工作的依法制定、依法开展、依法管理。二是应当以人文关怀为内在旨趣。法官退休制度归根结底是“人”的制度，相关内容主要围绕退休法官的待遇保障和后续发展为中心展开。要在规范管理的同时，以人为本，积极维护退休法官的合法权益，持续关注并努力满足退休法官的合理需求。三是要合理制定规则。根据法官在职时的工作表现和整体情况，在法官退休制度的具体制定过程中，体现差异性和区分度，使相关规定能够相应地、真实地反映法官在职时的功过得失，确保公平，以期对在职法官起到更积极的示范和激励作用，体现正确的制度导向。

【相关规定】

《中华人民共和国法官法》第63条；《中华人民共和国公务员法》第92条、第93条、第94条等。

第六十三条　法官退休后，享受国家规定的养老金和其他待遇。

【条文主旨】

本条是关于法官退休待遇的规定。

【背景解读】

本条基本沿袭了1995年《法官法》的规定。1995年《法官法》第41条规定："法官退休后，享受国家规定的养老保险金和其他待遇。"2019年新修订的《法官法》仅对本条作了文字修改，将"养老保险金"修改为"养老金"，之所以作此修改，是为了与公务员法表述保持一致。

人总是要老的，这是不可抗拒的生理发展规律。法官退休制度是遵循人的生理发展规律，保持法官队伍的生机和活力的重要措施。因为只有让年老或丧失工作能力的法官退休，才能为吸收新的法官和法官晋升创造条件，从而实现新老交替，保持法官队伍的生机和活力，提高审判效率。本法第62条规定了法官退休制度，法官工作到一定年限，达到规定年龄，符合退休条件时，根据国家规定离开工作岗位，享受一定数额的退休金和其他待遇，安度晚年。法官退休制度作为国家对退休法官的一项保障制度，包括退休方式、退休待遇、审批程序、退休人员安置管理等方面的规定。①

尽管不少国家实行法官终身制，但出于年龄和健康状况的考虑，世界上多数国家规定了法官的退休制度，并对法官退休后的待遇作了明确规定。在美国，联邦法院法官任职期间表现良好，65岁以上且任职年限

① 参见美国职业惩戒联合委员会、美国律师协会制定的《有关司法惩戒及因丧失能力退休的范围》第6节第7条规定。

超过15年，或者66岁以上且任职年限超过14年，以此类推，70岁以上且任职年限超过10年的，无论其任职期间是否连续，退休后的退休年金与退休前的工资相同。由于美国联邦法官退休前大都能达到上述年限，因此，退休后大多数可以领取全额薪金。即使是基于伤残等原因不能胜任职务，但继续保有法官职位，而不担任日常审判的法官，连续或者以其他方式服务10年以后，如果其自愿退休，可以终身领取原职务的待遇；服务不满10年的，可以终身领取原职务待遇的一半。《加拿大宪法》规定，法官的工资级别由国会和省议会确定，其待遇优厚，一般履行司法职务超过15年，或者履行司法职务超过10年且达到退休年龄的，均可以获得其工资2/3的养老金；履行司法职务不足10年的，则以一定比例给付养老金。法国、日本、巴西等国也明确规定，如果法官在达到一定的年龄退休，保留其原有薪金而不会减少。

【条文释义】

根据本条的规定，法官退休后，享受国家规定的养老金和其他待遇。本条规定与《公务员法》第94条表述一致："公务员退休后，享受国家规定的养老金和其他待遇。"这也体现了我国法官是公务员的职业属性。法官退休后的待遇是法官退休后依法享受的权利，目前，我国退休法官的待遇可以分为经济待遇和政治待遇两种。这两种待遇都体现了我国的国情。

经济待遇是法官退休制度的核心内容。经济待遇包括养老金和其他物质生活待遇。本条所说"养老金"，在以前主要指退休金，我国自1951年实行退休制度以来，一直是从退休之日起，按月发放退休金，直到本人去世。法官退休金是按照国家规定发给退休法官的生活费，也是退休法官享受物质待遇的基本部分，它对保障退休法官的晚年生活起主要作用。确定退休金的基本依据是退休法官原来工资的数额和从事实际工作的年限。原来工资高的，所得退休金一般较高，反之则较低；工龄长的，所得退休金标准就高；反之则较低。近年来，国家实行养老保险制度，

《社会保险法》也作了明确规定。《社会保险法》第16条规定："参加基本养老保险的个人，达到法定退休年龄时累计缴费满十五年的，按月领取基本养老金。参加基本养老保险的人，达到法定退休年龄时累计缴费不足十五年的，可以缴费至满十五年，按月领取养基本养老金；也可以转入新型农村社会养老保险或者城镇居民社会养老保险，按照国务院规定享受相应的养老保险待遇。"退休金与养老金的主要区别在于，退休金主要是国家机关以及公务员退休后领取的，在职期不用缴纳费用，退休后就能领到退休金，且与退休前的职级等级挂钩，原来职级越高，退休金越高。而养老金则是我们所缴纳的社保里面的基本养老保险金，劳动者达到退休年龄后，国家按照他所缴纳的养老保险，每月发放一笔钱，每个人缴纳养老保险的多少及时间长短都会影响这笔钱的数目。2006年《公务员法》施行以前，法官退休拿的是退休金，现在国家推行公务员养老社会化，也开始为公务员缴纳社会保险，随着时间的推移，所有的公务员将来退休后都享受养老保险待遇，从而逐步减轻国家和单位的负担。

同时，法官还享受其他物质生活待遇，主要是指各种生活福利补贴，即相应的福利待遇。具体来说，本条明确了法官依法享受国家规定的养老金和其他福利待遇的法律依据。考虑到这方面事项情况比较复杂，具体详细规定，需要人力资源、财政、社会保障等各方面共同研究确定，本法中未作具体规定。根据《法官法》第62条规定，法官退休制度，根据审判工作特点，由国家另行规定，法官退休后养老金和其他待遇，需要在相关规定中明确。

另外，实践中，退休法官还享受一定的政治待遇。主要包括：学文件、听报告，参加有关的会议和活动，获知有关情况，对原任职法院的工作提出意见和建议，等等。

【实践指导】

根据《法官、检察官工资制度改革试点方案》（人社部发〔2015〕111号）内容可知，本轮司法改革后，除工改保留津贴外，法官、检察官工资主要包括基本工资、津贴补贴和奖金三部分，其中基本工资从普通公务员职务工资、级别工资两项变为职务等级工资一项，每个职务等级内设若干工资档次；奖金除年终一次性奖金和公务员相关奖励外，另外设置绩效考核奖金。法官、检察官工资增资体现在基本工资和绩效考核奖金中。司法辅助人员、司法行政人员工资结构不变，增资体现在增设的绩效考核奖金中。

在财政部、人社部等中央司法体制改革领导小组成员单位的大力支持下，截至2017年年底，全国法院首批员额法官、全国检察院首批员额检察官选任及等级确定工作均已顺利完成。截至2018年7月，全国法院、检察院已按照法官、检察官单独职务序列等级完成基本工资套改并落实绩效考核奖金。但随着全国法院工资制度改革的全面落实，各地法院陆续反映出以下两个问题：一是在工资结构调整变化后，员额法官养老保险、职业年金等缴费政策并未及时跟进调整，特别是未将绩效考核奖金作为工资组成，纳入养老保险及职业年金等缴费基数，员额法官对此意见较为集中；二是随着部分员额法官相继达到退休年龄，在办理退休手续时，有的地方以缺乏明确政策依据为由，将法官等级又套回到本人原综合管理类公务员职级（套改前）来确定法官退休待遇标准，降低了广大法官的收入预期，显然不符合法官单独职务序列改革的精神，也在一定程度上影响了法官的工作积极性及改革成效。

法院人员养老保险及职业年金等缴费政策是法院工资制度改革配套政策的重要方面，事关各类司法人员的退休待遇及切身利益。我们认为，绩效考核奖金是法院人员工资收入的重要组成部分，结合法官单独职务序列改革精神和公务员相关政策规定，建议明确将绩效考核奖金纳入养老保险及职业年金等缴费基数，并合理确定员额法官退休待遇的计发标准及核算方式。目前，最高人民法院会同最高人民检察院，正在积极同人社部加强沟通协调，争取支持，以期推动出台相关政策文件，为全国法院开展相关工作提供统一规范。

【相关规定】

《中华人民共和国公务员法》第83条、第94条；《中华人民共和国法官法》第62条；《中华人民共和国社会保险法》第10条、第16条。

第六十四条　对于国家机关及其工作人员侵犯本法第十一条规定的法官权利的行为，法官有权提出控告。

【条文主旨】

本条是关于法官控告权的规定。

【背景解读】

我国《宪法》第 41 条规定："中华人民共和国公民对于任何国家机关和国家工作人员，有提出批评和建议的权利；对于任何国家机关和国家工作人员的违法失职行为，有向有关国家机关提出申诉、控告或者检举的权利，但是不得捏造或者歪曲事实进行诬告陷害。"从宪法的精神看，法官同普通公民一样都平等地享有申诉权和控告权。

本条沿用了原《法官法》第 45 条第 1 款的规定。同时删除了第 2 款"行政机关、社会团体或者个人干涉法官依法审判案件的，应当依法追究其责任"的规定，主要是考虑到这一规定已经吸收到了本法第 54 条关于"任何单位或者个人不得要求法官从事超出法定职责范围的事务。对任何干涉法官办理案件的行为，法官有权拒绝并予以全面如实记录和报告；有违纪违法情形的，由有关机关根据情节轻重追究有关责任人员、行为人的责任"的规定之中。

【条文释义】

本条所称的"控告"，是指法官对国家机关及其工作人员侵犯其合法权益的行为向有关机关或人员提出指控。法官提出控告，应当符合下列条件：一是法官的合法权益受到侵害，且侵害权益的行为是违法违纪的。

本法第11条规定，法官享有以下权利：履行法官职责应当具有的职权和工作条件；非因法定事由、非经法定程序，不被调离、免职、降职、辞退或者处分；履行法官职责应当享有的职业保障和福利待遇；人身、财产和住所安全受法律保护；提出申诉或者控告；法律规定的其他权利。如果法官以上权利受到侵犯，就有权提出控告。二是法官提出申诉和控告，应当实事求是，不得捏造事实、诬告陷害他人。这就要求法官在申诉和控告时，必须如实地反映情况，对时间、地点、参加人员、情节、结果等情况，都要做到有一说一，有二说二，合乎实际情况，切不可为了实现个人的某种目的而弄虚作假。三是有明确的被控告机关或者被控告人员，同时被控告的机关和人员属于受理控告的纪检监察等机关的管辖。

法官提出控告应当递交控告书，控告书一般应当载明法官的姓名、单位、职务及其他基本情况；被控告机关或者工作人员的名称等基本情况；控告的事实、理由和要求；提出控告的日期等。

接到法官控告书的纪检监察等机关要按照国家有关规定对法官提供的情况进行初步审查、判断，对需要立案的，应当及时立案。对法官提出的控告立案审查后，应当区分不同情况作出处理决定，并将处理决定以书面形式送达控告人、被控告机关、被控告人和被控告人所在的机关。

受理控告的机关对依照规定提出控告的法官应当予以保护，不得歧视、刁难。对法官提出的控告，不得置之不理或者敷衍塞责，不得将控告材料转给被控告人。

【相关规定】

《中华人民共和国宪法》第41条；《中华人民共和国公务员法》第98条、第99条。

第六十五条　对法官处分或者人事处理错误的，应当及时予以纠正；造成名誉损害的，应当恢复名誉、消除影响、赔礼道歉；造成经济损失的，应当赔偿。对打击报复的直接责任人员，应当依法追究其责任。

【条文主旨】

本条是关于法官被错误处分、处理或者被打击报复的救济措施的规定。

【背景解读】

法官是行使国家审判权的人员，对法官依法履行职责提供法律保护是法官正常开展审判活动的前提。根据本法第11条明确规定，非因法定事由、非经法定程序，法官不被调离、免职、降职、辞退或者处分。第55条同时规定，法官的职业尊严和人身安全受法律保护。任何单位和个人不得对法官及其近亲属打击报复。但实践中，对法官错误处分或者错误处理以及法官被打击报复的情况还个别存在。为了充分保障法官的合法权益，使人民法院及有关机关能够慎重处理涉及法官权益的问题，同时为补偿法官因受到错误的处分、人事处理或者被打击报复而造成的损失，本条规定了相应的救济措施和法律责任。

本条基本保留了原《法官法》第47条的规定，只是把“对法官处分或者处理错误的”，修改为“对法官处分或者人事处理错误的”。这里的“人事处理”，包括调离、辞退、降职、定期考核定为不称职、免职、不按照规定确定或者扣减工资、福利、保险待遇等。

【条文释义】

本条规定了人民法院及有关机关错误处分法官或者对法官作出错误人事处理后应承担相应的法律责任。具体包括以下内容：

第一，对法官处分或者人事处理错误的，应当及时予以纠正。人民法院及有关机关应当本着实事求是、有错必纠的原则，一经发现对法官的处分或者人事处理决定是错误的，必须尽快、及时地予以纠正，避免造成法官权益的更大损害。

第二，对法官造成名誉损害的，应当恢复名誉、消除影响、赔礼道歉。这里所说的名誉损害，是指由于人民法院及有关机关对法官的错误处分或者人事处理，在一定范围内败坏了法官的名声。对于造成法官名誉损害的，应当向法官赔礼道歉，并负责在造成法官名誉损害的范围内恢复法官的名誉，消除影响。

第三，对法官造成经济损失的，应当赔偿。由于人民法院及有关机关对法官的错误处分或者人事处理，从而给法官造成工资、奖金、福利或者其他经济损失的，人民法院及有关机关应当及时予以补偿或者赔偿。

第四，对打击报复法官的直接责任人员，应当依法追究其责任。这里所说的打击报复，是指有关工作人员利用手中的权力，以种种借口对一些坚持秉公办案、敢于排除不当干预，坚持原则、敢于提出批评意见的法官，违规予以停职、降职、调离、辞退、处分等。对打击报复法官的直接责任人员，应当按照《公务员法》等法律规定，根据情节轻重，给予批评教育、责令检查、诫勉、组织调整、处分；构成犯罪的，依法追究刑事责任。

【相关规定】

《中华人民共和国公务员法》第97条、第110条。

第八章 附 则

第六十六条 国家对初任法官实行统一法律职业资格考试制度，由国务院司法行政部门商最高人民法院等有关部门组织实施。

【条文主旨】

本条是关于初任法官实行法律职业资格考试制度的规定。

【背景解读】

初任法官应当通过国家统一的法律职业资格考试，取得法律职业资格，这是担任初任法官的前置条件。《法官法》自制定以来，历次修订都对此作出了明确的规定。1995 年《法官法》第 12 条规定："初任审判员、助理审判员采用公开考试、严格考核的办法，按照德才兼备的标准，从具备法官条件的人员中择优提出人选。"2001 年《法官法》进行了第一次修订，其中第 12 条规定："初任法官采用严格考核的办法，按照德才兼备的标准，从通过国家统一司法考试取得资格，并且具备法官条件的人员中择优提出人选。"据此规定，担任初任法官必须通过国家统一司法考试取得法律职业资格。2017 年《法官法》改"国家统一司法考试"为"国家统一法律职业资格考试"，主因在于固化国家统一法律职业资格考试制度改革的成果。

实行国家统一的法律职业资格考试制度是建设高素质的法治人才队

伍的重要措施。2014年1月，习近平总书记在中央政法工作会议上强调，要把能力建设作为一项重要任务，坚持从源头抓起，改革和完善司法考试制度。党的十八届四中全会通过了《中共中央关于推进全面依法治国若干重大问题的决定》，着眼于推进法治工作队伍正规化、专业化、职业化，提出“完善法律职业准入制度，健全国家统一法律职业资格考试制度，建立法律职业人员统一职前培训制度”，这是实行国家统一的法律职业资格考试制度的理论起点、逻辑起点和实践起点。2015年6月，习近平总书记主持召开中央全面深化改革领导小组第十三次会议，审议通过了《关于完善国家统一法律职业资格制度的意见》，明确将现行司法考试制度调整为国家统一法律职业资格考试制度，担任法官、检察官、律师、公证员、法律顾问、仲裁员（法律类）及政府部门中从事行政处罚决定审核、行政复议、行政裁决的人员，应当取得国家统一法律职业资格。2017年9月，第十二届全国人民代表大会常务委员第二十九次会议审议通过《关于修改〈中华人民共和国法官法〉等八部法律的决定》，定于2018年开始实施国家统一法律职业资格考试制度，为组织实施法律职业资格考试提供了法律依据。司法部2018年4月25日审议通过的《国家统一法律职业资格考试实施办法》是我国法律职业资格制度的第一部规章。经由律师资格考试、初任法官资格考试、初任检察官考试制度到法官、检察官、律师、公证员“四考合一”的统一司法考试制度再到国家统一法律职业资格考试制度，我国初步建立了包括资格准入、考试选拔和职前培训等重要内容的法律职业人才养成机制。

【条文释义】

本条明确对初任法官实行统一法律职业资格考试制度。国家统一法律职业资格考试，是国家统一组织的选拔合格法律职业人才的国家考试，是获得法律职业职责资格的必经程序和准入条件。根据《法官法》第12条第（7）项规定，初任法官应当通过国家统一法律职业资格考试取得法律职业资格。《中共中央办公厅、国务院办公厅关于完善国家统一法律职业资格制度的意见》《国家统一法律职业资格考试实施办法》等文件对法律职业的范围和取得条件、法律职业资格准入条件、考试内容、职前培训等内容都作出了明确规定。

关于法律职业的范围和取得条件。法律职业人员是指具有共同的政治素养、业务能力、职业伦理和从业资格要求，专门从事立法、执法、司法、法律服务和法律教育研究等工作的职业群体。《国家统一法律职业资格考试实施办法》第2条第2款明确规定："初任法官、初任检察官，申请律师执业、公证员执业和初次担任法律类仲裁员，以及行政机关中初次从事行政处罚决定审核、行政复议、行政裁决、法律顾问的公务员，应当通过国家统一法律职业资格考试，取得法律职业资格。"

关于取得法律职业资格的条件。取得国家统一法律职业资格必须同时具备下列条件：拥护中华人民共和国宪法，具有良好的政治、业务素质和道德品行；具备全日制普通高等学校法学类本科学历并获得学士及以上学位，或者全日制普通高等非法学类本科及以上学历并获得法律硕士、法学硕士及以上学位或获得其他相应学位且从事法律工作三年以上；参加国家统一法律职业资格考试并获得通过。法律法规另有规定的除外。

关于法律职业资格考试内容和方式。法律职业资格考试一年一考，考试分为客观题考试和主观题考试两部分，综合考查应试人员从事法律职业应当具有的政治素养、业务能力和职业伦理。考试内容增加中国特色社会主义法治理论。着重考查宪法法律知识、法治思维和法治能力，以案例分析、法律方法检验考生在法律适用和事实认定等方面的法治实践水平。应试人员客观题考试成绩合格的方可参加主观题考试，客观题考试合格成绩在本年度和下一个考试年度内有效。

关于职前培训制度。按照"统一标准、分系统实施"原则，建立法律职业人员任职前培训制度。法官、检察官职前培训时间为一年；政府部门中从事行政处罚决定审核、行政复议、行政裁决人员职前培训时间由政府选任部门根据时间需要确定；律师、公证员、法律顾问、仲裁员（法律类）职前培训方式及时间由行业主管部门或行业自律组织自行确定。

本条还明确了国家统一法律职业资格考试的组织实施部门。根据《中共中央办公厅、国务院办公厅关于完善国家统一法律职业资格制度的意见》的规定，国家统一法律职业资格考试实行全国统一组织、统一命题、统一标准、统一录取的考试方式，一年一考。由国家统一法律资格考试协调委员会负责对国家统一法律资格考试制度的设计、改革及合格标准的确定等工作。根据《国家统一法律职业资格考试实施办法》第4条规定，司法部会同最高人民法院、最高人民检察院等有关部门、单位组成国家统一法律职业资格考试协调委员会，就国家统一法律职业资格考试的重大事项进行协商。根据第6条规定，国家统一法律职业资格考试由司法部负责实施。

【比较研究】

对初任法官设定资格考试的前置条件，符合选拔培养法治人才要求，有利于法律职业队伍素质养成，也体现了形成统一法律职业共同体的时代需要，且与世界各法治国家的法官遴选制度方向一致。考察域外经验，德国法官遴选必须通过两次权威的考试。首先，在大学里至少学习7学期的法学课程，法科生在毕业时可参加本地区的初级州试（erstes Staatsexamen），初始合格者需再经过2年的预备培训，如在普通民事法院、刑事法院或者检察院、行政机关、律师事务所进行培训，培训见习结束后可参加第二次州试。第二次考试主要是书面考试，与在培训机构的培训有关，口试重点关注于特殊利益领域，着眼于考察法律知识的实际应用能力。第二次考试合格者即具备了被选任为法官的资格。而日本法官的职业准入门槛较高，其国家统一司法考试标准极端严格，历年通过率最高只有7%左右，一般在2%至5%之间。我国台湾地区也对法官任命设有司法官考试制度。与德、日等大陆法系国家一样，我国《法官法》对初任法官实行统一法律职业资格考试制度，作为法律职业共同体，注重法律职业的同质化，强调法律职业一体化，为法官人才多渠道遴选设定了最为基本的资格条件。

【实践指导】

国家统一法律职业资格考试实行“老人老办法、新人新办法”，根据《国家统一法律职业资格考试实施办法》第 22 条规定，本办法实施前已取得学籍（考籍）或者已取得相应学历的高等学校法学类专业本科及以上学历毕业生，或者高等学校非法学类专业本科及以上学历毕业生并具有法律专业知识的，可以报名参加国家统一法律职业资格考试。《全国人民代表大会常务委员会关于修改〈中华人民共和国法官法〉等八部法律的决定》，明确规定行政机关中初次从事行政处罚决定审核、行政复议、行政裁决、法律顾问的公务员，需要取得法律职业资格。已经在行政机关中从事行政处罚决定审核、行政复议、行政裁决工作且胜任现职务的人员，没有从业资格方面的要求。

国家统一法律职业资格考试在艰苦边远和少数民族地区可实行特殊政策，根据《国家统一法律职业资格考试实施办法》第 23 条规定，国家统一法律职业资格考试的实施，可以在一定时期内，对艰苦边远和少数民族地区的应试人员，在报名学历条件、考试合格标准等方面适当放宽，对其取得的法律职业资格实行分别管理，具体办法由国家统一法律职业资格考试协调委员会确定。在民族自治地方组织国家统一法律职业资格考试，应试人员可以使用民族语言文字进行考试。

第六十七条　人民法院的法官助理在法官指导下负责审查案件材料、草拟法律文书等审判辅助事务。

人民法院应当加强法官助理队伍建设，为法官遴选储备人才。

【条文主旨】

本条是关于法官助理权限、职责及职业发展的规定。

【背景解读】

对审判业务作出审判事务与审判辅助事务的区分，是司法职业化与专业化发展的必然要求。如奥地利司法大臣克拉因（Klein）所言："应当把法官从杂务中解放出来，让其专心于法官本来的审判事务，审判以外的事务可以委诸法官以外的职员。"现代意义的法官助理制度最早出现在国外，自20世纪30年代起，美国联邦法院的法官雇佣新从法学院毕业的优秀毕业生担任一年或两年的助手已经成了普遍的做法。因案件的增多，为了提高审判效率、辅助审判，70年代后期，美国上诉法院开始正式聘用法官助理，法官助理制度逐渐产生，并最终快速发展。无论是美国的法官助理，还是德国的司法公务员，司法辅助人员作为一个相对独立的群体辅助法官行使裁判权，这是世界发达法治国家司法制度的通例。法官助理这一概念虽属舶来品，但事实上，我国古代的幕友制度与美国现代的法官助理制度、德国的非讼法务官制度异曲同工。幕友制度出现于明中晚期、盛于清，幕友又称幕宾、幕客、幕僚、宾师、西宾、师爷等，其承担的主要职责是：准备案情摘要以供主官浏览、在庭审前提供咨询意见、负责案件登记、决定谁被传唤、接受委托处理民事诉案和协理"刑名"等。古时还有"无幕不成衙"一说，幕友所发挥的辅助主官裁断案件的职能作用之重要也可见一斑。

我国现代法官助理制度最先规定于1999年最高人民法院印发的《人民法院五年改革纲要》，该纲要第33条规定："随着审判长选任工作的开展，结合人民法院组织法的修改，高级人民法院可以对法官配备法官助理和取消助理审判员工作进行试点，摸索经验。"随后，最高人民法院在全国确定了部分试点法院试行法官助理制度改革。为此，最高人民法院于2002年7月发布了《关于加强法官队伍职业化建设的若干意见》，该意见第29条规定："试行法官助理制度。法官助理是从事法官审判业务的辅助人员。确定法官员额后，一些不能继续担任法官但符合法官助理条件的人员可以担任法官助理。法官助理符合法官法规定条件的可以被选任为法官。"该规定进一步明确了法官助理的性质、来源、晋升等事项。此后，最高人民法院又相继发布了《关于在部分地方人民法院开展法官助理试点工作的意见》（法〔2004〕208号）、《关于在西部地区部分基层人民法院开展法官助理制度试点、缓解法官短缺问题的意见》（法〔2007〕335号）。2014年新一轮司法改革将法院人员分类管理列入了改革的四项重点内容，为法官助理制度改革开启了新的篇章。2018年新修订的《人民法院组织法》第48条规定："人民法院的法官助理在法官指导下负责审查案件材料、草拟法律文书等审判辅助事务。符合法官任职条件的法官助理，经遴选后可以按照法官任免程序任命为法官。"该条文与《法官法》第67条相互呼应，在立法层面正式确立了法官助理制度。

【条文释义】

本条第1款是对法官助理职权及范围的规定。首先，法官助理负责的是审判辅助性事务。根据《法官法》第8条规定，法官的职责包括：依法参加合议庭审判或者独任审判刑事、民事、行政诉讼以及国家赔偿等案件；依法办理引渡、司法协助等案件；法律规定的其他职责。法官助理履行审判辅助性事务的职责。其次，法官助理负责的是审查案件材料、草拟法律文书等审判辅助事务。本条款采用了简单列举的方式来规定法官助理从事的具体事务。根据《最高人民法院关于完善人民法院司法责任制的若干意见》第19条规定，法官助理在法官的指导下履行以下职责：（1）审查诉讼材料，协助法官组织庭前证据交换；（2）协助法官组织庭前调解，草拟调解文书；（3）受法官委托或者协助法官依法办理财产保全和证据保全措施等；（4）受法官指派，办理委托鉴定、评估等工作；（5）根据法官的要求，准备与案件审理相关的参考资料，研究案件涉及的相关法律问题；（6）在法官的指导下草拟裁判文书；（7）完成法官交办的其他审判辅助性工作。同时法官助理从事的更偏于审判辅助性事项，与书记员所从事的事务性工作存在一定界分。书记员的工作职责，依照《最高人民法院关于完善人民法院司法责任制的若干意见》第20条的规定，书记员在法官的指导下，按照有关规定履行以下职责：（1）负责庭前准备的事务性工作；（2）检查开庭时诉讼参与人的出庭情况，宣布法庭纪律；（3）负责案件审理中的记录工作；（4）整理、装订、归档案卷材料；（5）完成法官交办的其他事务性工作。最后，法官助理应在法官的指导下负责审判辅助事务。法官助理履行职责受法官指导，但审判职能与辅助职能相互独立并存在界分，法官助理具有相对独立性，法官助理可以在自己权限范围内行使职权。

本条第2款是对法官助理职业发展的规定，即明确了法官助理是员额法官遴选的储备人才。这一规定和《人民法院组织法》第48条第2款关于“符合法官任职条件的法官助理，经遴选后可以按照法官任免程序任命为法官”的规定一脉相承，为法官助理的职业发展指明了方向，有助于提升法官助理工作的积极性。

【比较研究】

美国、加拿大法院的行政管理、教育培训和执行等部门均分离于法院系统之外，成为各自独立的体系。法官负责事实审或法律审，不受其他任何官员的监督和干涉。法官的数量是绝对的少数。除此之外，法院体系中存在一个庞大的辅助人员群体。美国法律和法院辅助人员群体，包括司法类助理人员、法律研究类助理人员、行政管理类助理人员。美国的司法类辅助人员主要包括审裁法官（magistrates）和准法官（para-judges）。加拿大法院的辅助人员种类也很多，主要包括：审判协调员、法官助理、法官秘书、人事部门工作人员、图书管理员、信息技术人员等，法官助理（law clerk）有时也被称为“法律实习生”，因为担任法官助理的人员必须是法学院毕业的学生，他们在毕业后、正式从业前到法院担任法官助理的这段时间相当于“实习”，所以被称为法律实习生。法官秘书（secretary）负责协助法官处理日常行政事务，包括帮助法官联系诉讼当事人、安排法官的行程、法官差旅费的管理以及文字处理工作。秘书的另一项重要职责是及时将法官作出的判决登入网站。在德国法院，法官是处于中心地位的人员。法官人数约占法院总人数的25%。除法官之外，德国法院有着数量庞大的担任法官法律助手、事务助手以及其他服务职能的人员。在法院内的司法辅助人员有司法公务员、书记员、执行官、法医、法警、司法行政人员、缓刑监督官等。其中，书记官主要从事记录和文书制作工作；司法公务员相当于法官助理，协助法官工作。司法公务员是德国司法体制中较有特色的一项制度。德国专门颁布了一部司法公务员管理的法律，明确规定司法公务员的条件、职责等。州法院的司法公务员主要协助法官做好判决以外的审理案件有关的辅助性工作。在民事方面，主要是接待公民的立案和咨询、计算收取诉讼费、办理遗产继承顺序、确认亲子鉴定、依据判决查封拍卖不动产等。在刑事方面，主要是有罪判决生效后计算司法费用、计算羁押期等。德国联邦最高法院的法官助手，并非司法公务员，实际上是助理法官，多数是州高级法院推荐的法官，其职责也与司法公务员有所区别。其主要职责是：审阅卷宗材料，查阅相关法律、案例、有关学说观点等资料，向法官提出参考性意见，开庭时旁听，起草判决书等。

【实践指导】

关于员额法官和法官助理的配置比例。改革试点期间，各试点法院在实践中探索了不同的法官与法官助理、书记员的配置模式，有的按1：1：1进行配置，有的3个法官配置2名法官助理和1名书记员，都有一定的合理性。从应然的角度而言，在审判资源允许的情况下，可以根据法官履行职责的需要配备法官助理。从便于管理的角度出发，法官助理应直接配置给法官个人，这就意味着，至少要给法官配置1名司法辅助人员。当然，不同层级的法院配置司法辅助人员的比例应该不同，如中级、高级法院司法辅助人员配置的比例应该更高。

关于法官助理的职责定位。要确保以法官为核心的案件处理系统的高效、有序地运转，法官助理辅助作用非常重要。法官职业化的前提，应该是法官助理、书记员等的专业化，尤其是法官助理工作的专业化。法官助理的工作兼具专门性、程序性和技术性，对法官助理的综合素质要求较高。确定法官助理的职责范围应把握的一条基本原则是：在法官助理的职责不能实质性影响法官实体裁判权的前提下，法官助理应尽可能承担为裁判服务的相关事务，既要避免“缺位”，又不能“越位”。从一些法院反馈的情况来看，法官助理素质能否胜任辅助审判工作是一个比较关键的问题。如果法官助理无法胜任辅助法官审判的职责，那么法官将不得不包揽一些事务性工作，影响员额制改革成效和办案效率。在条件允许的情况下，可以采取和法学院合作培养法官助理或招收法学院研究生担任法官助理的做法，解决法官助理的来源和素质问题。当然，对于大多数法院来说，还是要立足于通过加大法官助理培训工作的力度提升法官助理的素质。

关于法官助理与法官的关系。鉴于法官助理的主要任务就是听命于法官，以专业的辅助工作，为法官裁判案件服务，法官助理的职责完成情况与法官职责的履行息息相关，因此，应赋予法官对法官助理一定的管理权，如由法官对法官助理进行直接、独立的评价、考核，以此促进法官与法官助理紧密的工作关系。

第六十八条　有关法官的权利、义务和管理制度，本法已有规定的，适用本法的规定；本法未作规定的，适用公务员管理的相关法律法规。

【条文主旨】

本条是关于本法与《公务员法》在法官权利、义务和法官管理方面衔接的规定。

【背景解读】

法官是依法行使审判权的国家公职人员，在以前，对法官的管理参照《公务员法》，法官被视为公务员，法官具有行政级别，法官等级与法官行政级别基本对应。法官和其他公务员“在任免条件、职级晋升、业绩考核、职业保障等方面没有明显区别，实行行政化管理，法官之间实际上存在着上下级关系。这种管理体制既不利于法官平等行使审判权，也不符合法官职业特点和审判工作规律”①。但审判权与行政权是不同性质的权力，审判权是判断权，具有被动性、中立性、专属性、非服从性、终局性等特点，而行政权是管理权，具有单方性、强制性、服从性等特点。审判权与行政权的重大差别，决定了法官并不是普通的公务员，法官具有独特性，要保障法官独立行使审判权，对法官的管理应实行不同于普通公务员的管理方式。

党的十八届三中全会通过的《中共中央关于全面深化改革若干重大问题的决定》提出要“建立符合职业特点的司法人员管理制度……完善

---

① 徐家新：《建立符合职业特点的法官管理制度》，载《人民日报》2016年4月18日，第7版。

司法人员分类管理制度，健全法官、检察官、人民警察职业保障制度”。党的十八届四中全会通过的《中共中央关于全面推进依法治国若干重大问题的决定》提出，要“改革司法机关人财物管理体制，探索实行法院、检察院司法行政事务管理权和审判权、检察权相分离”。2015年9月，中央全面深化改革领导小组会议审议通过了《法官、检察官单独职务序列改革试点方案》和《法官、检察官工资制度改革试点方案》，这是促进我国法官、检察官队伍正规化、专业化、职业化的重大举措，为推动法官、检察官单独职务序列和工资制度改革提供了根本遵循。《最高人民法院关于全面深化人民法院改革的意见——人民法院第四个五年改革纲要(2014—2018)》也提出“建立符合职业特点的法官单独职务序列”。目前，法官单独职务序列改革基本完成。新修订的《法官法》第26条规定了法官单独职务序列，第58条规定了法官按照等级享有国家规定的工资待遇，法官单独职务序列和工资制度改革的成果被以法律的形式固定下来。

【条文释义】

现行的《公务员法》系2018年12月经第十三届全国人民代表大会常务委员会第七次会议修订，自2019年6月1日起施行。根据《公务员法》第2条第1款的规定，本法所称公务员，是指依法履行公职、纳入国家行政编制、由国家财政负担工资福利的工作人员。第3条规定，公务员的义务、权利和管理，适用本法。法律对公务员中领导成员的产生、任免、监督以及监察官、法官、检察官等的义务、权利和管理另有规定的，从其规定。这表明，在有关法官的权利、义务和管理制度方面，《公务员法》与《法官法》是一般法和特殊法的关系。

根据《立法法》第92条规定，同一机关制定的法律、行政法规、地方性法规、自治条例和单行条例、规章，特别规定与一般规定不一致的，适用特别规定；新的规定与旧的规定不一致的，适用新的规定。《公务员法》与《法官法》都是由全国人民代表大会常务委员会制定的，属于同一位阶的法律，前者属于一般法，后者属于特殊法，适用“特别法优于一般法”的规则，即有关法官的权利、义务和管理，优先适用《法官法》，只有在《法官法》没有规定的情况下，才适用公务员管理的相关法律法规。

【相关规定】

《中华人民共和国公务员法》第14条、第15条。

第六十九条 本法自2019年10月1日起施行。

【条文主旨】

本条是关于《法官法》施行日期的规定。

【背景解读】

我国现行的《法官法》是在1995年2月28日由第八届全国人民代表大会常务委员会第十二次会议通过的，自1995年7月1日起施行。此后，《法官法》经过了三次修改：根据2001年6月30日第九届全国人民代表大会常务委员会第二十二次会议《关于修改〈中华人民共和国法官法〉的决定》第一次修正；根据2017年9月1日第十二届全国人民代表大会常务委员会第二十九次会议《关于修改〈中华人民共和国法官法〉等八部法律的决定》第二次修正；2019年4月23日第十三届全国人民代表大会常务委员会第十次会议修订。经第三次修改后的《法官法》自2019年10月1日起施行。

【条文释义】

法律的施行就是法律的生效日期，根据本条的规定，《法官法》自2019年10月1日起生效。

法律从何时开始生效，一般根据该项法律的性质和实际需要来决定。通常有三种方式：第一种是法律条文中明确规定，从其公布之日起生效施行；第二种是法律公布后，并不立即生效施行，经过一定时期后才开始施行，法律中明确规定生效施行的日期；第三种是法律公布后先予以试行或者暂行，而后由立法部门加以补充修改，再通过为正式法律，公布施行，在试行期间也具有约束力。显然，《法官法》采取第二种方式。

【相关规定】

《中华人民共和国立法法》第57条、第58条。